포스트모던 영국소설의 역사성 읽기

숭엄과 트라우마로서의 역사

* 이 저서는 2010년도 정부재원(교육과학기술부 학술연구조성 사업비)으로 한국연구재단의 지원을 받아 연구되었음(NRF 2010-812-A00236)

포스트모던 영국소설의 역사성 읽기

숭엄과 트라우마로서의 역사

전수용 지음

이화여자대학교출판부

책머리에

1960년대부터 영국소설은 역사에 대한 관심을 현저하게 드러내며 1980년 이후 점점 더 많은 역사물들을 쏟아내는 경향을 보인다. 『짧은 옥스퍼드 영문학사The Short Oxford History of English Literature』는 최근 영국 소설의 경향을 네 가지-즉 고딕 전통의 계승, 새로운 페미니즘의 표현, 새로운 종류의 역사소설, 과거의 제국과 그 외 지역 출신 작가들 혹은 그곳에서 도출된 소재들을 다루는 소설-로 대별하고 있다(Sanders, 636). 이 네 범주는 상호 배타적인 것은 아니다. 여성사와 제국 역사의 재조명은 새로운 역사소설의 주요한 과제이며, 새로운 역사소설들이 사실주의의 틀을 벗어나 고딕전통의 숭엄(sublime)한[1] 요소를 이어받고 있다는 주장

1 숭엄의 개념은 롱기누스(Dionysius Longinus)로부터 칸트(Immanuel Kant), 버크(Edmund Burke), 실러(Johann Christoph Friedrich von Schiller), 헤겔(Georg Wilhelm Friedrich Hegel)에 이어 현대에도 리오타르(Jean-François Lyorard), 제임슨(Fredric Jameson), 화이트(Hayden White) 등에 의해 계속 논의되고 있다. 숭엄은 보통 자연이나 예술 혹은 기타 인위적 창조물 속에 존재하는 요소로서 압도적인 거대함이나 저항할 수 없는 힘을 경험하게 한다. 엘리아스가 뜻

도 있다(Elias, 42).

우리는 페미니즘 소설들이 역사, 혹은 과거의 작품들에 대한 재점검을 통하여 자신의 입지를 드러내는 예를 종종 보아왔다. 『제인 에어Jane Eyre』에 등장하는 다락방의 광녀 버사 메이슨(Bertha Mason)에 대한 편향된 시각을 수정하고자 한 진 리스(Jean Rhys)의 『드넓은 사르가소 바다The Wide Sargasso Sea』, 디포(Daniel Defoe)의 『로빈슨 크루소Robinson Crusoe』가 미처 담아내지 못한 페미니즘적 시각과 유색인의 입장을 담아 다시쓰기를 시도한 쿳시(John Maxwell Coetzee)의 『포Foe』 등이 그 예이다. 두 작품 모두 탈식민주의적 관심과 페미니즘적 관심이 과거 다시쓰기와 중첩되어 있는 경우라 볼 수 있다. 반면에 보통 탈식민주의 소설로 분류되는 루슈디(Salman Rushdie)의 『한밤의 아이들Midnight's Children』도 영령 인도가 독립 공화국으로 전이되는 시기를 다룬 소설로서 일종의 역사소설로 볼 수 있으며, 이 작품은 마술적 사실주의의 환상성으로 역사의 문제를 탐문하는 포스트모던 전략을 대표적으로 구사한다.

역사에 대한 홍미는 1990년대와 2000년대에도 여전히 영국소설의 근간을 형성하고 있어서 역사성의 이해는 당대 영국소설의 이해에 필수적인 요소라고 할 수 있다. 던모어(Helen Dunmore)의 『공략The Siege』은 2차 세계대전 중 독일군의 레닌그라드 봉쇄를 다루고 있으며, 에바리스토(Bernadine Evaristo)는 로마 통치하의 런던에 대한 서사시인 『황제의 귀염둥이Emperor's Babe』에서, 당시 이미 영국에 아프리카인들이 있었으리라는 가상적 역사를 다룬다. 2001년에 영화화된 『코렐리의 만돌린Corelli's Mandoline』의 작가인 드 베르니에르(Louis de Bernières)는 『날개 없는 새

하는 고딕 전통의 숭엄이란 보통 사실주의의 전통을 초월한 초자연적이고 불가해한 요소의 지배를 의미한다.

들Birds without Wings』에서 쇠퇴기의 오스만튀르크 제국과 1차 세계대전으로의 진입을 다루고 있다. 포스트모던 역사소설은 이제 극단적 실험성을 뒤로하고 대중 소비가 가능한 장르로 자리 잡고 있다. 그 면모도 다양해져서, 탈식민주의, 페미니즘, 동성애주의, 생태주의, 전기소설, 탐정소설, 문서보관서 소설(archive fiction), 캠퍼스 소설(campus fiction) 등의 특색과 결합된 양상을 보인다(de Groot, 98).

역사소설이라는 용어는 지금까지 여러 의미로 쓰였다. 루카치는 역사소설을 한 국가 안의 변증법적 역사 발전 과정을 반영하여, 전형적인 역사적 갈등과 그 통합을 잘 반영하는 사실주의적 소설(Lukács, 32-33)로 정의했다. 플라이쉬만(Avrom Fleishman)은 역사소설을 적어도 두 세대 이전의 이야기를 다루며 "몇 개의 '역사적' 사건들, 특히 공적인 영역(전쟁, 정치, 경제적 변화 등)의 사건들"을 다룬 소설로서 "허구적 인물들 가운데 적어도 한 명의 진짜 인물"을 포함하고 있어야 한다고(Cowart에서 재인용) 더욱 한정적으로 정의한다.

그런가 하면 『예언자로서 역사 쓰기: 역사소설의 포스트모더니즘적 창안Wrtiting History as a Prophet: Postmodernist Innovations of the Historical Novel』의 저자인 베셀링(Elisabeth Wesseling)은 그의 역사소설 논의에 모더니즘 작품인 포크너(William Faulkner)의 『압살롬, 압살롬!Absalom, Absalom!』을 비롯하여 버지니아 울프(Virginia Woolf)의 『올랜도Orlando』, 『막간Between the Acts』 등 주요한 역사적 사건을 직접적으로 다루지 않고 환상적 역사를 다루거나, 공적인 영역의 사건보다 사적 의식과 기억에 초점을 맞춘 소설들을 포함시키고 있다.

또한 엘리아스(Amy J. Elias)는 다음과 같은 세 가지 특징을 보이는 모든 소설을 역사소설에 포함시키고 있다.

(1)두드러지게 나타나는 구체적인 역사적 세부가 플롯이나 인물의 전개나 이러한 서사적 속성들의 실험적 재현에 중요한 역할을 한다; (2)역사에 대한 느낌(sense of history)이 소설적 구축물의 모든 측면(저자의 관점에서부터 인물의 발전, 그리고 장소의 선택까지)에 관계한다; (3)이 역사에 대한 느낌은 텍스트 자체에서 떠오르고 구축되며, 텍스트가 역사에 이름을 부여하고자 하는 여러 장르의 담론들에 참여하는 동시에 그들로부터 스스로를 구별할 것을 요구한다(Elias, 4-5).

엘리아스는 더 이상 전쟁, 정치, 경제적 변화 등 공적 영역의 사건들을 다루는 것을 역사소설의 조건으로 제시하지 않으며, 대신에 "역사적 세부" 혹은 "역사에 대한 느낌"이라는 다소 미시적이고 막연한 속성들을 역사소설로서의 자격으로 본다. 또한 『역사와 현대소설History and the Contemporary Novel』의 저자인 코와트(David Cowart)도 역사소설을 "과거가 상당히 두드러지게 드러나는 소설"(Cowart, 6)이라고 광범위하게 정의하고 있다.

포스트모던 역사소설이 역사와 가지는 다양한 관계를 감안하여 본 책은 엘리아스나 코와트의 느슨한 정의를 출발점으로 삼기로 한다. 즉 루카치의 반영적 사실주의의 테두리를 벗어난 작품들에도 역사소설의 자격을 부여하기로 한다.

현대문학에서 역사물이 범람하는 현상은 여러 각도에서 설명될 수 있다. 오랜 문학 창작의 역사에서 다양한 매체를 통하여 끝없이 생산되는 허구적 창작물들이 이야기의 참신성을 소진시켜 역사에서 새로운 소재를 찾는 것이 원인의 하나라고 추정해볼 수 있다. 또한 단조롭고 기계적인 현대인의 생활이 상상력이 활동할 수 있는 공간을 제약하므로, 현대의 작가들이 역사 속으로, 외국이나 외계로, 미래로, 신화나 마법의 세계로 소재 사냥을 떠나는 것도 무리가 아니다.

영국소설의 경우에는 대영제국이 무너진 후에 영국인의 활동 영역이 현저히 축소되면서 소설의 풍부한 소재를 제공할 수 있는 경험이 빈곤해졌고, 이러한 제약을 역사적 소재의 발굴, 즉 상상적으로 풍요로웠던 과거로의 여행을 통해 극복하고자 하는 것으로 보인다. 『그날의 잔재 Remains of the Day』[2]의 작가인 이시구로(Kazuo Ishiguro)에 의하면 영국이 더 이상 세계의 중심이 아니라는 현실에 직면한 소설가들은 그들의 일상에 대하여 글을 쓰면 단지 조그만 지역적 소설을 쓰게 된다는 것을 깨닫게 되었다고 한다. 젊은 작가들은 자신이 아주 안정되고, 풍요로우며, 지루한 나라에 살고 있다는 느낌 때문에 아프리카나 동유럽을 배경으로 한 소설을 쓰거나 사회가 파편화되고 민주주의와 안정이 위기에 처했던 시기, 전쟁 시기, 그중에서도 1차 세계대전으로 시선을 돌리는 경향이 있다는 것이 그의 생각이다(Shaeffer, 140). 고티에(Tim S. Gauthier)는 영국에서 역사물이 범람하는 현상을 제국의 상실 후에 다문화화한 영국사회의 불안정성 속에서 역사적 안정성을 얻고자 하는 욕망, 자신의 존재를 역사적 연속성 속에서 설명할 수 있는 서사를 형성하고자 하는 필요성 등으로 설명하여(Gauthier, 4) 역사에 대한 흥미가 전통에 대한 회의가 아니라 오히려 정통성으로의 복귀에 대한 갈망과 관련이 있을 수도 있음을 시사한다.

그러나 위에 언급한 영국 작가들과 닥터로(E. L. Doctorow)나 핀천

2 *Remains of the Day*는 '남아 있는 나날(들)'로 번역되지만 관사 the는 특정한 날을 가리키며, day는 단수이므로 어느 특정한 날의 남아 있는 부분, 혹은 그날에 있었던 일의 잔재라는 의미로 해석된다. 책의 내용으로 보아 두 가지 뜻이 다 들어 있는 제목이나, 한국말로는 그러한 표현을 찾기 어려워서 후자의 의미를 택하기로 한다.

(Thomas Pynchon), 모리슨(Tony Morrison), 드릴로(Don DeLillo) 같은 미국 작가들 외에도 캐나다의 애트우드(Margaret Atwood), 라틴 아메리카의 마르케스(Gabriel Garcia Marquez), 동구의 쿤데라(Milan Kundera), 서구의 에코(Umberto Eco), 한국에서 이인화, 김훈, 김진명과 같은 작가뿐 아니라 연속극 등에도 역사에 대한 흥미가 광범위하게 나타나는 것으로 보아, 여기에는 제국을 잃은 영국인들의 과거 지향성만으로는 설명할 수 없는 부분이 있음을 알 수 있다.

고티에는 현대 문화 속의 역사물이 범람하는 요인으로 세 가지를 꼽는다. 먼저 후쿠야마의 주장이 대변하는 "역사의 종말"에 대한 인식과 한 세기를 결산하고자 하는 자연스러운 충동, 두 번째로 폭력적이고 트라우마틱한 20세기가 드러낸 계몽과 진보의 허상, 그에 따라 계몽과 진보의 허상을 재평가할 필요성, 그리고 마지막으로 엄청난 속도로 변해가는 현대사회를 인지할 수 있는 역사의식의 필요성이 그것이다(Gauthier, 1-2).

역사물이 범람하게 된 또 하나의 이유는 후기구조주의의 영향으로 이분법에 의거한 위계적 가치의 재점검이 이루어지면서 새로운 인식론에 근거한 역사 다시쓰기 작업이 필요하게 되었기 때문이라 생각된다. 이는 계몽과 진보의 허상에 대한 재평가와도 관련이 있다. 재현이란 현실을 투명하게 반영하는 것이 아니라 구축된 성격을 지닌다는 후기구조주의적 사유는 역사도 구축된 담론의 하나이며, 정전적 역사란 역사에서 주도권을 잡은 세력의 담론이라는 주장으로 발전했다. 이때 계몽과 진보 또한 보편타당한 가치의 위상을 상실하고 오랫동안 특권과 권력을 누리면서 환경 파괴와 제국주의적 정복 등을 주도해온 담론의 하나로 평가된다. 담론의 생산과 유통에 권력이 깊이 개입한다는 푸코(Michel Foucault)의 신역사주의 이론은 자연히 권력을 지니지 못했던 집단의 역사를 발굴하고 읽어내는 작업으로 귀결된다.

화이트(Hayden White)와 같은 신역사주의자도 역사란 사실에 대한 중립적 기록이 아니라 기록자의 도덕관과 욕망에 의하여 구축되는 이야기로, 허구성과 완전히 구별되지 않는 개념이라고 주장했다(White, 20). 따라서 정전적 역사에 도전하여, 역사에서 소외되었던 이분법의 열등항, 즉 주변부를 구성하고 있던 여성이나 유색인종, 피식민인, 소수성애자나 정신이상자 등의 시각에서 역사를 재조명해보려는 노력이 활발히 이루어진다. 신역사주의의 또 다른 영향은 거대서사에서 소외되었던 개인사와 지역사와 같은 미시사 재조명 작업에서 나타난다.

리오타르(Jean-François Lyotard)는 역사를 하나의 시각으로 설명하려는 노력을 전체주의 혹은 현실을 장악하려는 환상을 공포의 귀환으로 규정하고, 재현할 수 없는 것에 대한 다수의 언급들로 역사를 하나의 시각으로 설명하려는 노력을 대치할 것을 제안한다(Lyotard, 81-82). 그는 현실에 대한 단일한 재현의 어려움을 드러낸 모더니즘의 정신을 한층 강화하여 계승한 포스트모더니즘의 정신을 살려 재현 불가능한 것에 대한 다수의 잠정적 언급들을 생산해내는 것이 공포의 귀환에 대한 대책임을 주장한다. 현실은 어떤 서사의 개념이나 감각으로도 그것을 완전히 파악할 수 없는 숭엄의 영역이라는 것이 그의 생각이며, 이러한 인식은 역사적 현실의 영역으로까지 연장될 수 있다.

이러한 역사 재조명 작업은 때로 대안적 역사—실제 역사와는 다른 경로로 역사가 전개되는 것—를 상상적으로 기술하기도 한다. 즉 당시 공식 역사 기록이 침묵으로 간과하던 주변화된 집단에 어떠한 가능성이 숨어 있었을까를 상상해보는 것이다. 역사적 사실과 다른 경로를 간 역사를 상상한 소설을 특히 "반사실적(counterfactual)" 역사물이라고 구별하여 부르기도 한다(de Groot, 90). 이 “반사실적” 상상에는 억압받던 집단의 가능성에 대한 긍정적 상상만이 아니라, 해리스(Thomas Harris)의 『조국Fatherland』과 같이 나치 독일이 패배하지 않았다면 어떤 세상이 왔을까 등에 대한 부정적 상상까지도 포함된다(de Groot, 176). 이것은 우리가 사실의 축적으로 받아들이던 역사라는 개념을 탐문하는 급진적 방식 중의 하나이다.

그러나 최근에 역사의 재현을 시도한 소설들이 모두 역사적 사실의 자유로운 변조에 의존하고 있는 것은 아니다. 역사적 사실의 재현에 비교적 충실하면서도 역사적으로 소외되었던 시각—여성, 유색인, 동성애자, 하위자 혹은 국외자, 정신이상자, 지역사 및 개인사의 시각—에서 역사를 재조명하는 작업이 오히려 다수라고 할 수 있다. 그런데 사실 이 두 종류의 소설들, 그러니까 대안적 역사를 제시하며 소외되었던 집단의 입장에서 역사를 변조한 소설과 역사적 사실은 그대로 두고 소외되었던 집단의 입장에서 역사를 재조명하는 소설은 별개의 것이 아니고 연장선상에 있는 작업으로, 둘을 구별하는 것은 상상력의 대담성의 정도일 뿐이라는 것이 필자의 견해이다. 따라서 본 책에서는 “대안적 역사”라는 용어를 변조와 재조명의 두 가지 의미를 다 포괄하는 광범위한 의미로 사용하고자 한다.

제임슨(Frederic Jameson)은 역사의 사실성과 고유성을 범접하는 포스트모더니즘의 이러한 시도들을 ‘시뮬라크럼’, 즉 ‘원본이 존재하지 않는 복사물(‘simulacrum’—the identical copy for which no original has ever existed)’이라 규정한다. 또한 통일된 기준 없이 표류하는 역사적 언급들은 그로 하여금 역사의식의 부재를 우려케 한다. 개성을 추구한 모더니즘 스타일은 패러디의 좋은 대상이 되었지만 사회의 파편화를 야기한다.

그 결과 통일된 규범이 존재하지 않게 된 포스트모더니즘 시대에는 더 이상 패러디가 가능하지 않고 과거 스타일의 무비판적 복제인 혼성모방(pastische)만이 가능하다. 루카치에게는 부르주아 사회의 유기적 계보였고 집단의 미래의 방향을 제시하는 데 불가결했던 역사적 회고가 포스트모더니즘에서는 그 실체를 상실한 시뮬라크럼이자 소비되기 위한 이미지의 군집으로 전락한다고 제임슨은 지적한다(Jameson, 65-66).

그러나 헛천(Linda Hutcheon)은 제임슨의 이와 같은 비관적 진단에 동의하지 않고 포스트모던 역사소설의 비판적 기능을 강조한다. 포스트모던 역사물이 서사에서 재현의 정치학을 드러냄으로써 재현의 관례가 부자연스러움을 보여주는 것 자체가 역사에 대한 의미 있는 비판적 성찰임을 그는 역설한다.[3]

역사의 구축된 성격에 대한 탐문은 필연적으로 역사 기술의 방법에 대한 다양한 실험적 시도와 성찰을 낳게 된다. 이러한 역사 기술에 대한 자기성찰을 담은 소설을 린다 헛천은 역사 기술학적 메타픽션(Historiographic Metafiction)이라고 따로 분류하기도 했는데(Hutcheon, 1988: 105), "역사와 허구가 인간의 구축물이라는 데 대한 이론적 자의식"(Hutcheon, 1988: 5)을 가지고 역사를 재창조하는 소설이라는 의미이다.

린다 헛천은 포스트모던 역사소설—즉 역사 기술학적 메타픽션—이 지시 대상을 부인하는 동시에 긍정한다고 주장한다. 그는 서사에서 지시 대상에 관한 한 아무 일도 일어나지 않으며 일어나는 것은 텍스트뿐이라는 바르트(Roland Barthes)의 극단적인 후기구조주의를 "프랑스적인

3 I would rather put this challenge in terms of a de-naturalizing of the conventions of representing the past in narrative—historical and fictional—that is done in such a way that the politics of representing are made manifest(Hutcheon, 1989: 1066).

허풍”으로 일축하고 로티(Amélie Rorty)가 말하는 “사물—역사적 인물들과 사건들—은 존재했지만 오늘날 우리는 텍스트로서만 그것들을 알 뿐”(Jameson, 145)이라는 것이 역사 기술학적 메타픽션의 입장이라 주장한다.

그러나 1980년대 이후에 쓰인 역사소설들은 1960-70년대의 역사기술학적 메타픽션들이 보였던 극단적 실험성을 포기하고 사실주의적 성격을 어느 정도 회복한 듯 보인다. 엘리아스는 그 이유가 후기구조주의 언어이론이 주류로 자리 잡아감에 따라 서사의 형식적 실험만으로 서사를 전체주의적 정치성으로부터 구출하는 것이 가능하다는 작가의 신념이 약화되면서 전위적 형식의 필요가 줄어든 것이라고 추측한다(Elias, 75). 물론 1960-70년대의 역사소설들이 모두 급진적 실험에만 몰두했던 것은 아니다. 1980년대 이전에도 대영제국의 역사와 붕괴는 역사소설의 주요한 소재가 되어 왔다. 그중에는 역사에 대한 근본적 탐문을 형식적으로 시도하지 않는 소설들도 있었다. 프레이저(George Macdonald Fraser) 작 『플래쉬만 서류Flashman Papers』 9권 중 3권은 각각 1842년의 아프간 전쟁, 영국의 펀자브 획득, 1857년의 영령 인도의 반란 등을 취급하고 있으며, 패럴(J. G. Farrel)의 『크리슈나푸르의 공략The Siege of Krishnapur』도 1857년에 있었던 반란 기간 동안 영국인들의 모습을 다루고 있다. 그런가 하면 스콧(Paul Scott)은 『영국의 인도 지배 사부작Raj Quartet』을 저술했는데, 이 연작에 포함되는 『왕관의 보석The Jewel in the Crown』, 『전갈의 날The Day of the Scorpion』, 『침묵의 탑The Towers of Silence』, 그리고 『약탈물의 분배A Division of Spoils』 모두 역사적 사건들을 돌아보고 있으나 전통적 방식으로 회고하고 있다(Sanders, 638).

본 책에서 다루는 소설들은 모두 1980년 이후에 쓰인 작품들로, 전통적인 역사 기술에 대해 성찰하지만 지시 대상으로서의 역사를 포기하지 않은 소설들이라 할 수 있다. 몇 개의 소설만 예로 들어 본다면 먼저 플로베르(Gustave Flaubert)의 전기 작가가 직접 등장하여 역사에 있어서 증거의 문제를 논하며, 역사를 쓰는 새로운 방법을 여러 가지로 모색하는 『플로베르의 앵무새Flaubert's Parrot』가 있다. 이것은 실험적 형식이 두드러진 소설이지만 플로베르의 생애에 일어났던 사건들을 거의 변조하지 않고 제시하고 있다. 단지 플로베르의 연인이었던 루이즈 콜레(Louise Colet)의 일기가 허구적으로 창조되어 여성적 관점이 새로이 삽입되었다는 특징을 보인다. 역사 선생이 화자로 등장하여 역사의 성격과 이야기의 본질에 대하여 논평하며, 가족사와 지역의 자연사를 중심으로 역사를 서술하는 『습지Waterland』도 역사 기술학적 메타픽션의 성격을 강하게 보인다. 그러나 덴마크인들의 영국 진출, 산업혁명, 철도 건설, 영국의 제국경영, 1차 세계대전 등의 역사적 사건들은 비교적 안정적인 역사적 배경으로 기능한다. 이시구로의 『그날의 잔재』는 현재와 과거의 회상을 교차시키는 온건한 모더니스트 소설의 양식으로 하위자의 시각에서 바라본 역사, 그리고 영국 일부 상류 계층에 존재했던 나치 동조 현상 등 역사적 조명의 외곽으로 밀려났던 시각과 사건에 초점을 맞춘다. 작품의 주요 인물 중 하나인 달링튼 경(Lord Darlington)은 실존 인물로, 작품에서 그려진 대로 1차 세계대전 후 독일에 대한 전승국들의 지나친 요구로 평화 유지가 불가능해지는 상황을 우려하여 많은 외교적 노력을 하다가 2차 세계대전 중에는 나치 동조자의 혐의를 받았다. 애크로이드(Peter Ackroyd)의 『오스카 와일드의 마지막 증언The Last Testament of Oscar Wilde』도 역사에 알려진 오스카 와일드의 생애를 별로 왜곡하지 않고 재현한다. 단지 오스카 와일드가 쓴 적이 없는 일기를 창조하여 그의 생애를 소개한다는 것이 역사적 사실과 충돌하는 부분이다. 이것 역시 『플로베르의 앵무새』에 나오는 루이즈 콜레의 일기와 마찬가지로 소수자—와일드의 경우는 성적 소수자—시각의 삽입이라는 의미를 가진다.

최근의 영국소설들은 베셀링이 지적하듯 패배자들의 시각에서 역사를 조망하거나 지금까지 역사에서 다루지 않았던 부분들을 조명하려고 시도한다. 이러한 입장에서 필자는 각 장에서 미시사, 지역사 및 자연사(2장), 남성동성애자(3장), 피식민인 혹은 유색인(5장), 하위자 혹은 국외자(6장), 여성 및 여성동성애자(7장), 정신이상자(8장) 등 소수자의 시각에서 재구성한 역사를 다룬 작품들, 그리고 개인사 및 세계사의 실험적 재구성(4장)을 시도하는 작품들을 검토하고자 한다. 각 장은 대안적 역사 기술 입장을 대표하는 한 작가의 한두 작품에 할애되었으며, 연대기 순으로 작품들을 다루었다. 이에 앞서 1장에서는 소설의 역사성에 대한 이론적 이해와 영국소설의 역사성 개관을 소개함으로써 개별 작가나 작품을 이해하는 데 도움이 되는 배경지식을 제공했다.

이 책은 이처럼 1980년대 이후 출판된 최근 영국소설 중 실험성과 소설적 흥미를 균형 있게 결합하여 독자들에게 광범위한 호소력을 획득한 작품들을 선별하여 그들의 실험적 서사가 어떠한 역사적 성찰을 제시해 주는지를 살펴보고자 한다. 이들 소설의 창의적인 소설 기법과 역사를 다루는 시각, 실재했던 사건과 인물로서의 역사가 결합하여 역사를 재현하는 다양한 방식에 대한 고찰이 이러한 탐문에 대한 해답을 줄 것이다. 그간 포스트모더니즘 소설들이 역사를 다루는 방식에 대한 포괄적 논의가 담긴 해외 저서들은 꾸준히 있어 왔고, 국내에도 미국 포스트모더니즘의 역사성을 고찰하는 저서가 존재한다. 반면 영국소설의 경우 작가나 작품들에 대한 개별적 연구는 있으나 그 초점이 역사성 연구가 아닌 경우가 많으며 이들을 포괄적으로 연결시켜 논의한 저서는 찾아보기 힘들다. 따라서 이 책이 미력하게나마 길잡이가 될 수 있기를 바란다.

2015년 8월

저자 전수용

차례

Julian Barnes
Kazuo Ishiguro
A. S Byatt
Salman Rushdie

pat barker

Peter
Ackroyd

1장 소설의 역사성에 대한 이론적 이해와 영국소설의 역사성 개관[1]

본 장은 소설의 역사성에 대한 이론적 이해와 영국소설의 역사성 개관을 위하여, 역사소설에 관한 고전적 지침을 마련한 바 있는 루카치를 출발점으로 삼고자 한다. 그러나 역사소설은 루카치가 높이 평가하는 사실적이고 진보적인 요소 이외에 처음부터 로맨스적, 고딕적 환상성을 내포하고 있는 장르이기도 했다. 19세기 후반은 20세기 주관주의 역사관의 초석을 마련한 조망주의적 역사관 및 마르크스(Karl Marx), 니체(Friedrich Nietzsche), 프로이트(Sigmund Freud)의 역사관이 태동한 시기이다. 이들의 영향을 받은 20세기 모더니즘 소설은 흔히 역사성을 신화적, 순환적 시간관으로 대치했다는 비난을 받지만 주관적 회상을 정교히 구상함으로써 과거 회상 방식에 중요한 획을 긋는다. 이어서 아날 역사학

1 본 장은 2001년 발간된 『현대영미소설』 제8권 2호에 게재된 필자의 논문 『역사소설 개념의 와해 혹은 그 확산에 대하여』에 일부 의존하고 있다.

파(Annalls school historians)의 역사관, 후기구조주의 시대의 해체주의적 역사관, 그리고 푸코의 신역사주의 역사관 및 헤이든 화이트의 허구와 역사에 대한 통찰을 거쳐 현대의 역사 논의는 표현 불가능한 숭엄성으로서의 역사, 그리고 트라우마로서의 역사에 대한 논의로 이어지고 있다. 본 장은 이러한 흐름을 개관함으로써 당대의 역사소설 논의를 이해할 수 있는 바탕을 제공하고자 한다.

1. 19세기 역사소설 발생에 대한 루카치의 통찰

문학의 역사에 대한 관심은 호머나 버질과 같은 서양의 고전문학이나 동양의 『삼국지연의』와 같은 소설에도 예부터 존재해왔던 현상이다. 서양의 르네상스 시대에는 초서(Geoffrey Chaucer)의 『트로일루스와 크리세이드Troilus and Criseyde』에서 볼 수 있듯이 고전 시대의 역사적 소재를 부활시키는 사례가 빈번했다. 셰익스피어(William Shakespeare), 말로우(Christopher Marlowe), 존슨(Ben jonson) 등의 극작가들도 모두 역사적 소재를 사용한 극을 꽃피우는 데 기여했으며, 시 분야에서는 밀튼의 『실락원Paradise Lost』이 인간의 태초의 역사를 다루기도 했다. 스페인의 황금기 문학을 대표하는 『라만차의 돈 키호테Don Quixote de la Mancha』는 서양소설의 원조로서 중요할 뿐 아니라, 중세 로맨스 문학과 같은 과거에 대한 허구가 돈 키호테라는 인물을 낭만화된 광기로 이끄는 모습을 통해, 역사에 대한 기술이 현재에 영향을 주는 방식에 대한 통찰을 제공한다(de Groot, 11-12).

고전적 역사소설에 대한 가장 가치 있는 통찰을 제공한 학자 루카치

(Georg Lukács)는 이러한 역사물들과 19세기에 탄생한 본격 역사소설 사이에 근본적 차이가 있음을 지적하며, 19세기 초반을 근대 역사소설의 탄생기로 잡는다. 그는 『역사소설The Historical Novel』에서 나폴레옹 전쟁 이후를 국가의식 및 대중 역사의식과 역사소설의 탄생 시기로 잡는다. 유럽인들에게 역사의 힘을 느끼게 해준 것은 프랑스혁명과 그 여진에 편승했던 나폴레옹의 집권, 그리고 이어진 나폴레옹 전쟁이었다. 이전의 전쟁이 소수의 전문인들에 의한 국지적 전쟁이었다면, 나폴레옹 전쟁은 국가 단위로 이루어진, 국가에 의해 징집된 대중들이 활약한 전쟁이었다. 전쟁에 참여하는 개인과 나폴레옹의 침략을 당한 국가의 대중들 모두 역사의 힘이 현실을 변화시키는 모습을 본 목격자라고 할 수 있다. 우선 국가 단위로 군대를 동원하기 위하여 지도자들은 이러한 대규모 군대동원을 통하여 이룩하고자 하는 바를 개인들에게 인식시킬 필요가 있었다. 그러기 위해서는 개인들이 새로운 상황을 만들어가는, 혹은 전 국가적 상황에 대처하는 행위의 주체로 자신을 인식할 필요가 있었던 것이다. 이러한 설득의 과정을 거치면서, 또 전쟁에 참여하고 그 결과를 목격하면서 개인들은 역사적 인식에 도달할 수 있었다. 본격 역사소설의 발생은 이와 같은 새 시대가 요구하는 역사 인식과 깊은 관계가 있다(Lukács, 23-24).

루카치가 정의하는 바 역사소설은 구체적인 역사시대에 대한 이미지의 성실한 재현, 그리고 등장인물의 개별적 특성이 그 시대의 역사적 성격으로부터 도출되는 특징을 가진다. 17, 18세기, 혹은 그 이전에도 역사를 다룬 문학은 있었지만, 이 작품들은 소재와 복장에서 역사를 반영할 뿐 인물의 심리나 관습 등은 모두 역사적 배경을 이루는 시대보다는 작가 당대의 것을 반영하는 경향이 있었다(Lukács, 19). 스콧류의 고전적 역사소설이 그 이전의 역사물과 다른 점은 그전의 역사물은 핍진성의 효과를 내기 위하여 역사적 소재를 사용할 뿐이지만, 고전적 역사소설은 독자의 역사에 대한 이해를 증진시킬 목적으로 쓰인다는 것이다.

루카치는 월터 스콧(Sir Walter Scott)을 유럽 최초의 본격 역사소설가로 보며, 그의 소설이 영국 사회의 발전을 이룩해온 상반되는 세력들의 핵심적 갈등과 그 갈등들의 중도적 통합을 잘 반영하고 있다는 측면, 즉 헤겔(Wilhelm Friedrich Hegel)의 변증법적 역사관을 충실히 구현하고 있다는 점에서 높이 평가한다. 시대 배경의 선택에 있어서도 스콧류의 고전적 역사소설은 그 이전의 전통적 역사물과 차이를 보인다. 즉 전통적 역사물은 성서시대의 인물이나 고대의 인물을 등장시키므로 이 인물들이 갖는 역사성은 거의 추상적 성격을 띤다. 반면에 고전적 역사소설은 비교적 최근의 역사적 시대를 배경으로 설정하여 독자가 소설에서 일어나는 사건이나 등장인물의 사실성을 역사적 배경에 비추어 판별할 수 있게 한다. 또한 고전적 역사소설의 사건은 역사적으로 주요한 인물들이 아니라 그 주변에 있는 허구적 인물들을 중심으로 전개되므로, 사건들은 그 시대의 배경과 정신은 반영하되, 역사적 기록과 충돌을 일으키지 않게 고안되어 있다(Wesseling, 39-46).

흔히 역사관을 논의할 때 우리는 계몽주의적 역사관과 발전적 역사관을 등치시키는 경향이 있다. 그런데 대중의 역사의식을 일깨운 프랑스혁명의 원동력이 되었던 계몽사상이 실은 좁은 의미에서는 자연법의 존재를 주장하는 다분히 비역사적인 사상이었다고 루카치는 주장한다. 즉 인간은 본래 자유로운 존재로 기본적 권리를 향유해야 하는데, 봉건주의의 비이성성이 이런 상태를 왜곡시키고 있으니, 자연의 모습으로 돌아감으로써 이성성에 도달할 수 있다는 주장으로 해석할 수 있다. 그러니까 계몽주의가 성취한 혁명 행위는 보다 높은 역사적 단계로의 도약을 위한 노력의 결실이 아니라, 인간의 본질적 모습으로 돌아가기 위한 거짓된 모습에서의 탈피라는 의미를 가질 수 있다.

그 후 왕정복고에 의한 보수로의 회귀 시대에 진보를 역설한 사상가들은 계몽주의자들과는 다른 방식으로 주장을 펼쳤다. 즉 인간 진보의 이성성이라는 것은 역사 자체에 존재하는 사회적 힘들 간의 내적 갈등에 의하여 점진적으로 성취되며, 이 해석에 따르면 역사 자체가 인간 진보의 담당자요 실현자가 되는 것이다. 이 새로운 진보 사상의 대변자가 헤겔인데, 루카치는 헤겔의 역사관이 인간에 대한 계몽적 개념을 무효화시키는 동시에 한 차원 높여서 보존했다고 본다. 헤겔의 역사관은 "인간을 자신의 산물로, 그리고 역사 속에서 인간 활동의 산물로" 본다. 헤겔은 역사적 진보의 담당자를 "세계정신"으로 신비화하며, 이 세계정신이 역사적 발전의 변증법을 구현하는 과정을 다음과 같이 설명하고 있다.

> 이와 같이 세계정신은 스스로에 반대하며 자신의 목적에 정말로 적대적인 장애물처럼 스스로를 극복해야 한다. 세계정신에 있어서 (…) 진보라는 것은 (…) 자기 자신과의 어렵고도 부단한 투쟁이다. 세계정신이 원하는 것은 자신의 관념을 실현하는 것이지만 세계정신은 자신의 관념을 자기 자신으로부터 감추고 있으며, 이러한 자기 자신으로부터의 소외를 자랑스럽게 생각하며 이러한 소외를 충분히 스스로 즐기고 있다. (Lukács, 28-29에서 재인용)

소설은 로맨스, 서사시, 자서전 등 소설의 원천이 되는 장르들과 대화적 관계를 유지하며 발전해온 장르로서 왓트(Ian Watt)류의 소설의 부상이론이 중요시하는 합리적, 과학적 이성의 표현 이외의 복합적인 성격을 가지고 있다. 역사소설 역시 루카치가 스콧의 소설을 통해 강조하는 이성적, 합리적 전통 외에 로맨스, 환상 소설, 신비 소설, 고딕 소설 등과 불가분의 관계를 맺고 있다. 18세기 후반에 성행했던 고딕 소설은 미지의 것, 신비한 것, 공포스러운 것, 출몰하는 것에 매혹되어 있었으며 유럽의 과거를 물신화하고 있었다. 종종 중세를 배경으로 하는 이 소설들이 과거에 관심을 가지는 것은 과거의 야만성과 신비에 매혹되었기 때문이다. 고딕 소설은 역사와 허구를 과감하게 혼합했으며, 시대착오적 오류가 너무도 명백히 나타나는 장르였다. 래드클리프(Ann Radcliffe)와 같은 여성 작가의 고딕 소설은 배경을 여성의 공포와 욕망을 탐색할 수 있는 여성의 의식을 중심화하는 환상의 공간으로 사용한다(de Groot, 16).

스콧의 역사소설은 고딕의 과잉을 지양하고, 이성적이고 사실적인 형식을 갖추어 과정과 진보, 인간의 초월적 가치를 강조하는 방향으로 발전하게 되었다(de Groot, 16). 스콧은 종종 '높은 평가를 받지 못하는 여성화된 로맨스 장르를 남성적이고도 경험적인 사실적 역사의 진수로 존경받을 만하게 만들었다(de Groot, 20)는 평가를 받는다. 그러나 스콧이 여러 장르를 가로지르면서 과거의 사악한 에너지를 해부하고 중화시키는 동시에 과거가 독자에게 가지는 호소력을 상업적으로 이용했다는 맥칼만(Iain MacAlman)의 주장도 상당한 설득력을 가지며, 스콧의 대표적 역사소설로 간주되는 『웨이벌리Waverley』는 로맨스 장르의 과잉과 비이성성을 이성적 현실 인식으로 대치하면서도 양쪽 세계가 가지는 호소력을 모두 이용하고 있는 것으로 보인다.

엘리아스도 스콧이 객관성에 기초한 이성적이고 발전적인 역사관을 설파한 스코틀랜드 학파의 영향을 수용하는 한편 하일랜드(Highland)로 대표되는 스코틀랜드의 과거 문화 형태에 대한 향수적 낭만주의를 고수하고 있음을 인정한다(Elias, 11-13). 월터 스콧의 작품에서 공포로 가득하고 경외심을 일으키는 스코틀랜드의 자연과 풍습과 역사는 그 자체가 낭만적 정서의 표상인 숭엄함(sublimity)으로 특징지어진다(Elias, 16). 드 그루트와 엘리아스는 모두 사실적, 이성적 형태에 로맨스적, 고딕적 혹은 숭엄적 요소가 접목된 역사소설의 태생적 특성이 이후 사실보다 환상성을 강조하는 현대의 역사물에서 발현되고 있다고 본다.

스콧 이후 19세기 영국의 소설가들은 자신들의 사상적 입장을 전달하기 위해 역사소설을 썼다. 예를 들면 프랑스혁명 시대를 그린 디킨즈(Charles Dickens)의 『두 도시 이야기A Tale of Two Cities』는 구제도의 억압성과 혁명의 잔인함이라는 양극단을 모두 비판하며 정치적 온건성을 옹호하고 있다. 이런 주제적 변화에도 불구하고, 대부분의 소설가들은 스콧이 사용한 틀—가까운 이전 시대의 역사를 다루면서 역사적 사실을 거스르지 않고 허구적 세계를 창조하는 관례—을 크게 깨지 않았다(Sanders, 1993: ix).

스콧과 다소 구별되는 역사소설을 시도한 작가로는 리튼(Edward Bulwer-Lytton)이 있다. 『폼페이 최후의 날들The Last Days of Pompeii』의 작가인 그는 새로운 역사 기술법의 영향을 받아 여러 면에서 스콧보다 정확한 역사 재현을 시도했다. 스콧이 역사적 사건의 날짜나 연대를 다소 느슨하게 다루며 권위 있는 역사 문서나 믿을 만한 증인뿐만 아니라 전설이나 민담, 구전자료들을 사용했던 데 반하여, 리튼은 체계적이고 양심적인 연구를 통하여 높은 수준의 역사적 정확성을 추구하며 역사가들의 주장에 도전을 제기하기도 했다(Wesseling, 52).

스콧에 대한 평가는 빅토리아 시대 후반으로 접어들면서 절하되기 시작했다. 스콧은 인물들을 둘러싼 물질적 환경, 즉 풍경이나 그 지방의 풍물 등을 자세히 묘사하는 반면, 인물들의 심리세계는 깊이 천착하지 못한 편이었는데, 19세기 중반 이후 심화되기 시작한 인간의 심리와 도덕성 분석에 대한 관심은 스콧의 인물이 피상적이라는 비판을 낳았다. 19세기 말에는 역사소설이 거의 쓰이지 않았으며, 그나마 페이터(Walter Pater) 등의 역사소설은 주인공의 심리묘사에 집중하는 경향을 보인다(Wesseling, 55).

20세기 초의 모더니즘 시대에는 인간의 내면과 심리에 대한 관심이 더욱 심화되었고, 스콧류의 역사소설은 자연히 더욱 빛을 잃게 되었다. 역사의 객관적 성격에 도전했던 19세기 사상들을 기반으로, 20세기 초반에 들어서 외부의 현실이라는 것이 안정적이고 인지할 수 있는 총체라는 믿음은 점점 흔들리게 되었다. 문학에서도 경험적 현실을 객관적으로 재현하는 방법에 대한 관심보다는 개인의식의 능동적이고 투영적인 역할에 대한 관심이 높아졌고, 자연히 외부 현실의 묘사에 치중했던 스콧류의 문학세계는 설 자리가 없게 되었다.

19세기 말부터 쇼펜하우어(Arthur Schopenhauer), 니체 등은 역사주의가 주장하는 공정하고도 객관적인 역사 인식의 가능성에 대한 반론을 제기했으며, 니체는 헤겔이 역사적 과정을 신격화하는 것을 조롱했다. 또한 레싱(Theodor Lessing)은 헤겔의 목적론을 부정하면서 역사는 어떠한 본래적 의미, 목적, 인과성이나 조리도 없으며, 이런 범주들은 무정형의 집적에 대하여 역사가 부과한 틀에 불과하다는 입장을 취했다. 크로체(Benedetto Croce)와 콜링우드(R. G. Collingwood) 또한 역사는 필연적으로 당대의 관심사에 의해 결정된다는 역사의 조망주의적 성격을 강조했다(Wesseling, 69-71).

2. 니체, 마르크스, 프로이트 그리고 모더니즘의 역사관

20세기의 역사관 형성의 초석을 놓은 사상가들은 니체, 마르크스, 프로이트라고 할 수 있다. 니체와 마르크스, 그리고 프로이트는 "아무 사심 없이 진리를 말한다는 주장에 언제나 특수한 이해관계가 개입하고 있는 것"으로 이해했으며, "그들에게서 근대성의 역사는 이념과, 권력과 무의식−문화가 표방하는 정직성과 신의의 잠재적이고 이기적인 내용−의 역사가 된다"(Hamilton, 111).

니체의 경우, 역사가 현재의 행동성을 저지하는 족쇄로 작용할 수 있는 가능성을 경고하며, 한 개인, 민족, 문화의 건강을 위해 비역사성과 역사성은 동일 비율로 필요하다고 주장했다. 그는 역사의 과학성을 부정하며, 모든 이데올로기에 숨어 있는 권력의지를 노출시켰다. 그러나 이러한 인식의 결과는 모든 것에 대한 의심과 냉소가 아니라 내밀하고 의심스러운 권력의지를 자신의 건강한 권력의지로 대치하여 미래를 건설할 수 있는 환상을 가지는 것이다. 니체가 가르친 것은 허무주의가 아니라 전통적 가치가 무너진 폐허에서 미래에 대한 희망을 가지고 살아갈 수 있는 방법이다. 그에 따르면 역사는 현재를 초월한 기준을 보여주어 신탁과 같은 힘으로 미래를 건설할 수 있는 힘을 주는 것이다(Hamilton, 113-117).

니체의 역사관을 허무주의로부터 구출한 해밀턴(Paul Hamilton)은 마르크스의 역사관에 주관주의의 혐의를 둔다. 루카치가 헤겔의 역사관을 계몽주의의 비역사적 세계 인식을 역사화한 것으로 인식했고, 마르크스의 역사관을 헤겔의 역사관과 등치시킨 데 반해, 해밀턴은 마르크스가 헤겔에게서 빌려온 변증법적 역사관 대신에 그의 『혁명력 2월 18일18th

Brumaire』을 마르크스의 역사관 논의의 근거로 삼는다. 여기서 마르크스는 부르주아 이념가들이 새로운 사회적 변혁을 대중에게 설득하기 위해 역사적 전례를 사용했던 것을 상기시킨다. 즉 그들은 역사적 반복을 강조하면서, 역사를 패러디화하는 우를 범했다는 것이다. 프랑스 혁명가들은 로마인의 자유와 로마의 공화정을 상기시키며 프랑스혁명이 그것의 재현이라는 수사를 사용함으로써 대중을 동원할 수 있었다. 그리고 루이 보나파르트는 1851년의 자신의 정권 인수를 나폴레옹의 쿠데타와 동일시함으로써 다시 한 번 역사적 회귀라는 수사로 적법성을 얻으려 했지만 희화화된 반복에 불과했다는 것이 마르크스의 생각이다.

마르크스는 이와 같이 부르주아 사회에서는 과거가 현재를 지배하며, 이데올로기는 과거 재현의 수사로 대중을 이끌어가지만 "19세기의 사회적 진보는 과거가 아닌 미래로부터 그 시를 창조할 수 있다"(Hamilton, 103-106)고 설파했다. 다시 말하면 그는 과거와 과거의 전통을 잇는 부르주아 사회는 주관적 역사성의 지배를 받고 있다고 보는 반면, 새로운 사회는 그러한 역사성으로부터 전적으로 단절되고 이데올로기의 수사로부터 전적으로 해방될 수 있다고 인식했다. 그러나 사회주의적 미래의 실현이 오기까지는 대중은 지배계급의 주관적 역사 인식의 지배를 받으므로, 마르크스의 역사관을 일종의 주관주의로 볼 수 있는 여지가 있다는 것이 해밀턴의 논의이다. 마르크스는 『독일 이데올로기』에 나오는 어둠상자의 비유로부터 시작하여 착시에서 벗어나 과학적이며 객관적인 시각으로 세계를 바라볼 수 있는 가능성을 시사했으나(Marx & Engels, 47) 마르크스주의 자신이 이데올로기의 수사로부터 진정으로 해방된 객관적인 역사 인식인지의 여부는 여전히 문제로 남는다.

프로이트의 경우 초기에 정신분석을 과학으로 생각했으나, 후에는 문명생활이 만들어내는 긴장을 각 개인에게 고유한 방법으로 풀어가야 한다고 생각하게 되었다. 프로이트에게 모든 역사는 개인적 병력이며, 현재는 과거에 의하여 만들어지는 것이다. 그의 케이스 분석은 인과관계의 분석이 가지는 한계와, 가설적 틀을 벗어나지 못하는 모습을 보여주며 현대의 주관주의적 역사관을 예견하고 있다(Hamilton, 121-123).

흔히 모더니즘은 역사성을 결여한다고 인식되지만, 모더니즘 시대에도 19세기 말에 정립된 주관주의적 역사관을 기초로 나름대로 역사에 대한 탐색은 계속되었다. 즉 그들은 집단적 과거보다는 개인적 과거의 추적에 관심을 보였으며, 회상의 형식에 초점을 두었다. 이런 류의 소설로는 울프의 『올랜도』와 『막간』, 포크너의 『압살롬, 압살롬Absalom, Absalom!』을 들 수 있다(Wesseling, 74).

루카치에 의하면 20세기 초반을 풍미했던 모더니스트들은 객관적 현실과의 접점을 잃어버리고, 고립된 심리의 세계에 침잠하고 있는 작가들이다. 한 개인이 외부 세계와 가지는 관계를 전적으로 무시한 채, 그리고 그의 의식의 흐름 속을 지나가는 무수한 감각과 상념 중에 무엇이 현실적인 것이고, 무엇이 상상에 불과한지 가려내지 않은 채 주관성의 세계를 유영하는 모더니스트들은 비역사적이고 정체된 세계관을 가질 수밖에 없다는 것이 루카치의 판단이다. 루카치는 그들이 강조하는 시간의 주관성 역시 개인을 객관적 시간으로부터 분리하여 역사와의 관계를 단절시키는 장치로 본다(Lukács, 1957: 146-157).

이와 같이 루카치는 모더니스트들의 유아론적 세계관을 윤리적 약점으로 비난했다. 그러나 모더니즘 시대를 지배하던 사상적 조류에 민감한 작가들에게 루카치가 상정하는 객관적 세계는 존재하지 않았다. 모더니스트들이 유영하는 주관의 세계는 인간 존재의 조건으로 주어진 것이며,

개인은 객관적 현실을 알 수가 없다. 얼핏 보기에 이러한 단절 속에서 현실을 변화시킬 수 있는 의미 있는 행위는 불가능해 보인다. 그들에게는 이데올로기와 권력과 무의식의 이해관계가 개입한 세계만이 존재했으며, 역사는 개인적 병력으로서만 존재했다. 모더니스트들이 그린 파편화된 역사는 그들이 처한 정신적 풍토에서 유일하게 가능한 역사적 세계였다. 그럼에도 불구하고 모더니스트들은 주관성의 세계 속에서 역사적 저항을 시도한다. 포스트모더니즘 시대에 이르러서는 객관적 현실에 대한 단일한 재현의 폭력성에 대한 우려가 제기되고 있음을 감안할 때, 모더니즘의 가치는 재평가될 필요가 있다.

과거에 대한 인식이 현재의 정신상태를 형성하는 방식과 과거에 대한 지식이 획득되는 방식에 대해 지속적 관심을 보인 모더니스트들이 개발한 역사소설은 이러한 그들의 관심사를 잘 반영하고 있다. 또한 역사적 사실들의 사용에 있어 울프는 상세한 고증이나 역사적 정확성을 조롱하듯 자유롭게 역사적 사실을 과장하고 변형시킨다(Wesseling, 74-78).

역사의 주관화 외에도 모더니스트들은 역사에 대한 초월적 태도를 고수한다. 예외도 있지만 대개의 경우 그들은 과거 시대를 다루면서도 주요한 역사적 사건에 대한 언급을 최소화하거나 형식적으로만 건드린다. 또한 역사에 대한 언급은 신화적 모티프와 연결되어 있다. 포크너의 『압살롬! 압살롬!』은 제목에서부터 성서의 일화들을 환기시키며, 수세기에 걸쳐 살아가는 울프의 『올랜도』는 연금술로 영생을 얻어 살 수 있다는 장미십자회의 신화적 모티프를 이용하고 있다(Wesseling, 80).

모더니스트들의 역사관 혹은 역사 부정의 근원은 과다한 역사적 지식의 축적이 현대인을 억눌러 행동력을 약화시킨다는 니체의 역사관에서 찾을 수 있다. 아방가르드(avantgarde) 예술가들은 과거를 단연히 거부함으로써 과거의 무게로부터 벗어나고자 했다(Wesseling, 81). 사실, 1차 세계대전 후에 모더니스트들의 눈에 보인 세계는 모든 버리고 싶은 가치를 상징했다. 울프는 물질과 제국주의와 남성 중심주의로부터의 해방을 원했으며, 조이스(James Joyce)도 식민 지배와 종교의 횡포로 피폐한 조국의 과거에서 해방되기를 원했다. 엘리엇은 죽음으로 황폐한 세계에 생명이 복원되기를 원했다. 그들의 시도는 호전성과 파괴성으로 점철된 문화에 대한 저항이었다. 또한 모더니스트들은 구태의연한 형식이 새로운 세계를 담는 데는 아주 부적합한 용기라고 보았다. 그들이 표방한 비역사성은 자신이 처한 세계에 대한 지극히 역사적인 저항이었으며, 무책임성이나 퇴폐와는 상관이 없는 선택이었다고 볼 수 있다. 그들은 새로운 역사를 열어가기를 꿈꾸고 있었다. 모더니스트 작품에서는 역사적 소재의 재현을 찾아볼 수 없다는 베셀링의 주장도 최근 비평이 울프에게서 발견하고 있는 여성해방적, 반제국주의적, 반전주의적 언급들,[2] 조이스에서 발견하고 있는 탈식민주의적 언급들[3]에 의해 반박될 수 있다. 이런 맥락에서 모더니스트 작품에서 발견되는 신화적 초월성과 영원한 회귀로서의 시간관은 역사에 대한 그들의 관심과 교차된다.

3. 포스트모던 역사관의 정치성

역사에 대한 인류학적 접근을 시도한 푸코의 신역사주의와 포스트모더니즘적 역사관이 자리 잡기 전에 프랑스에서 아날 역사학파로부터 출

2 Kathy Phillips의 *Virginia Woolf against Empire* 참조.

3 Vincent Cheng의 *Joyce, Race, and Empire* 참조.

발한 신역사New History – 신역사주의New Historicism와 구별되는 개념 – 학파는 정치와 국가 중심의 역사로부터 탈피한 역사 연구 방법을 주장했다. 이들은 1920년대 말에 『아날Annales』이라는 저널을 창간한 후, 1940년대에 그 목표를 설정했으며 1970년대에는 국제적으로 영향력을 지니게 되었다. 버크(Peter Burke)는 『역사 쓰기에 대한 새로운 조망New Perspectives on Historical Writing』에서 아날학파의 교의를 다음과 같이 정리한다.

1) 신역사학파는 정치와 국가를 중심으로 하는 랑케[4]의 역사 연구 방식과는 달리 인간활동의 모든 분야를 다룬다. 전면적 역사라고도 불리는 이 접근 방법은 현실이 구축된 것이라는 의미에서 문화의 상대주의를 함축하고 있다.

2) 역사에 대한 단선적 이해를 일부 지양하고, 역사를 연동된 구조들로 이해했다.

3) 위대한 인물들에 초점을 맞추는 전통적 역사가 아래로부터의 역사, 즉 일반인들의 삶을 조망하는 역사로 대치되었다.

4) 공식 문서와 기록을 검토하는 전통적 방식이 시각적, 구전적, 통계적 증거까지도 역사적 증거로 채택하는 방식으로 확장되었다.

5) "객관적 역사"라는 랑케의 생각은 문화적 상대성과 다성성에 의해 대치된다(Elias, 31).

아날학파의 교의는 미시사의 복원과 확장된 자료의 사용, 단선적 역사

4 Leopold von Ranke(1795–1886): 독일 역사가. 현대의 자료중심 역사 연구 방법의 창시자.

이해의 지양 등 신역사주의나 포스트모더니즘의 주장과 중복되는 부분이 상당히 있음을 볼 수 있다.

포스트모더니즘 역사소설은 모더니즘 역사소설의 자기성찰성을 계승하지만, 모더니즘의 신화적 요소와 불가능한 통일성에 대한 향수를 과감히 포기한다. 포스트모더니즘 역사소설은 고전적 역사소설의 전통과 탐정소설적 흥미를 결합한 새로운 장르로 발전했는데, 두 장르의 결합은 모더니즘 역사소설에서 이미 그 태동을 볼 수 있다. 즉 과거에 일어난 사건의 진상과 의미를 회고적으로 파악하고 설명하는 『암흑의 심장부Heart of Darkness』, 『로드 짐Lord Jim』 등에 나타난 추리적 흥미는 『장미의 이름The Name of the Rose』 같은 포스트모더니즘 탐정소설의 추리에서 계승된다. 모더니즘과 포스트모더니즘 역사소설은 고전적 역사소설의 교훈적 기능 대신 역사 기술 자체에 대한 성찰적 논평—어떻게 과거를 알 수 있는가? 정말로 무슨 일이 일어난 것인가? 이것을 아는 것은 가능한가?—을 통해 역사소설을 새로운 국면으로 이끈다(Wesseling, 90).

현실의 적절한 반영을 좋은 역사소설의 기준으로 삼는 루카치의 생각은 20세기 언어관과 인식론의 변화로 입지가 좁아졌다. 현실의 정확한 반영으로서의 역사소설에 대한 주장은 모더니스트들의 개별화, 국지화, 파편화된 역사의식을 수용하고, 언어의 비지칭적, 결정적 영향력과 문학적 관례를 거치지 않은, 있는 그대로의 현실 인식이나 재현은 불가능하다고 믿는 후기구조주의의 인식 안에서 그 근거를 잃는다.

포스트모더니즘은 모더니즘의 회의주의를 계승하여 전통적인 역사성의 개념과 역사적 지식이라는 생각 자체를 문제시하는 역사 기술학적 입장을 도출한다(Hutcheon, 1988: 89). 화이트는 역사적 지식이라는 것이 허구와는 구별되는 확실한 실체라는 전통적 개념에 도전하여 역사란 사실에 대한 중립적 기록이 아니라 기록자의 도덕관과 욕망에 의하여 구축되는 이야기로서, 허구성과 완전히 구별되지 않는 개념임을 주장(White, 20)하여 역사 기술학에 대한 이해를 심화시킨다.

화이트는 역사의 서사성을 규명하기 위해 서사성이 거의 결여되어 있는 연보(annals)와 연대기(chronicle)의 검토로부터 논의를 시작한다. 연보는 기록이 대변하는 사회적 중심이 부재하는 편년체의 기록으로서 시작과 끝이 불분명하다. 예를 들어 골(Gaul) 지방에서 8-10세기에 있었던 일을 기록한 연보에는 왕위의 계승, 홍수, 풍년, 전쟁, 사라센의 침입과 같이 그 지역 사람들의 생존을 도와주거나 위협하는 사건들이 기록되어 있다. 그러나 샤를르(Charles)왕이 왜 색슨족과 싸웠는지, 사라센은 왜 침입했고 그 귀추는 어떻게 되었는지에 대한 설명은 일체 없다. 사회적 중심의 부재는 연보 기록자가 자신의 담론을 서사의 형태로 만들려는 충동을 배제한다. 이런 의미에서 진정으로 역사적인 기록은 서사의 형태를 띄고 있을 뿐 아니라 정치사회적 질서라는 내용을 가지고 있어야 한다는 헤겔의 주장을 화이트는 수용한다. 역사의 서사적 재현에 현실성을 부여하는 것은 국가의 법과 욕망 사이의 갈등이다. 바로 이러한 인간법의 존재가 골 지방의 연보에서는 발견되지 않는다. 사라센인들이 왔다는 중립적 사실은 침략이라는 편향적 용어로 서술되지 않는다. 서사성은 법적 체계의 존재를 가정하며, 서사의 담당자는 그 체계에 봉사하거나 대항한다. 이와 같이 모든 역사적 서사나 허구적 서사는 현실을 도덕의 근원이 되는 사회체계와 동일시하려는 충동과 관계가 있다.

연대기는 연보보다 고차원적 형태의 역사적 개념화이다. 연대기는 자료를 "소재별, 치세별"로 정리한다. 그리고 연대기는 개인, 도시, 지역의 삶이라든가, 전쟁이나 십자군 원정 같은 거대한 기획, 혹은 왕정, 교회,

수도원 같은 기관과 같은 중심 주제를 가지며 연도별 배열을 구성의 원리로 삼는다. 그러나 종결이 없다는 점에서는 연보와 유사성을 보인다. 역사는 "상상적 담론" 혹은 "욕망의 담론"과는 구별되는 "사실의 담론"으로 생각되지만, 실제로 역사적 담론은 "사실적인 것을 욕망의 대상으로 만든다." 역사는 사실적인 것으로 재현된 사건들 위에 이야기들이 가지고 있는 형식적 일관성을 부여한다. 헤겔의 역사철학은 역사에서 형식 즉 플롯의 요소가 극단적으로 강조된 형태라고 할 수 있으며 현대의 역사가들은 이러한 플롯밖에 없는 역사를 당혹스럽게 느낀다. 헤겔의 역사철학에서 현실은 너무나 규칙적이고 질서정연하여 인간 주체가 관여할 여지를 남겨두지 않는다. 그러나 우리가 온전한 역사로 간주하는 것은 플롯에 기초한 서사성을 가지는 기록으로서 19세기의 역사가들은 역사에서 객관성을 요구하는 동시에 성숙한 역사 기록의 조건으로 서사성을 요구하는 모순을 보였다(White, 16-24).

역사적 기록에 있어서 수사와 은유의 사용이 불가결하며, 역사는 '진실'의 기록이 아니라 '서사'임을 역설한 화이트의 주장은 특히 영향력이 컸다(de Groot, 111). 그러나 화이트는 온전한 역사가 기본적으로 증거의 신중한 사용과 그리고 사건이 일어난 연대기적 순서를 존중한다고 가정하고 있어서, 그가 말하는 역사의 서사성은 날조와는 구분된다. 역사는 꾸며낸 사건이 아닌 실제로 일어난 사건을 기반으로 하여 민담, 신화, 로맨스, 비극, 희극, 소극 등에서 볼 수 있는 구조와 과정을 나타내는 형태로 재현함을 뜻한다. 그러므로 "역사적" 이야기를 "허구적" 이야기와 구분하는 것은 형태라기보다는 내용이다.

한편 역사가 정치사와 위대한 인물을 중심으로 극적인 이야기로 쓰이는 것에 반대한 아날학파는 인구, 경제, 민족 구성 등을 장기적으로 분석하는 보다 객관적인 방법을 장려했다. 아날학파는 1960년대에 구조주의자들과 후기구조주의자들과 마찬가지로 서사의 이데올로기성을 극복하려 노력했다. 단지 그들은 현대인들이 더 이상 신뢰하지 않는 통계적 자료의 객관성을 극복의 수단으로 생각했다. 통시적 서사가 현실을 호도할 가능성에 더 많은 혐의를 두며, 이를 극복할 공시적 분석모델을 제공한 레비스트로스(Claude Lévi-Strauss)나 이데올로기적 서사의 이데올로기성을 정직하게 노출해야 한다고 주장한 바르트와는 구별되는 입장이다.

화이트는 서사에서 형상적으로 창조되는 의미를 신화적이거나 이데올로기적인 것이 아니라 알레고리적인 것이라 부르는데, 알레고리의 특징은 언술하는 바와 의미하는 바가 다르다는 것이다. 이를테면 화이트는 루이 보나파르트의 혁명을 패러디적 소극의 구조로 이해한 마르크스의 주장을 서사가 가진 의미 창조 기능의 예로 사용한다. 마르크스는 헤겔의 역사 반복에 대한 주장을 이용하여 1799년 혁명력 2월 18일 나폴레옹이 권력을 탈취한 사건이 비극으로 끝났다면 그의 조카 루이 보나파르트 나폴레옹이 1851년에 쿠데타를 통해 권력을 탈취한 사건은 소극적(farcical)으로 첫 번째 사건을 반복했다고 주장한다. 역사는 어차피 더 이상 존재하지 않는 사건, 과정, 구조에 대한 기술이기 때문에 상상적인 방법으로밖에 기술될 수 없다고 주장한 그는 서사적 장치를 이용하여 역사적 사건에 새로운 의미를 부여할 수 있음을 시사한다.

포스트모더니즘 역사관의 전기를 마련한 또 다른 사상가인 푸코는 역사를 각 시대의 연속성보다는 각 시대가 지니는 인식소(épistémè)−혹은 각 시대의 인지 가능 대상에 대한 담론적 규정−의 차이로 정의한다. 진보를 의심하는 푸코는 각 시대의 단절이 스스로를 규정하도록 내버려둔다. 차별화된 인식소가 지배하는 각 시대들은 진보를 향하여 나아가고 있는 것이 아니라, 방법의 차이만 있을 뿐 모든 기구 속에 침투해 있는 권력의 편재성을 감지한다. 이러한 권력의 편재성을 지적함으로써 푸코는 우리의 의지를 무력화시키려는 것이 아니고, 자유의 가능성을 탐색하도록 우리를 부추긴다.

푸코에 의하면 권력은 담론의 생산과 유통에도 깊이 개입하는데, 그의 영향을 받은 문학 비평가들은 르네상스의 휴머니즘에 가리워진 권력의 지와 낭만주의의 해방적 이데올로기에 가리워진 제국주의적 욕망을 읽어내기 시작했다. 그리하여 푸코의 역사에 대한 관심은 자연스럽게 권력에 의해 가려진 반역사의 발굴, 즉 권력을 지니지 못했던 집단의 역사를 발굴하고 읽어내는 작업으로 연결되어, 포스트콜로니얼리즘, 페미니즘 연구 및 기타 소수자 집단의 대안적 역사 기술로 연결된다.

대안적 역사소설은 역사를 만들어온 이들, 즉 역사 속의 승리자들의 입장과 달리 역사 속에서 억압된 자들의 역할을 전도하여 재배치하는 방식으로 대안적 혹은 반사실적 역사를 기술한다. 이들 소설은 역사를 만들고 쓰는 일로부터 소외되었던 집단의 관점에서 역사를 다시 쓴다. 이들은 공식 역사 기록이 침묵으로 간과하고 있던 집단을 전경화할 뿐 아니라, 그들이 실제로 지녔던 힘보다 많은 힘을 그들에게 부여하며 역사적 기록과 충돌을 일으킨다. 이들의 역사 변조는 백인 남성을 중심 행위자로 하는 서구의 역사가 끝날 때가 되었다는 확신에 근거한다. 새로운 역사의 가능성은 실현되지 않은 과거로부터 상상된다. 이러한 탐구는 위대한 인물이나 전쟁, 혁명 등으로 대변되는 역사에서는 거의 역할을 나타내지 못했던 집단, 다시 말해 여성이나 인종적 소수자, 그리고 서구에 의해 식민화되었던 사람들에 초점을 맞춘다(Wesseling, 162-4).

현대 역사소설이 보이는 두 가지 경향, 즉 모더니스트들에서 시작된 자기성찰성과 포스트모더니즘에서 강하게 드러나는 반사실적 추론은 사실과 허구의 경계를 흐리게 하는 효과가 있다. 그러나 베셀링은 둘 사이에 근본적 차이가 있다고 주장한다. 모더니스트들은 한 가지 사실에 대해 여러 가지 의미가 부여될 수 있는 방법을 보여주고, 포스트모더니스트들의 반사실적 추론은 역사적 유연성을 전경화시키는 방식으로 과거가 다른 경로를 택했다면 어떤 일이 일어났을까를 상상해본다. 모더니스트들의 작업이 역사에 대한 인식론적 성찰에 집중된다면, 역사에 대한 해석은 현존하는 권력의 도구라는 생각을 가진 포스트모더니스트들의 전복적 역사 기술은 정치성을 강하게 드러낸다. 맥헤일(Brian McHale)이 모더니즘과 포스트모더니즘의 차이를 인식론적 불확실성에 대한 관심과 존재론적 불확실성에 대한 관심으로 이분하는 데 반하여, 베셀링은 둘 사이의 차이를 인식론적 관심과, 정치적 관심으로 구별한다.

그러나 위에서도 역설했듯이, 모더니스트들이 역사를 다루는 방식이 전적으로 비정치적이었다고 말하기는 어렵다. 오늘날 모더니스트인 버지니아 울프가 『자기만의 방A Room of One's Own』의 여성사 다시쓰기를 순전히 인식론적 탐색으로 보는 독자들은 그리 많지 않을 것이다. 울프의 시도는 허구적, 상상적 구성의 힘을 이용하여 기록에서 제외된 여성들의 역사를 재구성하여 대안적 역사를 제시하고, 균등한 기회가 주어진다면 여성들이 어떤 일을 할 수 있었을지 상상하여 인식론적 성찰의 한계를 벗어나 정치적 힘을 지닌다. 울프는 정전적 기록이 가리고 있는 부분을 재구성해내려는 일종의 신역사주의자로, "자기만의 방"은 권력에서 패한 자들에게 열릴 수 있는 다른 가능성의 세계를 상상해보는 일종의 반사실적 허구로 볼 수 있다.

4. 숭엄과 트라우마로서의 역사

정치적 행위로서의 역사 다시쓰기는 앞에서도 잠시 언급한 바와 같이 숭엄으로서의 역사라는 개념에 일부 빚지고 있다. 포스트모더니즘을 모더니즘의 심화 현상으로 보는 리오타르는 두 사조를 모두 숭엄의 미학으로 설명한다. 고전시대 롱기누스의 숭엄 개념이 다소 과장되고 위엄 있는 수사를 지칭한다면, 칸트에게 숭엄은 상상력이 아이디어는 가질 수 있지만, 그 아이디어를 감각적으로 인지할 수 없을 때 발생하는 것이었다. 즉 아름다움이 상상력과, 개념화가 개입하지 않는 오성적 질서가 결합한 산물이라면, 숭엄은 오성적 이해를 통합하는 고차원적 능력인 이성이 상상력의 한계에 작용하여 획득되는 경험이다. 숭엄적 경험의 근원은 그 경험을 환기시키는 자연과 같은 공포적 대상물 안에 존재하는 것이 아니고, 상상력의 한계 밖에 있는 어떤 것을 상정할 수 있는 인간 정신의 능력에 대한 인식 안에 존재한다고 칸트는 규정한다. 리오타르는 칸트의 숭엄 개념을 발전시켜, 포스트모던 시대에 숭엄성의 요점은 낭만주의자들이 상정했듯이 그것이 공포나 황홀경을 초래하는 데 있는 것이 아니라, 재현 불가능성에 있다고 주장한다. 즉 궁극적으로 알 수도 없고 이해할 수도 없으며 따라서 재현하기도 불가능한 역사적 과정에 대처하는 방식이며, 거대서사에 대항하는 방식 중 하나로 보았다. 모더니스트들이 재현 불가능성을 인정하면서도 질서 있는 재현의 가능성에 대하여 향수를 지니고 있었다면, 포스트모더니스트들은 재현 불가능성 자체를 전면에 내세운다. 유일하고 절대적인 현실 재현의 추구에 내재한 폭력성에 대해 저항할 수 있는 것은 바로 현실의 숭엄적 인식에 근거한 재현의 복수적 생산이다.

화이트는 리오타르의 숭엄 개념을 더욱 급진적인 역사적 개념으로 발전시킨다. 쉴러(Friedrich von Schiller)는 공포나 전율을 자아내는 물리적 세계에 대한 고통 섞인 기쁨을 역사적 "장관"이 연출하는 야만성, 무질서, 그리고 혼란에 대한 용기 있는 대면과 연결시켜 역사적 의미의 숭엄 개념을 형성했다. 반면에 버크는 역사적 발전을 아름다움의 질서로 보았다. 자연히 버크에게 프랑스혁명은 혼란스럽고 극악무도한 사건이었다. 화이트는 마르크시즘이나 부르주아 실증주의 역사, 그리고 규율화된 역사(화이트는 여기에 푸코와 리오타르의 역사관까지 포함시킨다)가 모두 숭엄함의 낭만주의적 정의를 배제하고 아름다운 질서로 정의된 역사관을 구축하려 노력한다고 비판한다. 반면에 숭엄의 역사관은 홀로코스트와 같은 사건의 사실적 실체를 파악하고, 이성적으로 설명하는 데 중점을 두지 않는다. 말할 길 없는 비인간주의를 이해하는 것은 불가능하며 논리적 정당화나 인과관계의 규명도 불가능하다고 본 것이다. 화이트는 규율화된 역사를 거부하며 부르주아의 사실주의 이데올로기에 의해 서사화된 재현 방식에 저항하는 역사의 개념을 상상하라고 촉구한다. 이러한 저항 자체가 부르주아 역사 기술학이 규율화 과정에서 억압한 역사적 숭엄을 회복할 수 있는 신호가 되리라는 것이 화이트의 믿음이다(Elias, 40). 그는 반서사적 포스트모던 역사소설의 해방적 힘에 많은 기대를 걸고 있는 것으로 보인다.

화이트의 역사이론에는 서사의 불가피성에 대한 믿음과 서사의 횡포에 대한 의혹이 동시에 들어 있다. 그의 숭엄 개념은 "현실은 무의미하고 의미는 언제나 인간의 손으로 만들어지며, 이러한 통찰을 명료하게 가지고 있을 때 사람들은 좀 더 나은 삶을 가질 수" 있음을 역설하게 만든다. 화이트는 때로 서사를 거부하고 숭엄한 현실을 받아들이기를 주장하는 듯이 보인다. 그렇지만 동시에 그는 거대서사가 획일적인 힘을 발휘하는 상황에서 강력하고 효과적인 서사를 만들어낼 필요성을 역설했다. 예컨대 이스라엘이 역사의 무의미한 장관 속에서 자유를 획득하기 위해 시오니즘의 서사를 창안해낸 것은 이해할 만하지만 그들의 파시스트적 태도에 대하여 팔레스타인인들이 저항할 수 있는 유일한 방법 또한 자신들의 입장을 정당화하는 서사를 만들어내는 것이다. 일부 비평가들은 이와 같이 도덕적인 혹은 정치적인 이유로 과거 해석의 자유를 옹호하는 화이트의 선택은 자신의 의도와는 정반대 방향으로 남용될 수 있음을 우려했다(Paul, 3172). 극단적으로는 파시스트들의 입장도 하나의 타당한 역사 해석으로 받아들일 수 있기 때문이다.

그러나 끊임없이 변화하는 그의 이론적 입장 속에서도 그는 과거와 현실에 대하여 스스로 획득한 의미를 부여하고 전통과 관습, 다른 압제로부터 자유로워질 수 있는 인간의 능력을 믿었다(Paul, 400-402). 이런 의미에서 그의 역사학이 파시즘의 옹호에 이용될 수도 있다는 비판은 다소 극단적이라고 할 수 있다. 그는 더 나은 세계를 상상하지 못하게 하는 사실주의 양태의 서사보다는 반서사적, 반전일적 감수성을 추구하는 모더니스트 서사구조를 선호했다. 개인의 선택과 의지, 그리고 책임의 중요성을 믿었던 휴머니스트이자 실존주의자였던 화이트는 역사가의 선택의 자유를 믿었다. 그의 주체는 숭엄한 역사의 무의미에 대면하여 의미의 부여자로서 기능하여 새로운 미래를 창조해 가는 주체이다(Paul, 444-452).

세계대전과 홀로코스트, 원폭 투하와 같은 재난으로 점철된 20세기는 재현 불가능성으로서의 역사라는 개념 이외에도 트라우마로서의 역사라는 개념을 발생시켰다. 트라우마란 너무나 압도적이어서 인간의 인식으로 감지되지 않는 경험을 말한다. 오성에 의해 인지되지 않는 경험은 날것인 상태로 반복적으로 출몰하는데, 이것은 악몽이나 환각, 정신신체증 같은 형태로 나타난다. 포스트모던 역사소설에서는 트라우마로서의 역사라는 개념이 중요한 기제로 작용한다. 그리스 시대에 비극이 있었고, 로마 시대에 서간문이, 르네상스 시대에 소네트가 있었다면 2차 세계대전과 홀로코스트, 핵폭탄과 기타 전쟁의 잔혹성을 겪은 우리 시대는 새로운 문학, 즉 증언의 문학을 발명했다(Felman and Laub, 5-6). 20세기의 트라우마는 개인적 병력이나 유아기의 성적 경험보다는 전쟁과 같은 역사적, 사회적 원인으로부터 유발된다. 개인적으로 보이는 트라우마도 순수한 개인적 근원보다는 가정사나 지역사, 그리고 폭력적으로 뒤틀린 국가사와 연관되어 있다. 이후의 장에서는 자기성찰적 역사, 권력담론으로서의 역사, 그리고 그것에 대한 저항, 욕망의 서사로서의 역사, 숭엄으로서의 역사, 트라우마로서의 역사 등의 개념들을 활용하여 거대서사에 저항하여 소수자의 시각으로 쓰인 역사 다시쓰기 작업에 대한 검토와 평가가 이루어질 것이다.

헤겔의 발전적 역사의식이 계몽주의의 비역사적 세계 인식을 극복하면서 역사소설다운 역사소설이 탄생했고, 이러한 역사 인식은 19세기의 상당 부분을 지배했다. 19세기 말에는 니체의 주관적 역사 인식, 즉 권력의지의 발현으로서의 역사관 및 마르크스가 상정하는 부르주아 이데올로기의 발현으로서의 역사관과 이것을 수정하는 마르크스주의적 역사관, 프로이트가 상정하는 개인사로서의 역사관, 과거에 의하여 결정되는 역사관들이 객관적 현실로서의 고전주의적인 역사 인식을 대치한다. 새로운 역사 인식은 모더니스트들에게 역사로부터의 해방 의지를 자극하는 한편, 지극히 주관주의적인 역사 인식의 원인이 된다. 이러한 역사의 주관성에 대한 인식은 후기구조주의자들이 상정하는 기호의 임의성 및 현실의 재현 불가능성에 대한 인식, 그리고 푸코의 권력의 편재성으로서의 역사 인식으로 심화되면서 포스트모더니즘 역사소설의 인식론적 기반이 되었다. 그리고 푸코의 역사 인식은 지극히 정치적이고 현실 개입적인 포스트콜로니얼리즘과 페미니즘, 및 유색인종, 성적 소수자, 계급적 하위자 등의 입장, 그리고 묻힌 역사의 재발굴을 위한 미시사적 접근에 근거한 연구 및 창작활동을 자극했다. 화이트 또한 사실주의 서사의 억압을 지양하고 압제로부터 자유로워지기 위한 역동적 서사의 생산을 부추긴다. 이상의 흐름들은 현대적 역사 인식이 불가피하게 주관성을 수용할 수밖에 없었으나, 주관성의 수용이 곧 비정치성으로 연결되지는 않으며, 주관주의에 대한 첨예한 인식은 또 하나의 주관성에 의해 추동되는 주관주의의 횡포를 우려한 정치적 행동으로 연결되고 있음을 증명한다. 반사실적 역사소설을 비롯한 역사 기술학적 메타픽션과, 화이트의 역사적 숭엄에 대한 인식은 모두 규율화된 역사의 억압으로부터 탈피하여 해방적 미래를 꿈꿀 것을 부추긴다. 동시에 이성적 질서를 대치하는 운명론적이고 신화적인 세계관의 대두, 불가해한 역사에 대한 불안, 종말론적 우려의 표명, 트라우마로서의 역사에 대한 정신분석학적 접근 등 현대의 역사물은 다양한 징후를 보인다. 이제 억압받았던 자들의 역사 재발굴 작업이라는 이정표를 따라 포스트모던 역사소설 속에서 사실주의적 역사로부터의 탈피가 어떤 형태로 이루어지고 있으며, 그 속에 어떤 해방적 가능성과 불안, 우려가 동시에 존재하는지를 탐구해보기로 하자.

2장

가족사, 지역사, 자연사, 그리고 공적인 역사

그레이엄 스위프트, 『습지』

미시사의 복원은 포스트모더니즘의 역사 다시쓰기가 누락한 과거를 재조명하는 한 방법이다. 스위프트(Graham Swift)의 『습지Waterland』는 개인사, 가족사, 지역사를 복원하여 정치사와 국가 중심의 역사를 벗어난 문명의 역사를 다시 써보려는 노력으로 볼 수 있다. 그러나 『습지』가 시도하는 바는 보다 복합적이다. 소설은 역사가 지금, 여기, 그리고 미래와 가지는 긴밀한 관계를 탐색하여 현재의 문제에 대한 통찰을 가지기 위해서는 과거를 알아야만 하고, 과거와 현재를 알아야만 미래를 조망할 수 있음을 보여준다. 마찬가지로 지금, 여기의 문제는 결국 전 지구적 문제와 긴밀하게 연결되어 있어 개인사는 지역사 및 자연사, 지역사는 국가사와, 국가사는 세계사와 연결되어 있으며, 이것이 다시 지구라는 큰 환경과 연결되어 있음을 보여주도록 고안되어 있다.

1. 물과 뭍의 순환적 대립

소설은 고등학교 역사 선생인 톰 크릭(Tom Crick)의 서술로 이루어져 있다. 그의 서술은 주로 자신의 가족사와 개인사에 국한되지만, 이러한 미시사는 산업혁명과 철도시대의 도래, 대영제국의 역사, 프랑스혁명과 세계대전, 그리고 핵전쟁에 의한 인류의 멸망 가능성 등 국가와 유럽, 나아가 문명의 역사 및 자연사와 연결된다. 톰이 가르치는 프랑스혁명사 또한 역사에 대한 주인공의 성찰을 심도 있게 개진하는 자료로 사용된다. 작품의 짝수 장과 홀수 장은 서로 다른 내용을 다룬다. 홀수 장에서 톰은 자신의 가족사를 서술하면서, 간척 사업으로 토지를 확보했으나 자연의 회귀적 힘에 끊임없이 위협받는 이스트 앵글리아(East Anglia) 지방의 역사를 서술한다. 이것은 수업 시간에 톰이 학생들에게 강의하는 내용이기도 하다. 짝수 장에서는 서술의 현재에 학교와 학생들로부터 역사 수업의 존폐가 위험에 처하며, 아내 때문에 더욱 입장이 곤란해져 가는 톰의 정황이 묘사된다.

그런데 홀수 장의 내용은 결국 짝수 장의 정황을 설명해주고 있다. 그의 아내는 현재 정신병원에 입원해 있는데 그 원인은 십대 때의 낙태 수술 경험, 그리고 살인사건 등의 트라우마이다. 이는 다시 저능아인 형 딕(Dick), 그리고 아버지 헨리(Henry)의 이야기 등 톰의 복잡한 가정사로 이어지며 17세기 조상들의 이야기까지 거슬러 올라간다. 또한 역사 선생인 톰은 학생들에게 도전을 받는다. 프랑스혁명과 인권, 삼색기, 기요틴 등이 세계에 새로운 시작을 부여했다고 가르치는 그에게 프라이스(Price)라는 학생은 과거를 뒤돌아보는 역사의 작업에 대해 회의적 시각을 제기한다. 그는 중요한 것은 과거가 아니고 "지금", "여기", 그리고 "미래"임을 역설한다. 프라이스는 아프간의 위기, 테헤란의 인질 사건, 핵무기의 축적과 같은 인류가 당면한 문제의 중요성을 언급하면서 "역사에서 유일하게 중요한 사실은" 아마도 이제 역사가 종언을 고해야 할 시점에 도달한 것이라고 지적한다. 핵무기 등 지구 종말에 대한 학생들의 공포를 잠재우기 위해 톰은 인류가 늘 사용했던 방법인 옛날이야기를 시작한다. 바로 습지인 이스트 앵글리아의 지역사와 얽혀 있는 톰 크릭의 가족사, 그리고 톰 크릭 자신의 개인사이다. 1943년 프레디 파(Freddy Parr)의 죽음에 이르기까지의 톰의 개인사와 가족사 그리고 지역사 등 과거의 회상은 홀수 장에, 역사 교육의 효용성에 대한 학생들과 학교의 문제 제기 등이 벌어지는 현재의 사정과 수업 시간에 학생들과 주고받는 이야기는 짝수 장에 서술된다.

서술 속의 현재에 학생들은 역사 과목의 무용성에 대한 문제를 제기하고 있으며, 학교에서도 역사 과목은 구조조정의 대상이다. 교장인 루이스(Lewis)는 학생들에게 현실 생활에 필요한 보다 실용적인 지식을 가르치기 위하여 32년간 교단에 서온 톰의 은퇴를 기다렸다가 학과를 폐쇄할 생각을 하고 있다. 역사 과목을 교양학과에 통합하고 학교의 재원을 실용적인 과목에 집중시키겠다는 것이다. 교장은 계획을 빨리 실행에 옮기기 위하여 톰에게 휴가를 빙자한 조기 은퇴를 권고하지만 톰은 이것을 받아들이지 않고 있다.

톰의 과거에 대한 회상적 서술을 통하여 드러나는 것은 개인사와 지역사, 나아가 국가사와 세계사는 불가분의 관계에 있을 뿐 아니라, 학생들이 중요하다고 여기는 "지금", "여기", "미래"는 역사가 탐구의 대상으로 삼는 과거로부터 흘러나온 것이고 과거에 의하여 설명될 수 있는 것이며, 과거와 불가분의 관계에 있다는 사실이다. 톰은 학생들이 별로 관련성을 느끼지 못하는 프랑스혁명 이야기를 중단하고 자기 자신을 역사 속에 삽입하여, 아이들에게 동화를 들려주듯이 옛날이야기를 들려준다. 자신이 어릴적 강가에 살면서 아버지와 장어를 잡던 일, 어느 날 갑자기 아버지가 지키던 수문에 시체가 나타난 일 등을 이야기해주자 아이들은 귀를 바짝 기울이며 집중하기 시작했다. 이것이 역사를 전달하는 한 방법이라고 생각한 톰은 학생들이 역사에 흥미를 가지게 된 시점에서 그들의 기대를 저버릴 수 없으므로 역사 강의를 포기할 수 없다는 입장을 교장에게 표명한다. 교장 측에서는 톰이 이미 역사 시간을 옛날이야기 시간으로 만들어버렸으므로, 더 이상 역사학과가 존재할 필요가 없다고 본다.

소설의 제사는 역사가 과거에 대한 학문적 탐구와 과거에 대한 서술, 여러 종류의 이야기들을 포함하는 개념임을 보여주며, 화자의 입장, 나아가서는 작가 스위프트의 입장을 제시하고 있다. 제사는 다음과 같이 역사의 사전적 정의를 인용한다.

> 1. 탐문, 조사, 배움.
> 2. a) 과거의 사건들과 역사에 대한 서사.
>   b) 여하한 종류의 서사: 설명, 설화, 이야기.

이 정의는 소설에서 그대로 구현되어 톰은 수업 시간에 공식 역사와 개인사 및 가족사의 혼합물을 학생들에게 이야기하고 독자는 이 이야기를 듣는다. 톰의 서술은 다른 종류의 허구 즉 동화, 로맨스, 탐정소설적 요소 등에 의존하며 사전적 정의가 제시하는 모든 종류의 서사를 포괄하고 있다(Nicol, 113). 서구 역사 기록 전통의 시발점에 있던 헤로도토스의 텍스트를 보아도 역사는 상상적 이야기와 큰 차이를 보이지 않음을 알 수 있다.

톰이 당면한 또 하나의 문제는 아내인 메리가 식품점에서 남의 아기를 훔친 사건이 지역 언론에 보도되어 그러지 않아도 곤경에 처해 있던 학교에서의 입지가 더욱 약해졌다는 사실이다. 그런데, 역설적으로 톰의 서사를 통해 밝혀지는 것은 톰의 "지금", "여기"를 형성하고 있는 메리의 행위는 과거에 일어났던 극적인 살인 사건과 밀접한 관계가 있으며, 그 사건은 또다시 늪지의 간척과 관개의 역사, 그리고 되밀려오는 자연의 힘과 얽혀 있는 지역사와 가계사에 연루되어 있다는 것이다. 그의 가계사는 다시 지역의 산업사, 즉 보리농사와 맥아 제조, 맥주 양조의 역사, 그리고 강을 따라 운행되던 선박 및 철도 교통의 역사와 접목되어 있다. 이 지역사는 또한 미국독립전쟁이라든가 프랑스혁명, 산업혁명, 증기기관의 발명, 대영제국의 식민 지배, 철도의 도래, 1, 2차 세계대전 등 교실에서 배울 수 있는 역사의 굵직한 사건들과 접점들을 가지고 있다.

그가 학교의 위신을 추락시켜 강단을 떠나야 하는 이유인 아내의 불법 행위의 배후에도 역사적으로 풀어낼 수밖에 없는 수많은 인과관계가 있다. 톰은 남아 있는 수업 시간에 이 이야기의 서술을 충실하게 마친다. 무심히 흘러가는 듯한 역사 속에서 개인이 순간적으로 "지금" "여기"에 강하게 연루되면, 결국 역사에 사로잡혀버린다는 것이 톰의 인식이다. 그러니까 "지금" "여기"는 역사에 의하여 설명되며, "지금" "여기"와 격렬한 관계를 맺는 것은 역사에 흔적을 남기는 행위가 된다. 역사를 배우고 서술하는 행위는 또한 "현실"(reality)을 이해하는 행위인 동시에 "동화" "전설" "미신" "신비"의 세계에 빠져드는 행위이기도 하다. 이것은 개인사나 지역사의 경우에도 그렇거니와 프랑스혁명의 경우에도 마찬가지이다. 톰이 서술하는 역사의 세계에는 유령과 마녀가 출몰하며, 불가사의한 예지, 그리고 미신적 믿음이 그대로 구현된다. 스위프트가 작품에서 시도하고 있는 것은 "거대서사"에 대한 대립항으로 "미시사"를 우위에 두는 것이라기보다는 이 둘의 변증법적인 관계를 밝히는 것이다. "현실"과 "동화"의 세계 사이의 관계도 우열관계의 재설정이라는 공식을 따라가는 대신에, 이들 사이의 불가분성이 드러날 뿐이다. 사실의 기록으로서의 역사와 환상적 허구로서의 동화, 전설, 미신적 믿음 등은 그 경계가 흐려져 역사의 이야기적 성격이 강조된다.

엘리아스는 월터 스콧의 시대부터 역사소설은 이미 이성적 요소와 동시에 로맨스나 고딕 전통으로부터 유래하는 숭엄의 요소를 내포하고 있었다고 지적한다.[1] 물론 스콧은 하일랜드 고지의 풍경과 문화가 상징하는 숭엄의 세계가 필연적으로 역사의 진보에 자리를 내어줄 수밖에 없는 정황을 기록하고 있지만 그의 소설에서 두 가지 요소는 균형을 이루며 존재했으며 포스트모던 시대의 역사소설에 숭엄적 요소가 발견되는 것은 그러한 경향의 계승일 뿐이라는 것이다(Elias, 13-4).

이러한 변증법적인 대립과 상호침투의 관계는 영원히 순환하며 대립하는 물과 땅의 은유를 통해 가장 잘 설명된다. 작품의 배경이 되는 습지는 다음과 같이 묘사된다.

> 영국 동부의 1200평방마일에 달하는 지역이다. 서쪽으로는 미들랜즈(Midlands)의 석회암 언덕들이, 남쪽과 동쪽으로는 케임브리지셔(Cambridgeshire), 서포크(Suffolk), 그리고 노포크(Norfolk)의 백악 언덕들이 경계를 이

1 엘리아스가 사용하는 숭엄의 의미는 p.4의 각주 참조.

루며, 습지는 12마일의 폭을 유지하며 유일하게 터진 북해를 향하여 나아간다. 습지가 북해를 만나는 곳에 워시(Wash)가 있다. (…) 한때 워시의 물은 현재의 보스턴(Boston)과 킹스린(King's Lynn)에서 멈추지 않고, 케임브리지(Cambridge), 헌팅던(Huntingdon), 피터버러(Peterborough), 그리고 베드퍼드(Bedford)까지 내려와 있었다. 그러면 바다를 물러나게 한 것은 무엇인가? (…) 침적토, 대륙을 형성하는 동시에 그 토대를 침식하는 침적토이다. (…)

이것은 처음에 요크셔와 링컨셔의 해안으로부터 고대의 워시 안쪽으로 흘러든 해안의 조류에 실려왔다. (…) 이 바다에서 실려온 침적토 위에 워시 쪽으로 흘러드는 우즈(Ouse)와 캠(Cam), 그리고 웰랜드(Welland) 강이 나르는 침적토가 쌓였다. 이 강들은 점점 줄어드는 워시로 흘러들었고, 아직도 흘러들고 있다. 침적토가 쌓이고 염수 늪지의 식물들이 자리 잡은 뒤, 다른 식물들도 자리를 잡았다. 그리고 식물이 자라자 토탄이 형성되기 시작했다. 토탄은 (…) 습지의 놀라운 비옥함의 원천이다. 이 비옥한 토양 위에 거대한 숲이 자랐다가 기후의 변화로 물이 들어오자 물에 잠겼다. 오늘날 이것은 다시 순무와 감자를 자라게 하는 비옥한 토양을 형성한다. (…)

870년까지도 바이킹 함대는 오늘날 상당히 내륙지방에 위치한 일리(Ely)까지도 항해해 들어올 수 있었다. (…) 2세기 후에는 일리 고지를 수비하던 영웅 히어워드(Hereward)가 쳐들어오는 노르만인들이 예측할 수 없는 토탄 수렁에서 버둥거리다가 빠지는 것을 지켜보았다. 일리 주변은 아직도 거의 물에 잠긴 상태였다.

침적토의 이중적인 작용을 생각해보라. 침적토는 땅을 형성하고 바다를 물러나게 하고 토탄을 숙성하게 하지만, 강의 흐름을 방해하고 그 유출을 제한하여 새로 형성된 땅을 계속 침수시키고 홍수진 물이 빠져나가는 것을 막

> 는다. 그리하여 수 세기 동안 펜즈(Fens)는 늪지와 염수호의 망상조직을 이루고 있었다. 펜즈 지역의 문제는 항상 배수였다. (…) 인간들은 침적토가 시작한 일을 지속했다. 간척. 배수. 그러나 간척 사업이란 하루아침에 이루어지는 것이 아니다. (…) 엄밀히 말해서 습지의 간척은 완결되지 않고 항상 지속될 뿐이다. (…) 펌프, 도랑, 제방, 그리고 준설 계획 없이는 (…) 습지 사람에게 내륙의 호우나, 봄의 조수와 강한 북동풍 결합의 효과를 상기시킬 필요도 없다(Swift, 8-10).

이와 같이 끊임없이 밀고 밀리는 물과 뭍의 싸움, 간척 사업의 애매모호한 양상은 역사를 구성하는 이성적 요소와 숭엄적 요소의 밀고 밀리는 싸움과 상동구조를 이루는 동시에 스위프트가 관찰한 역사적 시간의 구조를 보여준다. 혁명이라든가 전환점, 역사의 거대한 변신이라는 발전적 모델은 이 밀고 밀리는 순환적 역사관 앞에서 빛을 잃는다.

톰의 조상인 크릭가 사람들의 역사적 변천 역시 한 방향으로 진행하기보다는 밀고 밀리는 자연의 순환적 운동을 반복한다. 크릭가 사람들은 물고기를 잡거나 물새를 포획하고, 물가의 갈대를 베며 살아가는 사람들이었다. 그들처럼 물이 생활의 터전이었던 자들은 이 지역의 물을 다스리려는 당국의 움직임에 끈질기게 저항했다. 물을 생활 근거로 하는 사람들 중에는 강의 흐름을 인위적으로 제한하려는 둑을 허물다가 발각되어, 자신이 허물어 놓은 둑의 틈새에 묻혀 죽임을 당한 사람도 있다. 실제로 코릭케(Coricke) 혹은 크릭케(Cricke)라는 고어 이름을 가진 크릭의 조상들이 간척 사업을 방해하다가 처벌되었다는 기록이 지역의 문서 보관서에서 발견된다. 톰 크릭은 아직도 물의 사람으로 살아가는 빌 클레이(Bill Clay)에게서 자신의 조상들의 모습을 떠올린다. 빌은 물개 가죽 모자를 쓰고, 장어 가죽 각반을 하고 거위 기름과 물고기의 점액 냄새를 풍기며 늪지에 살면서 이제는 반쯤 사라진 물에서 아직도 생계를 구하는 인물이다.

찰스 왕과 베드포드 자작이 네덜란드인 베르무이덴(Vermuyden)을 초빙하여 우즈 강의 본류를 돌려서 바다로 직접 흘러들어가게 하는 공사를 했을 때 반대한 크릭가의 조상 두 사람은 교수형에 처해졌다. 그러나 베르무이덴이 예측하지 못했던 사실은 강을 둘로 나누어 경로를 돌리면 유속이 줄어들어 강의 어귀에 침적토가 모여 수문 앞에 쌓이게 된다는 것이었다. 그리고 토양에서 물을 빼면 줄어든다는 사실이었다. 그리하여 간척된 토지는 점점 줄어들어 해수면 아래로 내려앉게 되었다. 어구의 토사 때문에 강바닥의 경사가 완만해진 데다가, 강둑에 가해지는 물의 압력이 늘어나 홍수의 위험은 점점 커졌고 1690년에는 베드포드 강의 제방 중 60피트가 유실되었다. 1713년에는 우즈 강의 경로를 돌리기 위하여 세워진 덴버(Denver) 수문에 쌓인 침적토 때문에 수문이 터져서, 수천 에이커의 농경지가 침수되었다.

이와 같이 수해가 커지자 크릭가 사람들은 배수자들, 혹은 간척가들 편에 서게 되었다. 배수 사업과 간척 사업은 많은 인력이 필요하므로, 일거리를 얻기 위해서 전향을 했다 할 수도 있고, 수해를 입은 사람들에 대한 동정심 때문에 그렇게 했다고 볼 수도 있다. 어쨌든 펜즈 지역의 자연이 물과 토양의 밀고 밀리는 순환적 대치를 계속하는 동안에, 역사 속의 크릭가 사람들도 물가에서 생계를 구하는 물의 사람들로부터 간척과 배수에 종사하는 뭍의 사람들로 변하게 되었다. 그들은 한 세기 반 동안 장화에 진흙을 묻히고, 베드포드 강과 대 우즈 강 사이에 있는 땅을 배수하고 펌프로 물을 퍼냈다. 배수에 종사하기 위해서는 물의 성질을 알아야 하므로, 그들은 뭍의 사람들이 되었다기보다 양서적 삶을 살게 되었다고 볼 수 있다. 톰 크릭의 아버지도 간척가의 업무 중 하나인 수문을 지키는 일에 종사하지만, 밤에는 뱀장어 덫을 놓아 생계를 보완하고 물을 들여다보며 지혜를 구하는 물의 사람들의 습성을 유지하는 양서적 삶을 산다.

한편 펜즈의 배수 작업이 처음에 풍력을 이용했으나 그다음에는 증기를, 그다음에는 디젤을 연료로 했다는 것은 순환의 역사를 관통하는 물질 문명 진보의 축을 암시하기도 한다. 그러나 이러한 진보는 또 다른 야만성의 발현의 원인이 되므로 다시 회귀의 원리에 귀속된다. 기독교의 교리를 야만적인 세상에 전파하려는 노력은 전쟁과 살상의 원인이 되었고, 종교재판을 낳았다. 인쇄술의 발명은 지식의 전파에도 기여했지만, 거짓과 선전, 논쟁으로 대중을 인도하기도 했다. 증기기관의 발명은 10살짜리가 탄광에서 하루 16시간을 노동하도록 만들었다. 비행기의 발명은 2차 세계대전 때 유럽 도시들의 파괴와 민간인들의 대량 살상을 불러왔다. 핵무기의 발명은 말할 것도 없다.

대륙을 형성하는 동시에 침식하고, 쌓으면서 허물어가는 침적토의 작용은 진보도 쇠퇴도 아닌 역사의 은유로서 기능한다. 또한 인간 침적토들이 작용하는 느린 과정은 혁명이나 거대한 변형과 대조된다. 톰 크릭에게 있어서 현실은 "아무 일도 일어나지 않는" 단조로운 습지의 삶이며, 역사가 기술하는 인과성은 구축된 것이다. 크릭은 역사의 주인공들을 "현실을 견디는 나귀의 일을 하는" 무언의 군중으로 대치하고자 한다. 그러나 이러한 주변사나 미시사의 서술 과정에서도 우리는 현실의 의미를 확인하기 위하여 역사의 거대 기술을 소규모로 흉내 내며 "현존과, 형태와, 목적과, 내용에 대한 갈망"을 지지한다고 헛천은 지적한다. 크릭은 역사 선생이 된 이유를 어머니가 그가 어둠을 두려워하던 어린 시절 해줬던 이야기에서 찾는다. 후일 '설명'이 필요해지자 그는 학문으로서의 역사를 공부하게 되었는데 '이러한 탐색에의 헌신 속에서 그는 좀 더 많은 신비와 환성성과 경이로움과 놀라움의 근거를 발견하게' 된다(Hutcheon, 1989: 993). 소설은 역사를 기술하는 동시에 역사의 성격, 역사적 시간의 본질, 역사와 이야기의 관계 등에 대한 수많은 메타픽션적 관찰을 제공한다.

2. 이성적 역사와 숭엄으로서의 역사

스위프트는 펜즈 사람들을 설명함에 있어서 네 가지 기질 이론을 이용한다. 즉 다혈질, 담즙질, 검은 담즙질, 점액질 등으로 우세한 체액에 의하여 인간의 유형을 분류하는 중세 의학을 차용하는 것이다. 전형적인 펜즈 사람들인 크릭가 사람들은 펜즈를 구성하는 진흙과 같이 점액질의 성격을 가지고 있다. 그들은 게으르고 느리며, 변화와 움직임을 싫어한다. 지역의 주도권을 가지기보다는 그들을 고용하는 이들의 하인으로 일해왔다. 그들이 지역사에서 주도적 역할을 하지 않은 까닭은 물이 언젠가는 돌아오리라는 예감을 가지고 있었기 때문인지도 모른다. 펜즈의 사람들은 점액질의 성격 이외에도 단조롭고도 텅 빈 공간인 펜즈에서 현실주의와 운명론을 체득한다. 그들은 우울해하고 자살적 성향을 보이며, 술을 많이 마시고, 광기와 갑작스런 폭력성을 보인다.

그들은 이야기를 지어냄으로써 이 지루한 현실을 극복했다. 크릭도 이러한 성향을 지녔다. 역사는 그에게 하나의 '이야기'였으며, 공허함을 메꾸고 어둠에 대한 공포를 쫓아주는 것이었다. 사건은 의미를 회피하지만 우리는 그것을 추구하고 창조한다. 텅 빈 공간인 펜즈는 오히려 상상력을 자극하여, 림(Leem) 강변의 마을들은 유령들과 전설들—워쉬 늪지 호수(Wash Fen Mere)의 노래하는 백조들, 서드 교회(Sud church)의 수사, 스테이스(Staithe)의 목 없는 뱃사공, 톰 크릭의 조상 중 하나인 길지(Guilsey)의 양조장 집 딸의 유령에 관한 전설 등—이 번성했다(Swift, 18).

그들은 또한 몽상가이자 광신자들이기도 하다. 이 지역의 성인인 군힐다(Gunhilda) 성녀는 진흙밭 가운데 있는 언덕의 욋가지 집에서 아무것도 먹지 않고 기도만으로 살아가며, 악마들의 유혹을 물리친 결과 신의 목소리를 듣고, 이곳에 자신의 이름을 딴 교회를 세웠다. 길지라는 지명 자체가 군힐다의 섬이라는 뜻이다. 앳킨슨가의 몰락한 후예인 어네스트—앳킨슨가 사람들은 원래 노포크 출신이나 습지에 수세대에 걸쳐 체류하는 동안 습지 사람의 기질을 체득하게 된 것으로 보인다—가 딸과의 근친상간을 통하여 세상의 구원자를 낳을 수 있다는 망상을 가졌던 것, 그리고 메리 자신이 신의 계시를 받아 처녀 수태했다고 믿는 등의 사건들은 이러한 광신의 전통을 이어받는다.

펜즈의 사람들은 또한 미신을 신봉했다. 톰 크릭 역시 초승달을 보면 호주머니 속의 동전을 뒤집으라든가, 누군가에게 소금을 주면 그에게 슬픔을 주는 것이라든가, 일요일에는 새 신발을 상 위에 놓거나 손톱을 깎아서는 안 된다는 식의 규칙을 철저히 지킨다. 또한 뱀장어 껍질이 관절염에 좋고, 구운 쥐는 백일해를 낫게 하며, 살아 있는 생선을 여자의 무릎에 올려놓으면 불임을 부른다는 식의 미신을 그들은 굳게 믿는다. 그런데 남자 아이들의 장난으로 소녀 시절 속옷에 장어가 들어갔던 메리 멧캐프(Mary Metcalf)는 실제로 불임이 되어 민속적 믿음은 이 소설 안에서 미신으로 치부해버릴 수 없는 무게를 가진다. 늪지의 귀신들, 도깨비

불 등 초현실적인 이야기들을 믿는 펜즈의 사람들에게 간간히 미국의 독립이라든가 워털루 전쟁, 크림전쟁 같은 외부 세계의 이야기들이 들려오지만 이 또한 경이로운 세계의 이야기로 받아들여진다. 현실의 지루함이 오히려 환상을 만들어내며 역사와 경이로운 초현실적 이야기들이 상호 투과적이라는 주장은 물과 뭍의 순환적인 관계, 사람들의 상호 교차적인 관계 등 책이 설파하는 자연과 역사의 변증법적 논리로 이어진다.

크릭가 사람들과 달리 다혈질인 앳킨슨가 사람들은 원래 노포크 출신의 농부였다. 그들은 처음에는 목축업에 종사했지만 인클로저 운동이 일어나고 양모 거래가 불안정해지자 양떼를 팔아 농업으로 전환했다. 그들은 1760년경 노포크의 언덕에서 펜즈의 간척지의 비옥한 땅을 바라보며 미래를 예견하고 펜즈로 이주하여 토지 투자, 맥아 사업, 양조업, 그리고 후에는 하운업으로 크게 성공했다. 지루한 생활을 달래기 위해 음주에 탐닉하는 주민들의 습관을 이용한 맥아 사업과 양조업, 지역 생활의 근거인 수로를 이용한 하운업과 토지 사업은 그야말로 펜즈의 입지를 최대한 이용하여 번창할 수밖에 없는 업종들이었다. 고지대 출신인 그들은 늪지의 사람들과는 다르게 세상을 바꿀 수 있다고 생각하는 활동적인 사람들이다. 그들은 펜즈의 사람들이 불행한 늪지에서 조금 명랑하게 지낼 수 있도록 술을 공급할 수 있음을 즐거워한다. 중세적 질서로부터 근대로의 이행을 상징하는 인클로저 운동의 여파로 변화하기 시작한 앳킨슨 가문의 정신은 과학과 진보, 진취, 개척적 기업정신 등 근대 이후 영국을 끌고 온 국가적 동력을 상징한다. 그리하여 점액질의 크릭가와 함께 앳킨슨 가문은 영국의 국가적 정체성의 두 개의 큰 축을 형성한다. 소설의 습지에 대한 세세한 설명에서 영국은 꼼꼼하게 기록되는 동시에 비정치화되며, 습지에 대한 기록에서 영국적 특성을 찾기는 힘들다(Bradford,

178)고 브래드포드는 지적한다. 히틀러가 영국으로 진격할지도 모르는 상황에서도 성에 대한 생명체의 영구적 호기심이 초점화되는 등 이 소설은 국가 중심의 역사서술을 벗어나려 시도하는 듯이 보인다. 그러나 두 가문의 역사와 얽혀 있는 인클로저 운동, 산업혁명, 증기기관과 철도의 도래, 기업정신, 세계지배, 세계대전 등 영국사의 중요한 사건들에 대한 언급은 분명 국가적 역사의 윤곽을 드러낸다.

끝없이 사업을 늘려가며 번창하던 앳킨슨 가문은 3대째인 토마스 앳킨슨에 이르러서는 쇠퇴하기 시작한다. 밀고 밀리는 자연의 움직임처럼 인간사도 운이 다하면 쇠퇴한다. 노총각 토마스는 길지 양조장의 합병에 앞서 그 집 딸인 아름다운 새라(Sarah)와 결혼하여 행복한 삶을 산다. 그러나 관절염으로 활동이 불편해지자, 토마스는 20년이나 어린 새라에게 근거 없는 질투심을 느끼며, 어느 날 외출했다 돌아온 아내를 때려 의식을 잃게 한다. 이것이 1820년의 일이고 훗날 93세의 나이로 세상을 떠날 때까지 그녀는 기억이 없는 백치가 되어 2층 방의 창가에 앉아 여생을 보낸다. 사고 이후 토마스는 사업을 아들들인 조지(George)와 알프레드(Alfred)에게 맡기고 종교적인 삶을 살게 된다. 길지 사람들은 결코 그를 용서하지 않았다. 자연이 인간에게 무엇인가를 주면 반드시 무엇인가를 가져간다는 오래된 논리, 인간의 오만함은 추락을 가져온다는 그리스 비극의 논리가 이 가문의 운명에도 작용한 것이다.

과학을 버리고 종교와 미신에 탐닉하게 된 토마스는 아내가 백치가 된 지 5년 후인 1825년 죽음을 맞는다. 기업적 정신과 진취성이라는 극이 종교와 미신이라는 극과 맞물려 순환하고 있음을 볼 수 있다. 그러나 앳킨슨가는 새라가 살아 있는 동안에는 사업의 확장과 번성을 계속한다. 1875년 새라가 죽던 날 길지는 거듭된 호우로 물에 잠기고, 새로 지은 양조장까지 물에 잠기게 된다. 그 후로 최상의 맛을 자랑하던 앳킨슨 양조장의 맥주는 맛이 묽어졌다는 평가를 받으며 매출이 줄어든다. 자연현상인 홍수는 공산품의 맛에까지 영향을 미치는 힘으로 작용한 것이다. 양조장의 침수는 다혈질의 앳킨슨가 사람들의 활동에 의하여 건설된 사업들이 물의 회귀적 힘에 의하여 파괴되는 과정을 보여준다. 마을에서 50년 전의 복장으로 자신이 살던 집을 비롯하여 묘지 등을 돌아다니는 새라의 모습을 보았다는 사람들이 여럿 있었다. 홍수라는 역사적 사실의 기억들은 이러한 전설적, 신화적 이야기와 얽혀서 이 지방의 역사로 전해진다.

새라 또한 깨어 있으나 아무런 의식이 없는 존재로서 앳킨슨가의 신탁으로 기능하여 아들들의 사업을 도왔다는 소문이 돈다. 그녀가 곡물법[2]의 폐지와 철도의 도래를 예견하여 아들 조지와 알프레드가 각각 곡물사업과 하운업을 분담할 수 있도록 조언했다는 것이다. 그녀는 사후에 일어날 양조장의 화재까지 예견하여 난데없이 "연기야!" "불이야!"를 외치며 발작을 일으키기도 했다. 모든 지역과 국가의 역사가 초창기에는 전설이나 신화와 구별할 수 없이 얽혀 있게 마련이다. 스위프트의 소설에서는 유사 시대에도 이러한 관계는 계속되며 과학의 진보와 시대의 변화에 따른 합리적 기업 운영은 오히려 초자연적 예지의 지배를 받는 것으로 그려진다.

아직 앳킨슨가가 번영을 누리고 있던 시절, 앳킨슨가의 맥주는 박람회에서 뛰어난 품질로 은메달을 따게 된다. 새라의 맏아들 조지는 1846년 길지의 시장이 되고, 뒤이어 둘째 아들 알프레드가 시장직을 맡는다. 조

2 1815년과 1846년 사이에 존재했던 법으로, 수입되는 곡물을 제한하고 관세를 부과하여, 국내 생산자들에게 이익을 주기 위하여 높은 곡물가를 유지하는 데 기여했다.

지와 알프레드는 어머니의 생일날 길지와 일라이 사이에 정신병원을 지어 헌정한다. 어머니에 대한 향념과 지역에 대한 봉사의 의지가 보이는 이 사업은 습지의 광인들과 우울증 환자들에게 도움을 주었다. 이와 같이 사고 이후에도 앳킨슨 가문의 번영을 지키던 새라의 죽음 이후 앳킨슨가는 본격적인 쇠락의 길을 걷게 된다. 그녀는 생전에 집안의 수호천사로, 성스러운 어머니로, 재림한 성 균힐다로, 나아가서는 용맹한 브리타니아의 표상으로 이해되었다. 가족, 지역, 국가의 어머니로 기능하는 그녀의 표상을 통해서도 우리는 이 단위들이 역사 속에서 결코 분리될 수 없음을 알 수 있다.

앳킨슨가의 융성과 쇠퇴 및 그들의 양조업은 소설의 핵심적인 사건인 프레디 파의 죽음과 관련된다. 어느 날 톰의 아버지인 헨리가 지키고 있는 수문에 마을 소년 프레디 파의 시체가 발견된다. 지역 당국은 이것을 사고에 의한 익사로 처리하지만, 톰과 톰의 연인인 메리는 이것이 톰의 형인 저능아 딕의 짓이라는 것을 알게 된다. 학교의 모범생들인 톰과 메리는 통학 기차에서 서로 가까워졌는데, 호기심 많은 메리는 톰을 부추겨 성적인 관계를 맺고 임신한다. 메리는 딕의 거대한 성기에 대한 호기심도 누를 수가 없어, 톰의 용인 아래 딕과도 만난다. 성행위가 무엇인지도 잘 모르는 저능아 딕을 측은히 여긴 톰은 형에게 불장난의 기회를 준다. 딕은 성기가 지나치게 커서 본격적 성행위가 불가능했음에도 불구하고 메리의 아이가 자기의 아이라고 생각한다. 메리는 이것을 부인하고, 아이의 아버지가 누구냐고 추궁하는 딕의 압박을 견디지 못해 프레디 파라고 말해버린다. 프레디 파는 마을의 기찻길 건널목지기의 아들로, 주정뱅이인 아버지의 심부름으로 미군부대에서 빼돌린 위스키를 운반하는 일을 맡고 있었다. 이런 정황 때문에 아직 십대였지만 그는 곧잘 술에 취하곤

했다. 메리의 고백을 들은 날 밤 딕은 프레디를 강가로 불러내어 자신의 집에 보관되어 있던 오래된 맥주병을 들고 나와 프레디를 만취하게 한 후 머리를 맥주병으로 쳐서 물에 빠뜨려 죽인다. 프레디는 수영을 못하는 데다가 만취하여 자신을 통제할 수 없는 상태였다. 톰은 수문 근처에서 발견된 앳킨슨가의 유물인 빈 맥주병과 메리의 설명을 듣고 형이 범인임을 추론하게 된다. 그러나 시체를 건지는 과정에서 헨리 크릭이 사용한 갈고리가 프레디의 얼굴에 상처를 입혀 관자놀이 부근에 있던 멍자국을 가리게 되고, 맥주병으로 타격한 흔적은 검시관의 눈을 피해간다.

사건에 대한 책임감과 양심의 가책 때문에 메리는 3년간을 참회 속에 은둔 생활을 하고 톰은 2차 세계대전에 참전하게 된다. 전쟁이 끝난 후 양가 부모의 노력과 서로에 대한 미련으로 두 사람은 다시 결합한다. 그러나 메리는 프레디 파가 죽을 무렵 마을의 무자격 시술자에게 임신 중절 수술을 받아 불임의 몸이 되어 있었다. 이러한 사연들로 메리는 신경쇠약 증상을 보이며 식품점에서 훔친 아이가 자기가 낳은 아이라고 주장하며 발작을 일으킨다. 메리라는 이름의 원천인 성모 마리아가 처녀 수태를 하여 예수를 잉태했듯이 그녀는 이 훔친 아이가 신이 자기에게 내린 아이라고 착각한다. 이렇듯 어린 시절 아무 생각 없이 저질렀던 일이 돌이킬 수 없는 역사가 되어 두 사람을 역사의 일부로 편입시키고, 메리가 아기를 훔친 사건은 톰 크릭을 학교에서 몰아내고자 하는 루이스에게 힘을 보태주는 계기가 된다. "지금" "여기" 인생의 강렬한 경험들이 필연적으로 역사로 편입되는 과정을 증명하는 이 사례는 아이러니하게도 역사 과목을 말살시켜야 하는 이유가 된다. 톰 크릭의 옛날이야기는 이와 같이 현재와 미래, 과거가 불가분의 관계에 있음을 보여준다. 그의 이야기 속에 간간이 끼어드는 2차 세계대전은 미군 부대에서 흘러나온 위스키로 알콜 중독이 된 잭 파와 취하는 것이 습관이 되어 결국 죽음의 길에까지 가게 된 프레디 파의 에피소드에 개입되며, 톰의 입대와 귀환으로 또 다른 지점에서 개인사로 이어진다. 톰은 수업 시간에 아이들에게 동물만이 전적으로 "지금" "여기"에서 살 수 있다고 역설한다.

> 그리하여 지금 여기의 급작스런 공격은 우리를 현재의 시제 속에 순간적으로 아찔한 동안 풀어놓긴 하지만, 순간에 머무르는 대신에 시간이 우리를 수인으로 만들었음을 알려준다. 그리하여 1943년 7월의 그날, 청소년이었던 여러분의 선생님은 더 이상 어린아이일 수가 없었단다. 프랑스혁명 동안 베르사유의 정원에서 어린아이처럼 아옹까꿍 놀이를 하던 마리 앙투아네트의 머리가 바렌(Varennes)에서 파리로 향하는 마차에서 양털처럼 희게 세었을 때, 지금 여기를 인식하고 있었을 뿐 아니라 역사가 그녀를 집어삼켰음을 알았듯이 말이지(Swift, 61).

> 그리하여 나는 나의 과목을 짊어지게 되었단다. 그래서 역사를 들여다보게 되었지—사람들이 흔히 뒤적이는 넓은 세상의 역사뿐 아니라, 습지의 조상들의 역사를 특히 열성적으로 들여다보기 시작했단다. 그리고 역사에서 설명을 구하기 시작했어. 이 헌신적인 탐구의 결과 좀 더 많은 신비와 환상, 경이와 놀라움의 근거를 발견했고, 40년 후에는—내가 선택한 분야의 유용성과 교육적 힘에 대한 헌신에도 불구하고—역사가 이야기라고 결론짓게 되었단다. 내가 내내 원했던 것은 역사가 산출하게 될 금궤가 아니라 역사 자체였지. 공허를 메꾸는 대서사, 어둠의 힘을 흩어버리는 자(Swift, 62).

결국 톰은 역사란 사회적 유용성이나 교훈적 가치에 그 존재 이유가 있는 것이 아니고, 인간의 근원적인 필요, 존재의 공포를 흩어버릴 수 있는 끝없는 이야기에 대한 필요를 충족시키는 데 있음을 인정한다. 역사는 또한 수업 시간의 프라이스처럼 "왜" 그리고 "만약에" 등의 질문을 계속하는 이들에게 단서로 가득한 보따리를 제공한다. 따라서 이런 질문이 계속되는 한 역사는 우리에게 불가결한 존재이다. 그러나 역사는 구원에 이르는 지름길을 가르쳐주거나 새로운 세계를 위한 처방을 주지 않는다. 고집스럽고 인내심 많은 임시변통의 기술을 알려줄 뿐이다. 이를 통해 우리가 도달할 수 있는 것은 최종적 설명이 아니고, 우리가 설명할 수 있는 힘의 한계에 대한 지식이다. 역사는 우리를 현실적이 될 수 있도록 가르치지만, 현실을 설명하려는 노력은 설명 가능한 영역의 한계를 보여줄 뿐이다. 역사 속의 인간은 사막에서 오아시스를 찾아 헤매는 사람들 같다. 그들은 목표물을 향하여 앞으로 나아가고 있다고 생각하지만, 같은 자리를 돌고 있을 뿐이다. 신처럼 하늘에서 이들을 내려다보는 시각만이 이들이 어디로 가고 있는지를 파악할 수 있다. 메타 역사적 로맨스는 역사적 숭엄을 반복과 지연으로 대면할 뿐이라는 엘리아스의 주장처럼 (Elias, xi) 역사는 끝없이 결론 없는 역사적 추론들을 반복할 뿐이다.

크릭은 우리가 역사적 진보의 가장 급진적 형태라 생각하는 혁명도 항상 처음으로의 회귀라는 소망을 가지고 있다고 설명한다. 타락하고 거짓된 것에 반하여 순수하고 근본적인 것을 추구하는 것이다. "자유롭게 태어난" 인간의 자연 상태로 돌아가자는 루소의 외침과 로베스피에르(Robespierre)의 악명 높은 청렴은 한 발짝 차이로, 해방은 대숙청으로 돌변할 수 있다. 극단적이고도 무자비한 광신에 지친 사람들은 결국 타협을 하게 되고 반동으로 돌아가기도 한다(Swift, 138). 로베스피에르조차도 지향해야 할 미래가 아니라 이상화된 고대 로마, 시저의 살해를 원형으로 하는 고대 로마를 이상으로 삼았다.

도대체 혁명 의지의 소재를 우리는 어디에 둘 수 있을까? 소부르주아, 배고픈 대중, 정치적 단체들? 그렇다면 혁명의 진정한 권화는 어디에 있는가? 당통은 혁명을 포기하고 시골로 은퇴했다. 로베스피에르는 무자비한 광신도였다. 이들이 아니라면 대중인가? 그러나 이 대중은 도대체 누구인가? 1789년부터 1795년까지의 대중들을 연구해보면, 아무런 일관성도 없음을 알게 될 것이다. 대중은 더 이상 배고프지 않게 되자, 당통을 따랐듯이 나폴레옹을 따랐다. 대중 없이 혁명은 불가능하다. 그러나 대중은 혁명가들이 아니다. 그렇다면 도대체 혁명은 어디에 있는 것인가? 이것은 편의상 만들어진 용어일 뿐인가? 분석하면 할수록 사태는 애매해져서, 결국 혁명이 사람들의 상상 속에 일어난 것처럼 여겨진다 (Swift 139-140). 왜 자유의 이름으로 시작된 혁명은 황제를 추대함으로써 끝났는가? 지속적인 개혁을 성취한 혁명은 왜 공포와 시체들과 피 흘림 없이는 이루어질 수가 없었는가? 역사를 이성적 전개의 원리로 설명하는 것은 불가능해 보인다.

다시 지역사로 돌아온 크릭은 우즈의 역사를 수백 년 전이 아니라 영국이 아직 대륙으로부터 분리되기 전인 선사시대의 지질학적 변화로까지 거슬러 올라가고 로마인들의 토목 공사를 언급한다. 여러 번 강의 경로가 변경되면서 새로운 연안에 위치한 사람들이 이득을 보게 되나, 이것도 역사의 흐름과 함께 변화한다. 그리고 궁극적으로 모든 강은 바다로 흘러들어갔다가 증발하여 다시 강으로 돌아온다. 고대 그리스의 철학자 헤라클리투스(Heraclitus)는 누구도 같은 강에 두 번 발을 들여놓을 수 없다고 했으나, 실은 우리는 항상 같은 강에 발을 들여놓고 있다. 회귀의 원리가 보다 확장된 역사적 지평에서 확인되는 것이다.

메리와 톰이 결혼한 후 길지에는 또 한 번의 홍수가 지고, 아버지 헨리 크릭은 홍수를 피하여 지붕에서 며칠을 지낸 이후 건강이 악화되어 사망한다. 또 한 번의 대홍수가 크릭가의 역사에 일단락을 지었다고 할 수 있다. 톰은 물가에서 양서적 삶을 계속하는 대신에 역사 선생이 되기로 마음먹고 길지를 떠나 그리니치(Greenwich)에 정착하고, 현재에도 그리니치의 학교에서 역사를 가르치는 것으로 서술된다. 그러나 이것은 전혀 다른 세계로의 이동이 아니다. 습지의 생태와 역사의 경로는 은유의 동질성에 의해 연결되어 있다.

결혼할 당시의 메리는 강인하고도 굳센 여자였다. 결혼 후 메리는 노인들을 돌보는 일을 직업으로 삼았다. 그러나 쉰 살을 넘기고 갱년기가 되자 메리의 삶에 서서히 변화가 생기기 시작한다. 일요일마다 남편과 그리니치 공원을 산책하는 대신에 남편에게 골든레트리버를 사주고, 혼자 몰래 교회를 출입하며, 광신적 신앙을 키워간다(Swift, 123-128). 당돌함과 호기심의 화신이었던 메리는 소녀 시절의 트라우마 때문에 신화적 세계에 몰입해 있다. 과학을 버리고 종교와 미신에 탐닉하게 되었던 토마스 앳킨슨처럼 호기심과 당돌함의 화신이었던 메리의 정신세계도 대척점에 있는 광신적 정신세계를 선회하는 순환적 구조를 보인다. 톰은 그녀의 정신세계가 자신으로부터 점점 멀어지며 현실과 유리되어 가는 것을 느낀다. 메리는 임신을 했다는 망상에 빠지고, 망상을 현실화하기 위하여 식품점에서 어린아이를 훔친다. 메리는 경찰에 구속되어 정신병원에 수용되고 톰 크릭은 평생 의지해온 그녀의 존재를 더 이상 가까이서 느낄 수 없다.

톰의 어머니는 앳킨슨가의 마지막 후예이다. 톰은 점액질의 크릭가와 다혈질의 앳킨슨 가문의 결합의 산물이다. 의회 의원을 지낸 아서 앳킨슨의 아들인 어네스트 리처드 앳킨슨이 톰의 외할아버지였다. 앳킨슨가에서 가장 좋은 교육을 받은 어네스트는 케임브리지의 에마뉴엘 칼리지(Emmanuel College)를 졸업했다. 그는 학교에서 유럽 사회주의, 페비안주의, 마르크스의 글 등을 접하고 아버지가 지켜온 토리당의 원칙들을 부정하며, 런던에서 실직자들의 시위에 참여하여 경찰의 조사를 받기도 한다. 그는 레이철 윌리엄즈(Rachel Williams)라는 가난한 신문기자의 딸과 결혼한다. 그는 1874년의 홍수 때, 그러니까 앳킨슨 맥주가 묽어졌다는 평을 듣고, 이윤이 줄어든 시점에 태어났다. 그는 훗날 젊은 시절보다 더 부유하고 영향력 있는 인물이 되리라는 신념을 가지지 못한 채 유산을 물려받은 앳킨슨 양조 가문의 첫 번째 후예이다.

이 시기에 영국 전체는 경제적으로 쇠퇴의 길을 걸어가고 있었다. 아서 앳킨슨은 기울어 가는 사업에서의 좌절을 정치적 활동으로 보상하여 성공을 누렸다. 어네스트는 사업의 규모를 줄여서 양조장과 하운업의 일부만을 남기고, 세 척의 유람선을 운영했다. 그는 직접 팔을 걷어붙이고 실험실에서 맥주를 제조하는 데 몰두하여 결국 앳킨슨 맥주의 맛을 회복시킨다. 그러나 길지 사람들은 어네스트의 급진적인 태도를 못마땅하게 생각했다. 그가 대대로 토리 선거구였던 길지의 전통을 저버리고 진보 세력의 후보로 출마하자, 주민들은 그에게 등을 돌렸다. 그러나 그는 국수주의와 군비를 놓고 벌이는 포커 게임 등의 위험에 대하여 경고했고, 이런 경고에 귀를 기울이지 않은 유럽은 결국 1차 세계대전으로 뛰어들게 된다. 현실적 기업가로는 부적합한 그에게 역사에 대한 지성적 통찰을 부여한 것은 보완적, 보상적, 순환적 흐름을 보여주는 또 하나의 예이다.

톰의 서사가 이쯤 진전되었음에도 불구하고 강의실의 반항아 프라이스는 수업 시간에 계속 이의를 제기한다. 그는 역사가 제공하는 설명을 원하지 않는다고 선언한다. 사람들은 무언가 잘못되었을 때 설명을 한다. 그러니, 설명을 들으면 들을수록 사람들은 뭔가 아주 많이 잘못되어 있다고 생각하게 된다는 것이다.

1911년 에드워드 왕이 사망하고 조지 5세가 즉위한다. 톰의 외할아버지, 어네스트는 대관식을 기념하는 "대관식 맥주"를 제조하기로 결정한다. 대관식 날 마을에 공급된 이 특별한 맥주는 매우 강한 주취 효과가 있어서 이것을 마시자 마을 사람들을 통제 불능이 되고 여러 건의 선박 침몰과 익사 사고가 발생했으며, 남녀노소 할 것 없이 치안을 맡은 경찰관들까지도 만취하여 마을은 난장판이 되고 만다. 이러한 혼란 속에서 새벽녘에 앳킨슨 양조장 신관에 불이 난 것이 발견된다. 사람들의 속에 불을 질렀던 알콜의 화기는 물리적 화기로 나타나 공장을 전소시켜버렸다. 그러나 어차피 어네스트는 사업에 관심이 없었고, 습지 사람들의 늘 쩍지근한 기질에 일시적으로 불을 붙였을 뿐인 양조업에서 의미를 찾지 못하던 터였다. 어네스트는 양조장이 하는 일이나 프레디 파의 주정뱅이 아버지가 하는 일—미군 부대에서 빼돌린 양주를 파는 일—사이에 별 차이를 발견할 수가 없었다. 공장이 타던 날 공장에서 다시 새라 앳킨슨의 유령을 보았다는 이들이 있었다. 그녀는 빙긋 웃으며 "불" "연기" "타고 있어"라는 말들을 되뇌고 있었다. 생전에 이 말은 비명을 동반한 발작과 우려의 형태로 나타났다. 그러나 이제 그녀는 웃으면서 이 광경을 지켜보고 있다. 이것은 그녀의 청춘을 짓밟은 앳킨슨가의 지배적 기질에 대한 그녀의 복수라고 할 수 있다.

1940년 여름 프랑스는 히틀러에게 항복하고, 히틀러는 영국을 침략하려다 나폴레옹처럼 러시아 쪽 전선으로 눈을 돌린다. 이 무렵 길지의 아이들은 학크웰 로드(Hockwell Lode)의 둑에서 프레디 파가 빼돌린 위스키를 홀짝거리며, 사춘기 소년 소녀의 호기심을 충족시키는 옷 벗기 놀이를 하고 있었다. 팬티만 남기고 옷을 벗은 메리는 네 소년의 미숙한 성기를 보게 되고, 그에 비하여 엄청난 크기를 자랑하는 딕의 성기에 호기심을 가진다. 결국 소년들은 메리의 팬티를 벗기는 데는 성공하지 못하지만, 프레디 파는 살아 있는 장어를 메리의 팬티 속에 집어넣고, 메리는 자극을 받아 참을 수 없는 웃음을 터뜨린다. 여자의 무릎에 산 생선을 올려놓으면 불임이 된다는 이 지역의 미신을 확인이라도 하듯이, 메리는 후에 불임이 된다.

이야기를 들은 교실의 아이들은 킬킬거리며 이 이야기의 선정성을 즐기고 프라이스만 경계하는 눈치를 보인다. 톰 크릭은 역설적으로, 역사의 진보가 인간의 오래된 호기심에 의하여 방해를 받는 것이 아니고, 인간의 오래된 호기심이 역사의 방해를 받는 것인지도 모른다는 논의를 제시한다. 이를 증명이라도 하듯이 그는 수천 마일 떨어진 바다에 가서 알을 낳고, 그 새끼들이 다시 어미가 살던 유럽이나 미국의 강으로 찾아드는 장어의 오래된 습성에 대한 강의를 한다. 생명의 끈질기고 항구적인 힘에 관한 은유이기도 한 이 일화를 강의한 후에, 톰 크릭은 생명의 원리이며 인간이 지구와 인연을 맺는 원리이기도 한 성적 호기심을 유지하라고 아이들에게 말한다. 호기심이 없어진다는 것은 바람직한 일이 아니다. 혁명과 같은 역사적 사건에 죽음에 대한 욕망이 숨어 있다면, 성적 호기심은 오히려 생명의 신비를 추구하는 바람직한 생명의 원리라고 그는 주장한다. 그러나 어린 시절의 무구한 호기심이 살인과 임신중절, 자살로 이어진 것을 생각하면 이 원리도 역사의 파괴성을 벗어나지는 못하는 듯하다.

톰이 프레디의 죽음 이후 강에서 발견한 오래된 앳킨슨 맥주병의 출처를 확인하기 위하여 딕의 방 책상 위에 자신이 발견한 앳킨슨 맥주병을 올려놓자, 딕은 그것을 원래의 위치인 다락방의 잠겨 있는 궤짝 속으로 되돌려 놓는다. 어네스트 리처드 앳킨슨의 유품을 담은 상자였다. 이로서 딕의 살인 행위는 확인되었고, 톰은 형의 살인 행위를 알고 있다는 표시를 한 셈이다.

이 유품은 복잡한 내력을 가지고 있다. 어네스트 앳킨슨은 전쟁으로 치달을 수밖에 없는 군비 경쟁에 내내 반대했고, 마을 사람들과 불편한 관계였다. 그의 아름다운 딸 헬렌은 마을 청년들과 쉽게 어울리지 않았다. 자신의 이상과 맞지 않는 세상을 등지고 딸과 시간을 보내는 데서만 즐거움을 찾던 아버지는 딸과 사랑의 결실을 맺음으로써, 이 부패한 세상에 구원자를 보낼 수 있다고 생각하기 시작했다. 1차 세계대전이 끝나자 그는 자신들이 거주하던 케슬링 홀(Kessling Hall)을 전쟁의 피해자들을 위한 병원으로 만들었다. 이곳에 톰의 아버지인 헨리가 무릎 부상과 전쟁신경증으로 입원해, 자원하여 간호사로 일하고 있던 헬렌을 만나게 된다. 헨리가 자신과 사랑에 빠진 것을 확인한 헬렌은 아버지에게 이제 부녀간의 사랑의 결실을 맺을 수 있게 되었다고 알린다. 아버지로부터 자유를 얻어 사랑하는 사람과 산다는 조건하에 아버지의 아이를 낳고 남편과 함께 아이를 키우겠다는 것이다. 그리하여 헬렌은 두 남자와 모두 관계를 맺고, 적당한 시기에 헨리와의 결혼을 추진한다. 어네스트는 헬렌이 결혼하던 날 자살한다.

이렇게 하여 헬렌과 아버지 사이에 만들어진 아이, 세계의 구원자가 될 아이가 딕이었다. 딕을 위하여 헬렌은 자살한 아버지가 보내온 유품 상자를 남긴다. 그 안에는 어네스트와 헬렌이 함께 개발한 대관식 에일과 딕의 탄생의 비밀을 알리고 세상을 구원할 것을 명하는 편지가 들어 있다. 딕의 부모는 딕이 세상의 구원자가 되기를 바랐지만 우생학의 법칙으로 인해 딕은 저능아로 태어난다.

헬렌은 1937년 독감에 걸린 톰을 간호하다가 병이 옮아 죽는다. 죽기 전에 헬렌은 특별히 딕을 불러 궤짝의 열쇠를 주고 18세가 되거든 열어 보라고 한다. 딕은 18세가 되기 전에 궤짝의 열쇠를 열어 맥주병 속에 혹시 어머니를 되돌아오게 할 수 있는 비밀이 있을까 하고 저능아답게 궁리해보지만 물론 이러한 소원이 이루어질 리 없다. 그때 병을 따서 마셔본 맥주가 어찌나 독하던지 이후 그는 술에 손을 대지 않게 되었다. 글을 읽을 수 없는 딕은 궤짝 속 편지도 읽지 못해 결국 자신의 출생의 비밀을 알아내지 못하고 자신에게 주어진 구원자의 사명도 인지하지 못한다.

이러한 가계 역사의 오류를 이야기한 끝에, 톰은 역사 선생은 실수에 대하여 가르치는 사람이라고 정의한다. 다른 과목 선생들이 이렇게 하는 거라고 바른 길을 가르치는 동안 그는 실패와 서투른 땜질, 대실패와 완패를 가르친다는 것이다. 인간은 실수하는 법이다. 역사 선생은 자기모순을 범한다. 아무도 역사의 교훈을 배운 적이 없음을 역사가 증명함에도 불구하고 그는 역사의 실패를 통해 사람들이 교훈을 얻기를 기도하기 때문이다.

『습지』를 역사 인식론에 몰두하는 메타픽션으로 읽는 대부분의 비평가들과 달리 로빈슨(Alan Robionson)은 이것을 트라우마의 이야기로 읽는다. 어머니의 근친상간, 메리의 끔찍한 유산 경험과 프레디의 죽음이 남긴 상흔을 때로는 농담 섞인 비유로, 혹은 역사적 패턴의 반복으로 읽어내며 이상할 정도로 담담하게 서술해내는 톰의 목소리를 트라우마의 효과로 보는 것이다. 아이러니 등을 이용해 트라우마적 과거로부터 거리를 두며, 대면을 우회하는 것은 받아들일 수 없는 것으로부터 스스로를 무관하게 만드는 방법이다. 그는 '현실의 광대하고 텅 빈 공간'을 극복하기 위한 방책으로 크릭가 사람들이 해왔듯이 설화에서 도피처를 찾는다.

로빈슨은 톰을 가계와 지역사의 희생물로 보는 대신 부모의 특별한 사랑을 받고 메리와의 관계에서 느끼는 질투 때문에 형 딕을 의도적으로 파괴하는 인물로까지 해석한다. 메리를 임신시킨 것은 자신이며, 딕의 부모는 외할아버지와 어머니라는 놀라운 사실을 무자비하게 한꺼번에 노출시킴으로써 그를 자살로 이끌었다는 것이다. 그는 딕의 자살을 불가피한 사건으로 치부함으로써 자신을 정당화한다고 로빈슨은 주장한다 (Robinson, 78). 그러나 필자의 생각에 톰은 오히려 역사적 서사를 통해 트라우마의 극복을 도모하는 인물이다. 강력한 트라우마적 사건은 메리나 어네스트의 경우처럼 정신의 균형을 잃어버려 도피적 설화의 세계에 빠지게 하는 경우가 있으나, 톰은 서사를 통하여 현실 속에서 트라우마를 극복할 수 있는 방법을 제시하고 있다.

톰은 어두워가는 운동장에서 우연히 프라이스를 만나게 된다. 프라이스는 자신이 사람들의 두려움을 이용하여 인류를 위협하는 힘에 저항하는 클럽을 결성했음을 알린다. 그리고 톰이 프랑스혁명의 역사 대신에 해준 이야기들이 상당히 의미심장했음을 인정하여 강의실의 말썽꾼 프라이스는 드디어 톰에게 승복한 듯 보인다. 톰은 프라이스를 공작의 머리(Duke's Head)라는 술집으로 데려가 성인 대 성인으로 대화를 나눈다. 그는 1946년에 독일에 가서 도시들이 돌덩이의 무더기가 되어 있는 것을 보고 이렇게 쉽사리 무너질 수 있는 문명이 대단히 소중한 것이라는 느낌 때문에 역사 선생이 되기로 결심했다고 말한다. 즉 인간의 산물인 이 소중한 문명을 유지하려고 투쟁하는 것의 소중함을 깨달았다는 것이다. 톰은 인간은 부모 대에 했던 일을 결국 반복하지만, 중요한 것은 부모의 본보기를 통해서 그들과 같이 되지 않으려고 노력한다는 것, 그래서 세상이 더 나빠지도록 방치하지 않는 것이라고 역설한다. 이것이 젊은이들이 항상 선생에게 저항해야 하는 이유이기도 하다고 설명하여 그는 프라이스의 비판의 가치를 인정한다. 역사는 세상이 무의미하게 보이지 않도록 하는 투쟁, 공포에 대항하는 투쟁이기도 하다고 그는 주장한다. 시지프의 노역과도 같은 역사적 통찰과 파괴적 역사의 힘에 대한 저항에서 그는 의미를 찾은 듯 보인다.

프라이스의 나이를 묻는 술집 종업원에게 톰은 자신의 아들이고 열여덟 살이 넘었다고 거짓말을 한다. 프라이스를 아들이라 주장하는 톰의 행동에는 상징적 의미가 있다. 프라이스는 생존을 무의미하게 만드는 수많은 공포들, 핵전쟁, 학살 등에 저항을 도모하는 클럽의 창시자로서 톰과 같은 목표를 다른 방법으로 추구하고 있는 학생이기 때문이다. 역사 수업에 대한 프라이스의 도전은 결국 핵무기와 대량 살상의 위협 앞에 선 문명의 보존이라는 극히 역사적인 관심에서 출발한다. 톰이 공식적으로 학교를 사임하는 자리에서 프라이스가 조직한 홀로코스트 클럽은 구조조정을 그만두고 크릭을 내보내지 말라는 시위를 한다. 다른 모든 행위들은 운명의 아이러니에 의해 좌절됨을 감안할 때 이 소설에서 단 하나의 의미 있고 효과적인 행위가 있다면, 톰이 가정사와 지역사의 서술을 통하여 프라이스에게 역사의 의미심장함을 설득한 행위이다. 메리의 신화적 믿음이 아이를 훔치는 범죄로 연결되었다면, 톰이야말로 진솔한 이야기와 지적 모색을 통해 성적 결합 없이 아들을 얻는다. 구원자의 탄생은 광신이나 외부 세계와의 단절을 통한 아름다움의 추구—근친상간을 통하여—가 아니라 역사에 대한 끝없는 반성과 사유, 그리고 이야기를 하는 행위를 통해 형성되는 설득과 유대감에 의해서 이루어진다.

그러나 톰의 서사가 모두에게 구원으로 작용하는 것은 아니다. 톰을 통하여 딕은 자신이 죽인 프레디 파는 메리와 아무런 관련이 없었으며, 메리의 연인은 톰이었고, 자신이 어머니와 외할아버지의 자식이며, 외할아버지는 자신이 세상의 구원자가 되기를 원했다는 사실을 알게 된다. 그길로 딕은 궤짝에 남은 열병의 대관식 맥주를 자루에 넣어가지고 자신이 일하는 준설선으로 가서 만취한 후 물속으로 뛰어들어간다. 뒤쫓아간 헨리와 톰, 배의 주인, 미군 병사들의 만류에도 불구하고 딕은 자살을 감행한다. 아니, 어쩌면 장어처럼 원천으로 돌아가는 여행을 감행한 것인지도 모른다. 장어의 일생은 이 소설에 들어 있는 또 하나의 회귀적 원리의 은유이다.

서술의 현재에서 메리는 정신병원에 입원해 있다. 구원자의 처녀 수태라는 신화적 플롯은 낳지 않은 아들을 얻는 크릭과 프라이스의 이야기를 통해 불완전하게나마 실현된다. 현실의 고통을 해소하기 위해 인간이 꿈꾸는 신화들은 딕의 죽음이나 메리의 정신병원 입원처럼 실패로 끝나기도 한다. 그러나 지금, 여기, 그리고 역사에 대한 진지한 탐문에 근거한 신화는 숭엄의 역사 앞에서 미약하나마 유일한 출구의 가능성을 제시한다.

전체적으로 역사의 진보란 허사가 될지라도 끊임없이 간척 사업을 하는 인간의 노력과 같다고 보는 스위프트의 소설에는 근본적인 비관주의가 깔려 있다. 번성하던 앳킨슨 가문은 쇠락하고, 개혁적 목소리를 무시한 세상은 어네스트가 우려하던 바대로 파괴의 길을 가고, 염세적이 된 그는 자살로 생을 마감한다. 후손을 통하여 세상을 구원하고자 한 그의 시도도 수포로 돌아간다. 알코올의 화기로 펜즈의 점액질 주민들을 즐겁게 하려 했던 앳킨슨가의 맥주는 작중인물들을 죽음으로 이끄는 수단이 된다. 호기심과 생기로 가득 찼던 영민한 소녀 메리는 소설의 종결부에서 정신병원에 입원해 있다. 유일하게 희망적인 사건이 있다면, 톰 크릭이 끝없는 이야기를 통해서 역사 수업에 저항하던 프라이스를 설득하여 역사와 이야기가 모두 가치 있고 의미 있는, 인류의 미래를 걱정하는 자들에게 꼭 필요한 행위임을 수긍하게 만든 것이다.

개인사와 지역사, 자연사를 통하여 주로 이루어지는 스위프트의 새로운 역사 서술은 개인, 지역, 가족의 삶, 그리고 우리의 환상세계에까지 파고드는 역사의 불가항력적 힘, 자연 앞에 무력한 인간의 모습, 상상의 힘으로 무의미함을 극복해보려는 인간의 노력들을 그린다. 스위프트의 서사는 개인사, 지역사, 국가사, 세계사, 자연사의 여러 줄기들을 엮어 단선적 구도를 뛰어넘고 있지만, 부분적, 파편적 관점을 보여주기보다 역사의 여러 줄기를 유기적으로 연결하며 종합하는 포괄적 시도를 보여준다는 점에서 여느 포스트모던 역사소설과 다른 면모를 보인다. 그의 소설 세계는 운명과 인간의 아이러니한 관계에 몰두했던 그리스의 비극적 세계관으로 돌아가는 듯한 느낌을 주기도 한다. 또한 유령이 출몰하는 세계를 당연하게 받아들이는 소설의 서사는 역사소설 초기부터 존재하던 고딕적 전통을 부활시키고 있다. 『습지』는 역사를 이야기로 보는 관점, 신화적 상상과 역사적 사실을 분리하려 하지 않는다는 점에서 역사적 로맨스의 연장선상에 있는 포스트모더니즘 역사물의 특성을 보인다. 스위프트는 인간을 압도해오는 거대한 힘들의 위협 앞에서 역사에 대한 깨어 있는 성찰만이 인간이 저항하여 싸울 수 있는 유일한 희망임을 보여준다. 역사를 통하여 우리가 배우고 도달할 수 있는 것은 최종적 설명이 아니고, 설명할 수 있는 힘의 한계에 대한 지식임을 지적한 부분을 보면 그는 숭엄으로서의 역사에 대한 포스트모더니스트들의 인식을 공유하는 것으로 보인다. 그럼에도 불구하고 역사 탐구와 역사 서술의 가치에 대한 긍정은 화자인 톰 크릭의 서사를 통하여 끈질기게 설파된다.

3장
역사와 동성애
피터 애크로이드, 『오스카 와일드의 마지막 증언』

1. 바이오픽션으로서의 『오스카 와일드의 마지막 증언』

바이오픽션(biofiction)이란 전기(biography)와 소설(fiction)의 합성어로서 전기소설, 즉 실존했던 인물의 생애를 중심으로 엮은 소설이다. 전기소설은 현대 영미소설의 하위 장르를 형성할 만큼 상당수가 꾸준히 출판되고 있다. 미덱케(Martin Middeke)와 후버(Werner Huber)는 편저 『전기소설Biofictions』에서 특히 영국 낭만주의 작가들에 관한 전기소설들이 최근에 많이 출판되고 있다고 지적한다. 그러나 이외에도 르네상스 시대의 셰익스피어를 다룬 버지스(Anthony Burgess)의 『태양과는 전혀 다르지Nothing Like the Sun』, 19세기 말의 와일드를 다룬 애크로이드의 『오스카 와일드의 마지막 증언The Last Testament of Oscar Wilde』, 19세기 사실주의의 귀감이라 할 수 있는 플로베르(Gustave Flaubert)를 다룬 반스

(Julian Barnes)의 『플로베르의 앵무새Flaubert's Parrot』, 20세기 초반의 시인이자 전쟁 영웅인 동시에 반전 선언을 했던 사순(Siegfried Sassoon)을 다룬 바커(Pat Barker)의 『갱생Regeneration』 등 다양한 시대와 작가들을 다룬 전기소설들이 있다. 위의 예에서 볼 수 있듯이 최근 영국의 전기소설들은 작가들의 생애에 치중하는 경향이 있지만, 대상 인물이 꼭 작가들에 국한된 것은 아니다. 밴빌(John Banville)의 『코페르니쿠스 박사Dr. Copernicus』, 『뉴턴 서한Newton Letters』, 『케플러Kepler』 등과 같이 과학자들의 생애를 다룬 소설들, 그리고 프로이트의 환자이자 성악가였던 안나 지(Anna G.)를 다룬 토마스(D. M. Thomas)의 『하얀 호텔The White Hotel』등이 있다. 이와 같이 작가나 지성사적으로 중요한 인물들을 주인공으로 하는 최근 영국의 바이오픽션은 인간의 창조성, 심리, 인식세계 등에 대한 관심사가 지배적이라는 공통점을 볼 수 있다.

전기소설은 대상이 역사적으로 현존했던 인물이므로 크게 보면 역사소설의 범주에 들어간다고 할 수 있다. 『전기와 포스트모던 역사소설Biography and the Postmodern Historical Novel』의 저자인 키너(John F. Keener)는 "역사 속에 있는 어떤 인물의 정체성을 정의한다는 것은 우리가 역사를 어떻게 생각하는가를 정의하는 것이다"라고 주장한다(Keener, iv). 따라서 전기소설도 과거를 재생하는 방식에 있어 전통적 역사소설의 관례를 따를 수도 있고 포스트모더니즘 역사소설의 기법을 따를 수도 있다.

현대의 바이오픽션 가운데도 비달(Gore Vidal)의 『링컨』처럼 대체로 전통적 역사소설의 모델을 따르면서 보다 현대적 시각에서 전기적 인물을 재해석하는 경우가 있다. 대부분의 바이오픽션들은 허구와 사실 간 경계의 탐문, 역사의 상상적 창조와 복원, 역사 기술 방식에 대한 회의와 실험이라는 포스트모더니즘적 작업에 매료되지만, 소설마다 고전적 특성과 포스트모던적 특성을 각기 다른 정도로 배합하고 있어 광범위한 스펙트럼을 보인다.

바이오픽션이 초점화하는 전기는 개인의 역사이다. 서양의 근대는 독립적이고 근원적인 개인 주체의 탄생을 가져왔다. 그러나 19세기 다윈과 프로이트의 새로운 인간관이 인간중심주의와 이성주의의 기초를 흔들어 놓은 후 모더니즘 시대에는 분열적이고 불안한 주체가 등장했다. 포스트모더니즘 시대의 개인 주체는 언어와 문화, 이데올로기에 의하여 그 인식이 결정되고 구축된다. 이 주체는 무의식에 지배되며, 근원성과 창조성을 가지지 않는 불연속적이고 무목적적이며 일관성이 없으며, 계속하여 재편되고 있는 하나의 장으로 볼 수 있다. 주체는 더 이상 "안정적이고 통일적이며 자결적인 심리적 실체"가 아니고 "유동적이며 다수적으로 여러 가지 많은 '주체 위치', 즉 성, 계급, 인종 등에 의하여 결정되는 주체 위치를 포함하고 있다"(Sesto, 34). 포스트모던 바이오픽션은 역사 기술학적 메타픽션이 포스트모던 주체 인식과 교차하는 양상을 초점화하여 볼 수 있는 기회를 제공한다.

그러나 두 가지 현상의 교차가 극도로 분열적이고 해체적인 텍스트만을 생산하는 것은 아니다. 전기와 역사에 대한 관심은 아무리 포스트모던하더라도 현대인의 회귀적인 욕망이 담겨 있다. 전기가 대중적 인기를 누리는 것은 우리가 익명성의 사회적 환경에 살면서도 다른 사람들을 알고 싶어 하는 욕망을 가지고 있기 때문이다. 인물의 발달 과정을 직선적으로 보여주면서 시작과 (그것이 아무리 해체된 형태로 나타나더라도) 중간과 끝을 가지는 전통적 전기 형식은 주체의 안정성과 연결된다. 그리고 다른 사람들의 삶은 우리에게 어떻게 살아야 할지를 보여준다. 따라서 현대 영미 바이오픽션을 분석하면서 우리는 삶과 정통성과 근원성을 해체하려는 모든 소설적 노력의 근저에는 이것들에 대한 역설적인 욕망이 존재하는 것이 아닌가, 그리고 바이오픽션이 보여주는 재편된 역사의식은 우리가 살고 있는 역사 후(post-historical) 시대에 계몽의 가능성을 다시 도입하는 것은 아닌가 하는 질문을 던져볼 필요가 있다. 또한 바이오픽션은 아무리 포스트모던한 특성이 강하다 하더라도 명백한 역사적 지칭의 대상을 가지고 있기 때문에 그 대상에게 아무 일이라도 일어날 수 있다거나 "쾌락적으로 자율적인, 혹은 자기애적으로 유아론적인 자족적 예술의 개념"으로 설명될 수는 없다. 포스트모던 바이오픽션의 텍스트는 "역사적 지식을 해체하면서 동시에 재구축한다." 모더니스트들이 분열과 파편화로서의 현실 인식을 가지고 있으면서도 신화적 구조를 사용함으로써 객관성과 안정성을 복원하려 했듯이 바이오픽션은 그 포스트모던한 형태에도 불구하고 우리 모두에게 존재하는 역사와 정체성에 대한 향수를 보여준다(Middeke & Huber, 4-5).

사회와 역사의 힘이 개인보다 우위에 있다는 인식 때문에 루카치는 사회와 역사를 개인의 전기를 통해 바라보려는 시도는 무의미하다고 보았다. 그러나 전기소설의 경우 한 인물의 생애를 다루지만 허구화라는 과정을 통해 개인적 경험을 사회적 맥락 안에서 의미 있는 경험으로 변형시키고 보편화시킬 수 있는 장르라고 보았다. 즉 전기소설은 전기와는 달리 개인과 당대의 역사적 맥락이 교차하는 모습을 의미 있게 보여줄 수 있는 수단이라고 생각했다.

이와 같이 바이오픽션이라는 장르는 개인의 역사와 인류 집단의 역사가 교차하는 지점을 보여준다. 동시에 바이오픽션은 포스트모던 역사소설이 제기하는 제반 문제들을 역사적 인물의 생애라는 일정한 영역 안에서 초점화함으로써, 포스트모던적 역사적 상상력이 가지는 가능성과 쟁점을 정교하게 탐색해볼 수 있는 장을 제공한다. 이번 장에서는 소수성애자의 입장에서 대안적 역사 쓰기를 시도한 바이오픽션 『오스카 와일드의 마지막 증언』을 검토함으로써 포스트모더니즘 소설에서 역사적 주체가 구축되고 해체되는 양상을 살펴보고자 한다. 또한 이러한 구축과 해체의 과정을 통하여 애크로이드의 대안적 역사 쓰기는 어떤 성과를 얻는지 검토하고자 한다.

2. 소수성애자의 입장에서 다시 쓰는 바이오픽션

플라톤에게 동성애는 성인이 소년에게 지혜를 전수하는 중요한 수단으로, 이성애보다 우월한 것으로 간주되었다. 그리스 시대에는 바람직한 사랑의 한 형태였던 동성애는, 기독교 문화 속에서는 박해의 대상이었다. 푸코에 따르면 서구의 기독교 문화에서 생산된 성담론은 쾌락을 얻기 위한 성의 기교에 대한 담론(ars erotica)이라기보다는 고백적 담론 쪽에 가까우며, 성을 이해하는 데 공헌하기보다는 오래된 성에 대한 편견에 물들어 있거나, 이해를 거부하는 체계적 맹목성에 침윤되어 있었다. 성이 과학적, 의학적 담론의 대상으로서 마침내 객관적 성찰의 대상이 되었다고 생각되는 19세기에 이르러서도 이는 마찬가지였다. 성담론은 신교의 부상, 반종교개혁, 18세기의 교육학, 19세기의 의학 등의 영향으로 제의적이고 국지적인 성격을 잃어버리고 전방위적으로 확산되어, 자식과 부모, 학생과 교육자, 환자와 정신과의사, 범죄자와 전문가들 사이에서 보편적으로 사용되는 담론으로 변했다. 이러한 변화에도 불구하고 성담론은 권력이 개인을 통제하는 하나의 통로로 작용했다고 보는 것이 푸코의 입장이다(Foucault, 17-25).

그러나 19세기 말 영국에서는 아직 권력이 성담론을 통하여 은밀하게 개인을 통제하기보다는 성적 취향에 대한 직접적인 처벌이 가능한 상태였다. 영국의 엘리트 계층이 기숙학교에서 동성끼리의 친교를 통하여 그 유대감을 다져나가는 문화 속에서 많은 지성인과 예술가들, 그리고 특권 계층의 일부가 흔히 동성애적 성향을 드러냈지만, 이에 대한 사회적, 법적 박해는 유지되었다.

애크로이드가 소설의 주인공으로 삼은 탐미주의자 와일드는 동성애자로서 귀족의 아들 더글러스(Alfred Douglas) 경을 유혹하여 그의 아버지인 퀸즈베리(Queensbury) 공작에게 괴롭힘을 당하던 끝에 자신의 무고함을 증명하려고 소송을 제기한다. 초심에서 와일드는 무죄 선고를 받았으나, 재심에서 퀸즈베리 공작이 결정적 증거들을 제시하여 유죄 판결을 받고 1897년까지 2년간 감옥살이를 했다. 특히 결정적 타격은 미성년 남창과 관계를 한 사실을 당사자가 직접 증언한 것이었다. 작품 속에서 와일드는 자신이 실제로 남색(sodomy)행위를 한 일이 없고, 단지 소년들을 애무했을 뿐이라고 주장하지만, 그의 주장은 미성년 남창의 증언 앞에서 무력해진다.

탐미주의자로서 사치스럽고 감각적인 생활을 즐기던 와일드는 감옥의 비위생적이고 추악한 환경에서 건강을 해치고 정신적으로 파괴되어 출옥한지 3년 만에 사망한다. 이 소설은 그의 말년의 삶을 기록한 일기 형식으로 되어 있다. 존재하지 않는 일기를 통해 와일드의 풍자적이고 아이러니한 관점과 경구적이고 역설적인 문체를 재현해낸 이 작품은 애크로이드의 문사적 재능을 잘 드러낸다. 예컨대 "사이몬즈(Symonds)는 내가 현대 윤리의 문제가 되었다고 말할 것이다. 그러나 당시에 내게는 나 자신이 윤리 문제의 해결책으로 보였다"라든가 "사회는 나를 겁나게 한다. 그러나 고독은 나를 더욱 괴롭힌다", 혹은 "당신이 세상을 바꾸지 않으면, 세상이 당신을 바꾼다" 등 와일드의 문체를 전형적으로 드러내는 대구적이고 역설적인 경구들은 이 일기의 작성자가 와일드라는 환상을 조장하는 장치 중의 하나이다. 일기라는 가장 개인적이고도 주관적인 장르를 통하여 전달되는 시련과 번민의 기록은 와일드를 도덕적으로 단죄하는 대신에 그의 내면세계를 동정적으로 재현한다. 동성애에 이르는 과정과 동성애가 와일드에게 가지는 사회적, 예술적 의미, 그리고 사회적 규범이나 가족 관계와 일으키는 갈등에 대한 번민 등을 상세하게 보여줌으로써 타락한 탐미주의자로 간주되는 와일드에 대한 공감적 재평가의 기반을 마련한다.

『오스카 와일드의 마지막 증언』은 그의 작품세계에 대해 재평가하기보다 동성애자, 탐미주의자, 평등주의자, 영국의 지배에 반발하는 아일랜드인, 박해받는 국외자 등 다양한 정체성의 상호관계 속에서 약자들에 대한 사회의 억압에 반발하는 자, 약자에 대한 옹호자로 와일드를 부각시킨다. 또한 추락의 막바지에서 쓴 이 일기는 그의 생애에 대한 변명이자 참회록으로 기능하기도 한다. 그리하여 이 작품은 소수자의 시각에서 그리고 개인사적 시각에서 역사를 재검토하고 재평가하는 하나의 흥미로운 시도로 읽힌다.

당시 영국에서 탐미주의를 체현하는 상징적인 인물이었던 와일드의 개인사를 추적하는 것은 탐미주의의 구체적 현시를 경험하는 행위이며, 페이터, 러스킨(John Ruskin), 모리스(William Morris), 보들레르(Charles Baudelaire), 베를렌(Paul Verlaine), 고티에(Théophile Gautier), 발자크

(Honoré de Balzac) 등이 지배하던 당시의 문화 풍토를 일별하는 행위이기도 하다. 죽기 며칠 전인 1900년 11월 16일의 일기에서 애크로이드의 와일드는 호텔 주인이 자기에게 1900년이 19세기의 마지막 해인지, 20세기의 첫해인지를 물었다고 기록하고 있다. 이것은 탐미주의자 와일드의 죽음이 퇴폐의 시대의 종언을 고한 것인지, 세기말의 탐미주의를 거쳐 태동한 모더니즘적 감수성의 탄생을 의미하는 것인지를 묻는 작가의 질문이기도 하다.

작가는 포스트모더니스트답게 소설의 소재로 역사, 전기, 전설 등 이미 존재하는 텍스트를 즐겨 사용하여 상호텍스트성을 극대화하고 있다. 그가 소설화한 전기적 인물로는 셰익스피어, 뉴턴, 모어(Thomas More), 엘리엇(T. S. Eliot), 포(Edgar Allan Poe), 채터튼(Thomas Chatterton), 디킨즈, 초서, 블레이크(William Blake), 밀턴(John Milton), 파운드(Ezra Pound), 콜린즈(Wilkie Collins), 화가 터너(William Turner) 등 무수히 많다. 뉴턴과 터너를 제외하면 모두 문인으로 분류될 수 있는 인물들이다. 그는 소설 속 인물인 빅터 프랑켄슈타인(Victor Frankenstein)과 구약의 인물들에 관한 책도 썼다. 또한 런던, 템스 강, 코벤트 가든 등의 지역사를 쓰기도 했고, 영국 음악, 영국의 상상력 등에 대한 저서를 발간했는가 하면『캔터베리 이야기Canterbury Tales』등 영국 문학사의 주요 작품들을 개작했다. 또한 런던의 대화재, 바빌론과 이란 지배하의 이스라엘과 같은 역사적 사건을 소재로 삼은 작품을 쓰기도 했다. 실로 역사에 대한 애크로이드의 홍미는 모든 가능한 대상을 포괄하는 듯하다. 그는 학자적 역량과 방대한 연구를 대중성과 결합하여 전기와 소설의 경계를 넘나들며 상업적으로도 성공적인 작품들을 생산해냈다.

앞서 설명했듯 소설『오스카 와일드의 마지막 증언』은 와일드의 생애의 마지막 5개월 동안(1900년 8월 9일부터 11월 30일 사이)에 쓰인 일기로 구성되어 있다. 1897년 교도소에서 출옥했을 때, 와일드는 이미 사치와 과다한 소송비용 등으로 파산한 상태였다. 수치스런 추문 때문에 영국에서 살 수 없었던 그는 파리로 건너가, 친구들의 도움으로 호텔을 전전하며 생애의 마지막을 보낸다. 그를 사랑하던 어머니도 세상을 떠났고, 그에게 끝까지 성실했던 아내도 별거 후 이태리의 제노아에서 두 아들과 함께 생활하다가 세상을 떠난 후였다. 그는 교도소에서 넘어져 얻은 귀의 상처가 악화되어 1900년 11월 30일에 생애를 마치는데, 이 비참한 마지막 5개월이 작품이 다루는 시간대이다.

일기는 현재에 일어나고 있는 일들을 기록하기보다는 와일드의 삶을 연대기적으로 회고하고 있으며, 일기에 기록된 사건들의 큰 윤곽은 전기 작가들이 기록하는 와일드의 생애와 대체로 일치한다.

와일드는 1854년 10월 16일 더블린에서 이비인후과와 안과 전문의인 와일드(William Robert Wills Wilde) 박사와 아일랜드의 애국자이며 문인이기도 한 엘지(Jane Francesca Elgee)의 둘째 아들로 태어났다. 본명은 오스카 핑갈 오플레어티 윌즈 와일드(Oscar Fingal O'Flaherty Wills Wilde)이며, 아버지는 의학에 대한 공로로 기사 작위를 받을 만큼 인정받는 왕실 주치의로, 역사와 고고학에도 조예가 깊었다. 그러나 끝없는 염문을 일으켰으며, 지저분하고 단정치 못한 차림새로 놀림을 받기도 하던 독특한 인물이었다(Roditi, 199). 스페렌자(Sperenza)라는 필명으로 혁명적 시를 쓰던 모친은 켈트 전통에 따른 화려한 차림으로 집안에서 문학 살롱을 차려 지성인들의 사교 모임을 주도하던 여성이었다.

스페렌자는 둘째인 오스카가 딸이기를 바랐기 때문에, 누이동생 이솔라(Isola)가 태어날 때까지 여아의 옷을 입히는 등 와일드를 딸처럼 키웠다. 형 윌리엄과 오스카는 포토라 왕립학교(Portora Royal School)에서 교육을 받았다. 어머니와 극히 친밀했던 오스카는 기숙학교 생활에 적응을 하지 못하고 집의 생활을 그리워했다. 당시 윌리엄 경이 환자를 유혹한 사건이 전국적으로 알려져 학교 안에서도 웃음거리가 되었는데, 어린 오스카는 자신의 대부가 스웨덴 왕이며, 더블린의 집에 셀 수도 없이 많은 하인들이 있다는 등의 거짓말을 하여 학생들에게 깊은 인상을 줌으로써 위기를 극복한다. 이러한 여러 가지 어려움에도 불구하고, 뛰어난 학생이었던 와일드는 열일곱 살 때 장학금을 받아 더블린의 트리니티 칼리지(Trinity College)에 진학했으며, 튜터였던 마하피(John Pentland Mahaffy)를 통하여 그리스철학에 담겨 있는 동성애에 대한 언급을 접하게 된다. 그리스철학에 심취한 그는 1874년 뛰어난 그리스어 실력으로 버클리(Berkeley) 금메달을 획득하고 장학금을 타서 옥스퍼드의 맥덜린 칼리지(Magdalen College)에 진학한다. 옥스퍼드에서는 예술과 도덕의 밀접한 관계를 주장한 러스킨과 감각적 쾌락의 추구를 선포하며 예술지상주의를 주장한 페이터의 모임에 정기적으로 참석했다.

1876년 아버지의 사망 이후 와일드는 약간의 유산으로 이태리와 그리스를 여행했으며, 어머니는 런던으로 이주하여 살롱을 다시 열었다. 이곳에서 와일드는 화가 휘슬러(James McNeil Whistler)를 비롯한 새로운 문화계 인사들과 교류하게 되었다. 이태리를 소재로 쓴 「라벤나Ravenna」라는 시로 뉴디게이트 상(Newdigate Poetry Award)을 받았고, 1880년 첫 희곡 작품인 『베라Vera』를 발표한 데 이어서 1881년 61편의 시를 묶어 출간하지만 작가로서 이름을 내진 못했다. 런던의 사교계에서 그는 유별난 옷차림과 과장된 태도로 사람들의 주의를 끌기 시작했으며, 1882년에는 길버트와 설리반의 오페레타 『인내Patience』에서 탐미주의자의 전형으로 풍자되기도 한다. 이 오페라의 제작자인 카트(D'Oyly Carte)는 와일드를 미국으로 보내어 오페라단의 공연에 동반시킴으로써 선전 효과를 거두고자 했다. 재정상태가 좋지 않아 돈이 절실히 필요하던 그는 이 제안에 단번에 응했다. 미국 세관을 통과할 때 신고할 것이 있느냐는 질문에 자신의 천재성밖에 신고할 것이 없다고 말한 일화는 유명하다. 와일드는 미국 전역에서 강연을 하며, 영국 문예부흥의 원칙들, 실내장식과 의복의 신헬레니즘을 설파했으며, 스스로 무릎까지 오는 바지를 입고 긴 머리를 하여 이 원칙을 실천하고자 했다. 강연은 성공적이었으며, 그는 미국에서 저명인사가 되어 돌아왔다.

미국에서 돌아온 후 그는 글쓰기에 적합한 환경을 찾아서 1883년 1월 파리로 이주하여 여러 가지 문예운동에 심취하며, 발자크, 고티에, 위스망스, 보들레르, 모로(Gustave Moreau) 등의 예술을 공부한다.

1884년 그는 더블린에서 가까워진 콘스탄스 로이드(Constance Lloyd)와 런던에서 결혼하고 런던의 첼시(Chelsea)에 살림을 차린다. 두 아들 시릴(Cyril)과 비비안(Vyvyan)이 태어나자 그는 전형적인 가장으로 자리잡는다. 와일드는 이율배반적인 인물로 평가되곤 하는데, 그 이유는 예술 지상주의를 표방하면서도 꾸준히 상류층을 지향하는 한편 가장으로서 가족을 부양하기 위해 여성지 편집을 맡는 등 영리를 추구했기 때문이다. 또 대중을 경멸하고 귀족적 취향을 강조하면서도 문학 시장의 주요 고객인 중산층 대중의 취향에 영합하기를 주저하지 않았다. 이후 결혼 생활에 싫증이 난 와일드는 자신의 동성애적 취향을 발견하고, 혼자 외출하여 남성 동료들과 쾌락을 찾는 일이 잦아졌다. 패션과 사교계의 잡지인 『여성세계The Woman's World』의 편집인으로 크게 성공하여 경제적 윤택함을 누리게 된 와일드는 씀씀이가 헤퍼지고 점점 더 관능적,

미학적 쾌락에 탐닉하게 된다. 이 시기에 그는 많은 서평과 소설 『도리언 그레이의 초상The Picture of Dorian Gray』을 비롯하여, 다수의 동화, 단편, 수필을 집필한다. 도덕적 타락이 극에 달했던 시기이자 창조성 또한 극에 달했던 시기였다.

와일드의 몰락은 상류 계층에 태어나 고귀한 용모를 소유한 스물한 살의 더글러스 경을 만나면서부터 시작된다. 그는 범상치 않은 시적 재능의 소유자로서 기량을 닦았다면 당대의 문단에서 높이 평가될 수도 있었던 인물이었다. 더글러스는 와일드의 집에까지 드나들며 그와의 관계를 지속했으며, 두 사람의 난교 주연에 대한 소문은 널리 퍼졌다. 와일드는 더글러스와 함께 런던의 호텔, 영국 남해안의 휴양지 등을 전전하며 향락을 추구했고, 그의 사치스런 기호를 충족시키기 위해 빚을 많이 졌다. 이 시기에 와일드는 상업적 극작에 주력하며 『레이디 윈더미어의 부채Lady Windermere's Fan』와 『진지함의 중요성The Importance of Being Earnest』 등의 작품으로 크게 성공하여, 경력의 정점에 서게 된다.

그러나 더글러스의 어머니와 이혼한 퀸즈베리 공작은 전처와 그녀가 가장 아끼는 아들 알프레드를 못살게 굴기 시작한다. 그는 아들과 와일드의 관계에 대하여 조롱과 모욕과 협박을 일삼았고, 급기야는 와일드가 출입하는 클럽의 수위에게 "남색자 행세를 하는 오스카 와일드에게"라고 쓴 명함을 남겨놓기에 이른다. 더글러스와 그의 형은 아버지의 무도한 행위를 멈추기 위해 와일드에게 소송을 걸라고 종용했다. 와일드는 퀸즈베리 공작의 모함에 근거가 없다는 것을 증명하기 위한 소송을 걸었다. 명백한 동성애적 취향에도 불구하고 와일드가 결백을 주장한 것은 소년들을 사랑하지만 본격적인 남색행위, 즉 당시 법으로 규제되는 행위를 하지 않았다는 생각 때문이었다. 첫 번째 재판은 와일드의 무고함을 증명했다. 그러나 퀸즈베리 공작은 비용을 아끼지 않고 와일드에게 불리한 증거들을 수집해 항소했으며, 와일드가 상대했던 남창들까지 재판에 증인으로 끌어들여 재심에서는 결국 공작의 주장에 근거가 있다고 판결이 났다. 와일드는 물론 그들의 증언이 위증이라고 주장했다. 소송을 제기한 측은 와일드였으나, 당시 법으로 남색행위는 처벌의 대상이었으므로 처벌은 불가피했다. 이미 재판 비용 때문에 거덜이 난 와일드의 집과 살림은 제값을 받지도 못하고 경매로 처분되었으며, 극장과 제작자들은 감히 그의 연극을 더 이상 무대에 올리지 못했다. 아내 콘스탄스와 몇몇 친구들은 그에게 여전히 헌신했으나, 전성기에 와일드를 찬양하던 대부분의 친구들은 그를 버렸다. 그중에도 첫 번째 배반자는 재판이 시작되자마자 파리로 도망가 버린 의리 없는 연인 더글러스였다. 2년간의 강제노동형(Roditi, 202-205)을 선고받은 와일드는 1895년에서 1897년까지 2년간 복역했고, 가족들은 추문 때문에 와일드라는 성을 버릴 수밖에 없었다.

1890년부터 재판 무렵까지 와일드는 비평 에세이와 사회 풍속극으로 상당한 성공을 거두고 있었고, 특히 1891년에는 주요 작품들이 한꺼번에 출판되고 일련의 희극 작품들이 성황리에 런던에서 공연되고 있었다. 그러나 재판과 감금 이후 연극 공연은 취소되고 작품의 판매는 중지되었다. 교도소에서 강제 노동, 독방, 불충분한 식사, 딱딱한 침상, 불결한 환경 등으로 고통받던 와일드는 나중에 영국 감옥의 해악에 대한 편지를 썼고 출옥 후 『데일리 크로니클Daily Chronicle』에 게재했다. 와일드는 교도소에서 슬픔과 절망에 빠져 더글러스에게 분노에 찬 편지를 쓰곤 했는데, 이는 사후에 『심연으로부터De Profundis』라는 제목으로 출간되었다.

1897년 출옥 후 와일드는 세바스티안 멜머스(Sebastian Melmouth)라는 이름으로 해외에 거주하기로 했다. 그리고 교도소 생활에서의 경험을 바탕으로 『레딩 감옥의 발라드The Ballad of Reading Gaol』를 출간했다.

그러나 그는 곧 역경과 고통이 자신에게서 창작에 필요한 기력과 신념을 앗아갔음을 알게 되었다. 파리로 건너간 그는 더글러스와의 관계를 다시 시작하려 했으나, 더글러스는 나이 들고 추락한, 가난한 연인에게 관심이 없었다. 아내와 어머니뿐 아니라 형 윌리엄도 아내 콘스탄스가 죽은 지 얼마 안 되어 죽었다. 결국 와일드는 친구들의 신세를 지며, 하루하루를 즐거움도 없는 음주와 방탕으로 소진하며 죽어갔다.

이상의 전기적 사실들을 연대순으로 기록하고 있다는 점에서 애크로이드의 소설은 대필가가 쓰는 저명인사들의 자서전과 별로 차이가 없어 보인다. 다른 점이 있다면, 후자가 흔히 저명인사들의 생존 시에 당사자의 지명과 위탁에 의하여 쓰이는 반면에 작가 애크로이드는 대상 인물을 선택하여 자발적으로 썼다는 점이다. 문제는 우리가 애크로이드가 만들어낸 와일드의 일기를 읽으며, 와일드를 실존 인물 혹은 대필 자서전의 주인공처럼 경험한다는 사실이다. 이는 텍스트를 통하여 재현되는 주체에게 역사적 진위의 문제가 별로 큰 의미를 지니지 않음을 독자가 직접적으로 경험하게 하는 장치이기도 하다. 텍스트 속의 와일드는 아일랜드의 켈트 문화 배경, 그리스 문화에 대한 동경, 옥스퍼드에서의 당대 탐미주의자들과의 교류, 런던에서의 당대 문화인사들과의 교류, 그리고 당시 문화적 사조를 주도하던 프랑스에서의 문학 학습 등 그의 지적 감수성을 형성한 세계의 묘사를 통해 사실성을 얻는다. 역사적, 문화적 환경과 영향, 텍스트들의 조합에 의하여 구성되는 주체의 모습을 독자는 눈앞에서 목도하며, 주체가 생래적으로 주어진 실체가 아니라 언어와 사회

관습, 텍스트 등에 의하여 구성된다는 후기구조주의적 주장을 체험하게 된다.

이렇듯 작가에 의해 구축된 와일드에게 현실성을 부여하는 또 다른 요소는 회고적 기록에 간간이 끼어드는, 일기가 서술되고 있는 현재 시점의 모습에 관한 언급이다. 이는 대필 작가가 쓰는 자서전에서는 발견할 수 없는 요소이다. 귀의 상처로부터 비롯된 고통의 호소, 전보의 도착을 알리기 위하여 호텔 주인 딸이 문을 두드리는 소리, 와일드의 병상을 끝까지 지킨 친구 모리스의 방문, 파티에의 초대를 알리는 전화, 너무나 밝은 전깃불과 치약 광고에 관한 간밤의 악몽 이야기, 길거리에서 만난 친구 이야기, 초라한 호텔방에 대한 묘사, 외로움에 대한 공포의 고백, 최근에 방문했던 장소에 대한 회상, 현재 읽고 있는 책에 대한 언급, 와일드의 전기를 쓰겠다고 나서는 로버트 세라드(Robert Sherard)에 대한 언급, 아름다운 세계에 갇힌 왕자의 비극적 운명에 대하여 와일드 자신이 창조한 우화, 책갈피에서 발견된 한창때의 신문 기사에 관한 이야기, 모리스의 스위스 여행 계획, 식당으로 외출했다가 영국인 손님들 때문에 입장을 거부당한 사건에 대한 언급, 의리 있는 옛 여성친구의 편지, 더글러스로부터 온 우편엽서, 연인들과 금화에 관한 우화 소개, 와일드의 일기를 본 친구들의 반응, 센 강변에서 만난 영국 산보객들의 동정적이고 호의적인 언동, 과거 자신의 작품들을 다시 본 후 가지게 된 계속 변화하는 자신에 대한 느낌, 그에 대한 친구들과의 교신, 병세의 악화, 수술 계획, 수술 실행과 수술 실패 등에 대한 언급들은 모두 서술적 현재 속의 그의 삶을 말해 준다. 수술 이후에는 회고는 없고 현재의 생활에 대한 짤막한 기록들만 있다. 모리스가 책을 읽어주었다든가, 영국에서 친구들이 방문하러 왔다든가 하는 현재의 사건들에 대한 언급이 있을 뿐이다. 그

다음부터는 와일드가 너무 병약해져서 모리스가 일기를 받아쓴다. 모리스가 받아쓰는 말조차도 진통제의 영향으로 진실인지 환각인지 잘 모르는 상태로 변해간다. 점점 빈약해지는 회고록은 사라져가는 창조력과 생기를 체현하고 있어서, 창조된 주체인 와일드를 너무나도 생생하게 실연한다.

동시에 이것은 죽음에 임박한, 그리고 인간이 창조력의 소진을 경험하면서 쓰는 일기로서 좀 더 현명해졌으나 쇠퇴의 길을 걷고 있는 현재에서 화자의 한창때를 회고하는 시각으로 서술되고 있어서, 대필 자서전보다 입체적 효과를 낸다. 화자의 추락한 현재의 상태가 자아내는 페이소스는 회상에 깊이를 더한다. 그런데 구축된 주체 와일드는 필연적으로 애크로이드의 와일드 해석을 떠안고 있어 두 시각을 구별해내기는 어렵다. 그렇다면 이 작품이 두 가지 시각을 결합하여 와일드에 대하여 내리는 해석의 독특성은 무엇인가?

우선 작품은 이항대립에서의 특권항과 비특권항의 관계를 부각시키는 해체주의 이후의 담론의 경향을 따라 먼저 와일드를 켈트 전통의 계승자로, 영국의 지배 밑에서 수백 년간의 압제를 견디어낸 아일랜드인으로 위치시킨다. 와일드는 자신이 몰락한 원인을 영국인들의 스노비즘과 거만함의 소치로 돌리는 경향이 있으며, 영국인 특유의 결점을 기회가 있을 때마다 지적한다. 예를 들면 그는 "영국인들은 웃으며 동시에 당신을 쳐서 쓰러뜨릴 수도 있다. 조금치의 양심의 가책도 없이. 이것이 그들이 국가로서 성공한 비밀이다", 혹은 "영국인들에게 할 수 있는 일은 두 가지가 있다—그들에게 충격을 주거나, 그들을 즐겁게 하는 것. 그러나 그들과 사리를 따져 말하긴 어렵다. 적어도 『더 타임즈』지의 논설을 기준으로 본다면 그렇다(Ackroyd, 48)" 등의 논평을 한다. 자신의 고난을 아일랜드인들의 고난과 동일시하는 동시에, 다시 그리스도나 단테의 고난에 비교하며, 이 고난으로부터 비할 데 없는 시인들과 대화자들이 나왔음을 역설하기도 한다. 어머니의 고백에 의하면 와일드는 아버지 윌리엄 경의 아들이 아니고, 어머니가 젊은 시절에 사랑했던 시인, 아일랜드를 위하여 많은 고난을 겪은 스미스 오브라이언(Smith O'Brien)이라는 시인의 아들인데, 이 역시 아일랜드인의 고난과 와일드의 운명의 연관성을 역설한다. 개인적 방탕에 기인한 추락을 영국의 압제와 아일랜드인의 고난이라는 공식으로 덮어버리려는 것일까? 일기를 따라가며 독자는 와일드의 지나친 자기연민과 자기미화의 혐의에도 불구하고 결국 와일드-애크로이드의 시각에 설득되어 간다.

와일드의 고난은 기독교 전통 속 성자들의 고난과 비교되기도 한다. 그는 자신의 수호성인으로 가난한 성자 줄리앙(St. Julien-le-Pauvre)을 택한다. 줄리앙은 원래 치유자였다. 그러나 불구자와 아픈 자들을 치유하면 그들은 더 이상 구걸을 할 수 없다고 줄리앙을 욕했고, 악마를 쫓아내면 그 악마가 기적을 보고 있던 사람들에게로 들어갔으며, 예언을 하면 부자들에게 실망을 안겨준다는 비난을 받았다. 환멸을 느낀 줄리앙은 치유자가 되기를 포기하고 거지가 되었다. 그러자 이상한 일이 일어났다. 그의 기적을 비웃던 자들이 그의 가난함을 숭배하고, 그를 동정하여 성자로 만든 것이다. 와일드가 줄리앙을 자신의 성인으로 삼으면서 일기는 시작된다. 상업주의와 실용주의에 물든 세상을 향하여 보인 탐미주의자의 자세를 그는 스스로 세상을 치유하는 방법으로 생각했는지도 모른다. 와일드의 태도는 돌풍을 일으키기도 했지만 풍자의 대상이 된 사람들에게 모욕감을 주기도 했으며, 많은 사람들은 추락한 그를 짓밟았다. 스스로의 선택은 아니었지만 와일드는 자신의 성자 줄리앙처럼 거지에 가깝게 추락한 자신을 세상 사람들이 성자로 만들어주는 기적을 바란 것은 아닐까?

그는 예수의 시각과 자신의 시각을 동일한 것으로 인식하기도 한다. 친구 모리스의 안내로 부랑아들과 가난한 자들이 잠자는 샤토 루즈(Chateau Rouge)라는 카페 위층에 있는 공간을 방문하게 되는데, 그곳의 광경을 보고 마지막의 극한적인 사물들—극단적인 불행에 대한 언급—은 위엄을 가졌다고 느낀다. 그는 예수가 인류의 진정한 이미지를 대표하기 위하여 추방자가 되었음을 언급한다. 한때의 와일드는 이러한 비참한 광경으로부터 몸을 움츠렸을 것이다. 그러나 이제 그는 세상의 마음을 들여다본 후에 세상의 얼굴을 봐서는 안 될 것이 무엇인가라고 반문한다. 세상의 잔인함을 경험한 그에게 세상의 진실한 얼굴이란 그와 같은 비참한 모습이었고, 그러한 모습이 인류의 진정한 이미지, 그리고 예수가 마주한 진실로 인식되었음을 알 수 있다. 그는 또한 더글러스에 대한 자신의 사랑을 예수가 설파한 사랑의 복음과 동일시하는 과감함을 보이기도 한다. 그는 뒷골목의 매춘굴에서 돈으로 거리의 소년들을 사는 대신 지성적, 감성적 사랑을 나눌 수 있는 연인 더글러스를 만났을 때, 세상이 자신을 벌하기 시작했다고 인식한다. 그는 일기에 "예수가 '너는 사랑했으므로 너의 죄는 용서될 것이다'라고 말했다면 영국인들은 '네가 감히 사랑했으므로 너의 범죄는 처벌될 것이다'라고 말한다"고 쓰고 있다(Ackroyd, 125). 예수가 말하는 사랑과 와일드의 사랑 사이에 어쩔 수 없는 차이를 감지하면서도 독자는 또다시 와일드의 대구적 경구의 설득력을 경험하게 된다.

그는 남창 알선을 하던 친구 알프레드 테일러가 자신에게 불리한 증언을 하기를 거부한 사건을 놓고 그를 성인에, 혹은 예수의 발을 씻어주던 막달레나에 비유하기도 한다. 지나치게 거리감 있는 비유와 아마도 알프레드의 머리가 막달레나의 머리보다 길었을 거라는 농담 섞인 논평은 처절함 속에 느끼는 감사의 마음과, 그 위에 겹쳐지는 와일드다운 위트를 보여준다.

와일드는 자신을 순교자로 인식하기도 한다. 퀸즈베리 백작은 큰 아들 드룸란리그(Drumlanrig)가 상사 로즈베리(Rosebery)와 동성애적 관계에 있는 것을 알아내고 이 일로 로즈베리를 협박한다. 자신 때문에 연인이 곤경에 처한 것을 수치스럽게 생각한 드룸란리그는 자살로 자신의 충성을 증명한다. 이에 화가 난 퀸즈베리는 더더욱 둘째 아들을 유혹한 와일드에게 한을 풀고자 했다. 사회적 지위가 높은 로즈베리에 관한 추문이 노출되는 것을 꺼린 재판당국은 아들의 편지를 공개하겠다는 퀸즈베리의 협박에 굴복하여 로즈베리 대신에 와일드를 희생시킬 수밖에 없었다. 결국 와일드는 계급적 사회구조에 희생되어 대신 죄를 짊어지는 희생양이 되었던 것이다. 그는 퀸즈베리가 보낸 사립 탐정에게 거짓말을 하고, 법정의 증언대에서 위증을 한 친구 에드워드(Edward)를 닭이 울기 전 세 번 예수를 부인한 베드로에 비교한다.

그가 스스로를 예수나 성인과 동일시하는 계기는 자신의 추락, 사회의 경멸, 추방자, 국외자, 고난받는 자로서의 경험이다. 그는 유복한 환경에서 태어났지만 어려서부터 가난한 이들에 대한 관심과 동정심이 많았다. 가난한 이들과의 첫 번째 접촉은 와일드가 아주 어렸을 때, 그러니까 빈민굴이 위험 지역이라는 것을 느끼지도 못할 만큼 어렸을 때이다. 리버티즈(Liberties)라는 지역을 혼자 걸어가던 와일드는 빈민굴 아이들에게 모자를 빼앗기고 딴지가 걸려 넘어지고, 아이들은 그를 둘러싸고 놀려댔다. 그때 한 또래 아이가 와일드를 도와 일으키며, 위로의 말을 해주고 와일드의 집을 안다고 말했다. 와일드와의 대화를 통해 그런 집에 살기 위해서는 자신은 꿈꿔볼 수도 없이 많은 부가 필요하다는 것을 알게 된 소년은 말없이 떠나는데, 이 경험에서 와일드가 가장 절실하게 느끼는 감정은 수치심이다.

동성애의 쾌락을 찾아 런던의 뒷골목을 헤맬 때도 와일드는 런던의 그림자 속에서 자신이 원래 속한 밝은 런던을 바라보는 이중적 시각에 매료되곤 한다. 이렇듯 가난과 어두운 곳에 대한 와일드의 관심은 삶의 표면이 아니라, 이면과 심층부까지 파고들고자 하는 예술가로서의 의지를 드러낸다. 남창들과 뒷골목을 돌아다니며 그는 어린이들이 광장의 맨바닥에서 포개어져서 자고 있는 곳을 지나가기도 하고, 광녀들이 가난과 방치에서 벗어나게 해달라고 달을 향해 으르렁거리는 장면을 보기도 한다. 인생의 명암을 속속들이 본 경험들로 인해 와일드의 예술세계가 깊이를 더하게 되었음은 짐작할 수 있다.

와일드는 당시 영국 사회의 뚜렷한 계층의식을 벗어난 자유분방한 사고를 지녔다. 그는 이러한 사고가 동성애자들 사이에서는 보편적인 사고라고 주장하며 동성애의 개념을 일종의 사회개혁적 이념으로 이해한다. 그는 그레이프가(Grape Street)에서 목수일을 하는 피터 버포드(Peter Burford)라는 청년과 사귀면서 낮은 계층의 사람과 교류하는 데 하등의 저항감을 느끼지 않는 이유를 자신이 아일랜드인이기 때문이라고 고백한다. 이는 한 범주에서의 피압박자는 다른 범주에서의 피압박자와 자신을 동일시하며 입장을 이해할 수 있다는 뜻으로 해석할 수 있다. 또한 그는 영국인들이 자신에게 분노한 이유 중의 하나는 자신이 바로 이 런던의 유일하게 진정한 무계급 사회인 동성애 집단의 일원이었기 때문이었다고 지적한다.

와일드는 영국인의 경직된 형식주의의 틀을 벗어나는 사고를 지향했는데, 그런 의미에서 미국 투어의 경험은 그에게 해방적 가능성을 시사하고, 예술가로서의 자존심을 확립하는 데 도움이 되었다. 재정적 문제를 해결하기 위하여 수행해야 했던 홍보 여행을 예술의 승리, 탐미주의의 승리로 이끎으로써 그는 역설적 반전의 힘을 보여준다. 그는 뉴욕의 첫인상을 영구적으로 할인 행사를 하고 있는 스원 엔드 에드가즈(Swan and Edgar's)[1] 같다고 묘사한다. 이러한 상업주의의 본향에서, 그는 탐미주의자인 자신을 풍자한 『인내』라는 오페라타 공연단을 따라다니며, 작중 인물 번손(Burnthorne)의 선전역을 하게 된다. 작중 인물의 선전역으로 동원된 그를 원본과 복제의 관계가 전도된 전형적인 사례로 볼 수 있다. 그러나 그의 야심은 이러한 보잘것없는 위치 속에서 역전의 기회를 잡는 것이었다. 그는 "식인종들 사이에 선교사로서 여행을 해야 한다면, 적어도 내가 그들을 삼키겠다고 주장하려 한다"고 말함으로써, 상업적 공연의 선전물이 되는 대신에 작중에서 풍자되고 있는 탐미주의를 미국인들에게 심어주고자 한다. 실제로 문화의 불모지대에 살던 순진한 미국인들은 그의 미에 관한 강연을 여과없이 받아들여 실천함으로써, 와일드의 강연을 성공으로 이끌었다.

그는 또한 유럽인의 문화적 우월주의의 입장에서만 미국을 바라보지 않고 미국 문화에 숨어 있는 새로운 문화적 가능성을 감지하는 열린 시각을 보인다. 뉴욕은 그에게 원시적인 도시로 보였으나, 그는 서부의 광산촌에서 미래에 로크(John Locke)나 루소(J-J Rousseau)를 대치할 만한 철학적 바탕, 현대의 동력이 될 만한 삶의 태도들을 발견한다. 그것은 유럽

---

1 영국의 백화점 이름.

적 가치의 가식과 위선으로부터의 자유로움이었다. 유럽에서 그가 경멸과 가십의 대상으로서 유명한 자들과의 친분을 통해 알려져 있었다면, 미국인들은 그의 예술을 진지하게 받아들이고 그의 시를 신문에 실었던 것에 그는 감동을 받았다.

미국에서는 번손의 역할을 하는 배우 하우슨(Charles Howson)이 뉴욕의 도박장과 여인들 사이에서 와일드 행세를 하여, 와일드의 운명을 예견하는 웃지 못할 사건도 있었다. 즉 평생 그를 사로잡았던 역할 놀이, 가면, 상상적 자아의 실현 등의 모티프를 실생활에서 목격하게 된 이채로운 경우였다. 또한 미국에서 그는 다른 이들이 자신의 강연을 그대로 받아들이고 모방하는 것을 보고는 자신이 만들어놓은 틀로부터 벗어나고 싶은 충동을 느끼기도 한다. 그러나 전체적으로 그는 영국에서는 가질 수 없었던 태도의 여유로움과 자유로움을 미국에서 얻었다.

아일랜드인으로서 그의 정체성은 켈트적 세계관으로 연장된다. 와일드에게 있어 예언, 꿈, 운명론, 동화 등은 예지적 상상력을 통해 진리에 접하는 길로 인식되며 그의 상상력에서 켈트적 신비주의가 중요한 동력임을 말해 준다. 어렸을 때 예언적 능력이 있다는 늙은 농부 여인이 와일드에게 "장엄하고도 끔찍한 운명을" 가졌다고 예언했고 그의 인생 역정은 그 예언이 진실이었음을 입증한다. 또한 와일드는 어렸을 적 골웨이(Galway)에서 손금 읽는 여자를 방문했을 때 그는 "나의 비밀스런 역사가 이미 쓰여 있으며 내가 하거나 말하는 어떤 것도 그 운명을 조금도 바꿀 수 없음을 이해했다"고 쓰고 있다. 체이로(Cheiro)라는 손금쟁이는 그의 양 손바닥을 보고 왼손은 왕의 손인데, 오른손은 스스로를 망명 보내는 왕의 손이라고 예언하여 와일드의 삶의 극단적 명암을 예언한다(Ackroyd, 70). 파리에서 몰락의 막바지에 이르렀을 때 그는 다시 한 번

손금을 보는데, 손금쟁이는 생명선을 보면, 그의 삶은 2년 전에 끝났다고 말하여 좌중을 웃게 만든다. 그의 몰락한 삶은 결국 죽음이나 마찬가지라는 섬뜩한 지적이 웃음 속에 묻혀버린다.

예술의 예지력 또한 그의 회고를 사로잡는 모티프 중의 하나이다. 그가 스스로의 운명에 대하여 얼마나 무지했는지, 맹목 속에서도 예술적 창조가 자신의 운명에 대한 예지를 얼마나 확실하게 담고 있었는지를 그는 반복해서 언급한다. 무언가를 말하면 그 일이 일어난다고 믿는 와일드는 "나에게 일어난 모든 일—감옥의 겨울에서 내가 풀려난 아름다운 봄날까지도—은 나의 작품 어딘가에서 언급되고 있다"(Ackroyd, 70)고 고백한다. 세련된 연상의 남자와 아름다운 연하의 남자 사이의 관계—와일드와 더글러스의 관계를 상기시키는—라는 소재는 이미 『중요하지 않은 여자A Woman of No Importance』라는 작품에서 다루어지고 있으며, 『이상적인 남편An Ideal Husband』에서 스캔들을 두려워하는 남편에게, 그의 추문을 노출하는 편지가 도착하는 장면은 퀸즈베리가 와일드의 클럽에 편지를 남겨둔 것과 몹시 유사하다(Ackroyd, 123). 와일드는 자신의 예술뿐 아니라 다른 예술가들의 작품도 자신의 운명을 예언한다고 느낀다. 예이츠(William Butler Yeats)는 「추방자의 십자가형The Crucifixion of the Outcast」이라는 이야기에서 십자가에 매달리러 가는 길에 노래를 하고 경이로운 이야기를 한 사람에 대하여 쓴다. 그런데 그를 단죄하는 자들은 그의 노래와 이야기에 자비를 보이지 않고, 그들 안에서 잊혀진 향수를 불러일으키는 그를 점점 격렬하게 증오한다(Ackroyd, 99). 와일드는 이것이 바로 자신의 이야기라고 느낀다.

꿈 또한 와일드에게는 중요한 예지의 수단으로 인식된다. 그는 어느 날 꿈에서 두 마리의 양과 다리가 잘린 한 마리의 어린 사슴을 본다. 다음날 그는 아침 우편으로 자기 아이들의 사진을 받고는 자신과 닮은 그들의 모습을 보고 운다. 슬픔을 달래려 길을 걷던 와일드는 한 다리가 허벅지에서부터 잘린 남자를 보며, 꿈속에서 본 두 마리 양은 자식들을, 어린 사슴은 바로 이 남자를 상징했음을 알게 된다. 손금에 쓰이든 예술작품에 쓰이든, 혹은 꿈이 말해주든 인생이 미리 쓰인 운명에 의해 전개된다는 믿음은 와일드의 상상력을 장악하고 있었다.

그의 켈트적 정체성은 고난 속에 탄생하는 예술, 운명적 예지 등의 특성으로 요약될 수 있다. 한편 그의 동성애적 취향은 처음에는 여성과의 동일시에서 출발한 것으로 보인다. 그는 자신을 어머니와 전적으로 동일시하며, 자신 안에 있는 최상의 것은 어머니로부터 받은 것이며, 자신 안에 있는 신비적 정수를 태어나게 한 것도 어머니이고, 그 정수로부터 자신의 사유와 예술이 태어났다고 고백한다. 그는 어머니의 몸짓과 행동양식을 모방했으며, 자신의 말 속에서 어머니의 이미지를 볼 수 있었다고 한다. 어머니에 대한 와일드의 특별한 애착은 현대문학의 탄생을 구획짓는 또 한 사람의 동성애자 푸르스트(Marcel Proust)의 『잃어버린 시간을 찾아서À la Recherche du Temps Perdu』에 나오는 주인공 마르셀의 어머니에 대한 초조한 집착을 상기시킨다. 와일드는 어려서부터 세상이 자신을 이해하지 못한다고 느낄 때 어머니의 품에 안겨 잠들며 위안을 받곤 했다. 와일드가 동성애 추문으로 재판을 받던 중에 어머니는 와일드가 윌리엄 경의 자식이 아니고, 자신이 사랑했던 한 불운한 아일랜드 시인의 자식이라고 밝힌다. 와일드는 자신에게서 왜 아버지의 모습은 전혀 찾을 수 없고 어머니의 모습만이 지배적이었는가를 깨닫게 된다. 격정적인 성격의 시인이었던 어머니는 기분이 좋을 때는 자기의 모자와 귀걸이 등으로 와일드를 치장하며 즐거워했다. 그러나 우울한 기분에 빠지면 그녀는 아일랜드 젊은이들의 희생을 안타까워하며 자신이 쓴 애국적인 시행들을 읊조리기도 했다. 와일드의 성향 중 여성복에 대한 관심과 착용의 취미는 어머니의 영향으로 형성된 것이 분명하다. 와일드의 어머니는 영국과의 투쟁으로 인한 아일랜드 남성의 희생적 운명을 피해갈 수 있는 놀이로서 와일드에게 여자 옷 입히기를 무의식적으로 수행했던 것인지도 모른다.

와일드가 자신을 여성적 특질과 동일시하는 것은 특히 영국적 남성성과 대면했을 때이다. 옥스퍼드를 졸업하고 런던의 사교계로 자리를 옮긴 그는 영국 남성의 근엄함에 저항한다. 영국 남성들의 근엄성이란 결국 할 말이 없을 때는 경멸의 태도를 보이며, 아무것도 생각할 것이 없을 때는 뭔가에 골몰하고 있는 척하는 데서 나오는 것이라고 와일드는 조롱한다. 반면에 그가 아는 여성들은 당대의 예술가로서 그들의 경이로운 인품으로 사교계를 정복한다. 와일드는 여성들이 남성들보다 훨씬 영민할 뿐 아니라, 예술가들처럼 합리적이지 않아 막무가내일 때도 있다는 것을 안다. 그는 자신의 육욕을 거부한 남자의 죽음을 도모한 살로메가 이상적 여인이자 예술임을 주장한다. 동시에 여성들이 자신을 공포에 질리게 하기 때문에 그들을 이해하며, 자신이 창조한 여성 인물들을 남성 인물들보다 선호한다고 주장한다. 와일드는 사교계 여성들의 속내를 들어주는 벗이 되어 그들과 양장점을 돌아다니며, 여성 패션에 대하여 전문적인 안목을 형성하고 이것이 훗날 그가 『여성세계』의 편집자로서 성공할 수 있는 바탕이 된다. 그가 몰락하여 갈 곳이 없게 되었을 때, 그를 자신의 집에 머물게 해준 유일한 친구도 그가 스핑크스(Sphynx)라고 부르는 여성이었다.

훗날에도 그는 남창들이 분장한 살로메 공연에 매료되는가 하면, 스스로 상복을 입고 빅토리아 여왕의 앨버트경에 대한 그리움과 겸허함을 연기하기도 했다. 사회가 규정하는 남성성과 여성성의 교차지점은 그에게 끝없는 흥미의 대상이었다. 아내 콘스탄스의 몸매가 소년 같다는 어머니의 지적도 이러한 그의 취향을 암시한다.

예민함, 감수성 등의 여성적 특질은 또한 탐미주의와도 연결된다. 옥스퍼드에서 그에게 많은 영향을 준 탐미주의자 페이터를 처음 만났을 때, 와일드는 페이터의 기질은 근본적으로 여성적인데, 보어족 농부의 모습을 한 잘못된 육체 안에 갇혀 있다고 느낀다. 페이터에 대한 와일드의 평가는 그가 너무 은둔적이고 무구하여서 인생은 보는 것이 아니라 고통으로 느껴질 수 있는 것임을 이해하지 못했다는 것이다. 그러나 자신에게 존재하는 예술가적 기질을 발견하고 시가 아닌 산문으로 나가라고 인도해준 페이터의 예지에 대해서 와일드는 감사의 마음을 잊지 않는다.

자신의 동성애적 기질을 본격적으로 발견하면서 그는 동성애를 단순한 범법행위가 아닌 진정하게 동등한 인간관계의 이상으로 승격시키고, 감성적, 지성적, 심미적 측면에서 설명한다. 그는 동성애를 그리스적 사랑 혹은 소크라테스적 사랑이라 불러 플라톤적 대화가 오가며 사랑의 영향력 아래 지식과 인격, 도덕의 완성을 연마했던 남성들의 향연을 환기시킨다.

그가 동성의 육체도 이성의 육체만큼 아름답고 쾌락의 원천일 수 있음을 알게 된 것은 아들 시릴이 태어난 해인 1885년이었다. 처음 그는 동성애에 대해 수동적이었다. 관계는 주로 아름답고 지성적인 젊은이들이 그에게 접근함으로써 이루어졌다. 이들과의 육체적 열정은 오래가지 않았으나, 자신 안에서 "이전에는 질식되어 있던 상상력", 곧 "최상의 성질을 발현"시켜 사랑의 빛 속에서 상상력이 "융성하고 강해졌다"고 그는 기록한다. 이 당시에 그는 자신의 새로운 열정을 통제하고 그들의 교우만을 즐겼다고 주장한다. 그는 자신의 죄가 세상 사람들에게 알려졌을 때도 "그리스적 사랑의 근본적인 미덕을 확신했다"고 한다. 그에게 남성들과의 동성애는 이성애보다 우월한 형태의 사랑이다. "남성들은 완벽한 동등함 속에서 살며, 서로에게서 자신의 영혼의 이미지를 찾을 수 있다. 남자와 여자는 절대 평화롭게 살 수 없다—그들은 서로를 파괴하거나, 더 나쁜 것은 서로를 싫증나게"(Ackroyd, 113) 하기 때문이다.

와일드는 지성을 정제시킨 것이 감각이라고 믿었기 때문에 자신의 충동을 억제하지 않았다고 변명하며, 억제했더라면 그것이 독으로 변했으리라고 믿는다. 그는 뒷골목의 남창가에서 육체적 욕구를 해소하고 나면 경이로운 시행들이 저절로 생각나서 노트에 적고 창작에 활용했다고 하며 성적 쾌락과 예술적 상상력 사이의 인과관계를 시사한다. 서양의 문예와 사상사에서 동성애의 중요성을 역설하며, 미켈란젤로와 셰익스피어의 소네트에 영감을 준 것도, 플라톤과 말로우의 글을 인도한 것도 모두 남성에 대한 사랑이었다고 주장한다.

남창들과의 교제에서도 그는 평등주의의 미덕을 본다. 그는 남창 소년들과 거리를 배회하고 공공장소에 나타나는 것을 꺼리지 않았다. 자신이 어울리는 사람들을 부끄럽게 여기는 것은 그의 평등주의적 원칙에 어울리지 않았던 것이다. 그는 소년들과 함께 크리스탈 팰리스(Crystal Palace)[2]를 방문하는가 하면 극장의 공연을 관람하고, 그들 앞에서 알프레드와 함께 자신의 희곡에 나오는 인물들의 역할을 연기하기도 했다.

2 철골과 판유리로 된 건물. 1851년 대박람회를 위해 런던의 하이드파크에 세워졌다.

예수님이 믿는 자들 앞에서 기적을 더 잘 행하실 수 있었던 것처럼 소년들이 자신을 흠모했으므로 자신은 명연기를 펼칠 수 있었다는 것이다. 그들을 돈을 주고 산 남창 이상의 동료로서 대우했음을 함축하고 있는 주장이다.

그는 시종일관 본격적 남색 행위를 하지 않았으며, 단지 더글러스가 남창들과 육욕에 탐닉하는 장면을 지켜봤을 뿐이라고 말한다. 젊은이들 특유의 열정으로 쾌락에 탐닉하는 모습을 그는 즐겼던 것 같다. 감옥에서 친해진 간수 토미(Tommy)가 돈 주고 산 남창들과 무엇을 했느냐고 묻자, 와일드는 그저 그들의 온몸에 키스를 했을 뿐이라고 대답한다. 또한 그 모든 감각을 지적으로 즐기며 쾌락에 몸을 맡기기보다는 그러한 자신을 항상 지켜보고 있었다고 주장한다.

그러나 일기에는 동성애 행각에 대한 합리화만 존재하는 것은 아니다. 모든 일에는 대가가 있기 마련이어서 창작의 원천은 곧 고갈의 매개자로 변질된다. 본격적으로 더글러스와 사랑에 빠지게 되자, 처음에는 문학적 영감의 원천으로 작용했던 감각적 자극들은 와일드의 창조적 에너지를 고갈시킨다. 시인의 역할을 연인의 역할로 대치하는 데서 만족감을 느꼈기 때문이다. 또한 동성애는 진정한 동등성에 기초하고 있음에도 불구하고 뒷골목의 젊은이들을 찾은 것은 자신의 광기요 잘못이라고 후에 고백함으로써 사회의 규율 앞에 약해진 모습을 보이기도 한다.

동성애가 영감의 원천이자 고갈의 원인이었듯이 불행과 시련 또한 그의 예술적 생산성을 자극하는 동시에 고갈시켰다. 퀸즈베리에게 괴롭힘을 당하며, 전전긍긍하고 있을 때 그는 『진지함의 중요성』의 기지가 번뜩이는 장면들을 집필했다. 그는 "파멸의 위협이 나를 상처 입혀 생기를 띠게 만들었다" "공포와 고통으로부터 즐거운 말들이 나올 수 있다"라는 문구로 이때의 심정을 토로한다. 책도 담배도 없는 교도소에서 그가 대면한 진실은 인생을 움직이는 동력이 지옥의 것이라는 사실이었다. 이러한 통찰을 얻은 것을 그는 행운이라고 말한다. 그러나 후에 교도소에서의 생활이 자신의 생명력을 완전히 고갈시켰음을 깨닫게 된 시점에서 그는 불행이 예술을 향상시킬 수 있다는 믿음은 헛된 망상이었다고 고백한다. 그럼에도 불구하고 그는 사회적, 경제적 성공이 계속되었더라면 자신이 더 철저하게 파멸했으리라고 믿는다. 성공으로 인하여 자신 속의 예술가는 죽어가고 있었으며, 교도소에서 다시 태어났다는 것이다.

동성애나 불행, 몰락처럼 와일드에게 도시의 경험은 파괴적인 동시에 생산적이었다. 그는 젊은 시절 파리에서의 예술적, 지적 영감의 삶과 방탕의 삶의 경험을 종합하여 파리는 바빌론(Babylon)이자 파르나소스(Parnassus)[3]였다고 결론짓는다. 파리에서 그는 세기말 시인들의 광기와 분노와 절망을 경험했고, 그들의 시가 탐색하는 쾌락과 어둠의 세계에 깊은 인상을 받았다. 보들레르의 시가 담고 있는 절망의 느낌이 현대적 감성을 대변한다고 느끼며 그는 파리의 어둠과 쾌락을 탐색한다. 결국 분방한 파리의 밤 문화에 깊은 매혹을 느끼는 만큼 위협도 느낀 젊은 와일드는 도망치듯이 파리를 떠난다. 그의 심리 속에 반복되는 진자 운동을 감지할 수 있다.

『오스카 와일드의 마지막 증언』은 와일드의 변명이자 고백록이다. 그는 예술가로서, 인간으로서 다소간의 뉘우침을 보인다. 그는 자신의 개성이 자신의 작품을 파괴했다고 본다. 파리에서 지내는 동안 사치스런 취향과 명성을 좇느라 그는 진지한 예술가들과 교류하는 대신에 마차와

---

3 진리와 빛의 신이자 시와 음악의 신이었던 아폴로와 시적 영감을 불러일으키는 뮤즈들이 살았다는 그리스 신화 속의 산.

레스토랑에서 살았던 것을 후회한다. 그는 예술가들이 아닌 사교계 여성들의 살롱에 출입했고, 배우 사라 베른하르트(Sarah Bernhardt)와 친교를 나누었다.

와일드는 퀸즈베리의 모욕을 참지 못하고 재판을 걸어 파멸의 길을 자초한 것 또한 후회하고 반성한다. 그러나 사회를 향하여 범한 과오를 뉘우친다기보다는 자기 자신의 원칙에 충실하지 못했던 것을 용서할 수 없었던 것이다.

> 그러나 나의 소송은 용서할 수 없는 것이었다—내 생애에서 정말로 어리석은 행동이었다. 인생을 장악하는 대신에, 나는 인생으로 하여금 나를 장악하게 만들었다. 뛰어난 극작가인 나 자신이 되는 대신에 나는 일개 배우가 되어 다른 사람들이 써준 글줄과 공포와 비겁함이 내게 중얼거리는 말들을 읊조릴 뿐이었다. 나는 스스로의 운명을 만들어가는 대신에 사회의 손에 맡겨 두었다. 내가 경멸한다고 공언한 바로 그 권위에 호소를 했던 것이다 (Ackroyd, 135).

그는 또한 아내와 어머니, 아이들에게 끼친 고통으로 괴로워한다. 아내는 그에게 구원의 희망이었다. 그는 욕망에 사로잡혀 스스로를 통제할 수 없을까봐 콘스탄스와 결혼했다. 파리에서 보았던 수많은 사람들처럼 파멸하기를 원치 않았기 때문에 결혼했으며, 아내가 보인 순진무구하고도 이타적인 사랑을 거부할 수 없었다고 와일드는 고백한다. 도덕적 타락, 감각에의 탐닉이 주는 예술적 자극과 인생에 대한 통찰력을 인정하면서도 결국 끝까지 추락하는 길만은 피하고 싶었던 것이다. 이기적인 선택이었음이 분명한 결혼은 그를 구하는 대신에 콘스탄스까지 파멸시켰다. 와일드는 콘스탄스가 가진 시적 본성과 유연한 감수성을 자기 방식으로 형성한 후에 깨뜨려버렸음을 후회한다. 와일드는 두 사람이 가까웠던 시절 함께 전시회에 가기도 하고, 옷감을 골라 그녀의 옷을 디자인해주기도 했다. 그녀의 어린아이 같은 무구함을 사랑하던 와일드는 아이의 출산과 함께 성숙해가는 아내를 사랑할 수 없게 되었다. 콘스탄스는 와일드의 어머니의 죽음을 알리기 위해 감옥으로 찾아오는데, 그는 어머니의 죽음에 대한 고통을 콘스탄스와 나눌 수 있다는 사실에서 구원의 희망을 느낀다. 이 방문은 출옥 후에 와일드가 더글러스와 함께 나폴리로 여행을 갔으나, 어머니의 편지를 받은 더글러스가 상속권을 박탈당할까 봐 도중에 영국으로 돌아가버린 사건과 대조를 이룬다. 출옥 후 와일드는 콘스탄스의 무덤을 찾아가서 운다. 그는 "마치 독을 한 숟가락씩 떠먹이듯이 내가 그녀를 죽인 것이 확실하다"고 말한다.

그는 불명예 때문에 자식들이 살아 있음을 알면서도 다시는 볼 수 없는 기막힌 비애를 고백한다. "나는 그들을 위하여 영원히 울었다는 니오베[4]보다도 오래 울고, 데메테르[5]보다도 더 쓰라리게 애도할 수 있을 것 같다. 그들의 자식들은 신들이 앗아갔다. 그러나 나는 나 자신의 행위로서 그들을 내게서 밀어냈다"(Ackroyd, 78). 그렇다고 해서 그가 콘스탄스와의 결혼에 안주할 수 있었다고 가정할 수는 없다. 그는 오히려 가정으로부터 멀어질 수밖에 없었던 필연적 과정을 다시 한 번 확인한다.

---

4 훌륭한 열두 명의 자녀—여섯 명의 아들과 여섯 명의 딸—을 가졌던 테베의 왕비 니오베는 아폴로와 아르테미스를 낳은 레토 여신이 자신의 도시에서 추앙받는 것을 보고 시민들에게 자신을 추앙하도록 하라고 명령을 내려 아폴로의 분노를 샀다. 아폴로는 불화살로 니오베의 자식들을 몰살했고, 니오베는 그 슬픔으로 돌이 되어 영원히 눈물을 흘렸다고 한다.

5 페르세포네의 아름다움에 반한 지옥의 신 하데스가 딸을 납치하여 지하세계로 데려가자 이를 슬퍼한 대지의 여신 데메테르 때문에 대지는 불모가 되고 제우스의 중재로 겨우 생명력을 회복했다는 신화가 있다.

> 어디에선가 결혼이란 강제적인 장소라고 쓴 적이 있다. 콘스탄스는 진정으로 나를 이해한 적이 없다. 실은 이것은 내가 결혼한 이유이기도 하다. 그러나 권태와 좌절은 사람을 절박하게 만들고, 절박함은 기이한 죄의 과실을 맺게 한다. 나는 타이트가[6]의 집을 비우는 시간이 점점 많아졌으며, 속임수가 필요하게 되었다(Ackroyd, 78).

아름다움의 추구를 절대적인 목표로 삼았던 삶의 여정에 대한 회고는 변명과 회한 사이를 미세하게 오간다. 미국에서 시인 휘트먼(Walt Whitman)과 만났을 때, 휘트먼은 "이상을 찾아다니면 이상은 당신을 늪으로 인도할 것이오, 이상이 당신을 찾아오게 하면 이상은 당신의 진정한 동반자가 될 거요"라고 조언한다. 그는 아름다움에 대한 추구가 결국 끔찍한 결과를 초래했음을 인정한다. "유명하던 시절, 나는 그것을 잡고자 하는 열성으로 온갖 형태로 추적했다. 나는 그것의 본질을 오인했다. 그래서 아름다움은 내게서 고개를 돌리고 나를 어둠 속에, 내가 디도[7]와 세미라미스[8]를 만날 수 있는 지옥의 두 번째 구획 안에 남겨두었다."

마지막으로 그는 어머니에 대한 미안함을 토로한다. 위에서 지적한대로 어머니는 와일드에게 인격과 창조력의 원천이었다. 어머니는 그에게 꿈을 주었는데, 자신이 그것을 부숴버렸다고 그는 고백한다. 와일드에게서 자신의 최선의 모습을 보았던 어머니의 기대를 배반한 것을 그는 가슴 아파한다(Ackroyd, 143).

---

6 와일드와 콘스탄스가 신혼살림을 차린 곳.

7 카르타고를 창건한 여왕. 로마 창건의 시조가 되었던 트로이의 왕자 아에네아스를 사랑했으나, 아에네아스는 위대한 왕조의 창시라는 임무 완수를 위해 그녀를 떠난다.

8 아름다움과 총명으로 유명한 아시리아의 전설상의 여왕. 니누스의 왕비로서, 바빌론의 창건자로 전해지고 있다.

이 소설은 일기라는 고백적 형식을 빌려 소수성애자인 와일드의 입장을 설득력 있게 전달하고 있다. 저자 애크로이드는 빅토리아조의 윤리관이 허용할 수 없었던 탐미주의자이자 동성애자인 오스카 와일드를 영국의 지배에 희생된 아일랜드인, 진정한 사랑을 추구하다가 권위에 단죄된 자, 사회의 희생양이 된 예수 혹은 성인, 진정한 미를 추구하고 우정과 평등주의를 동성애를 통하여 실천하려 했던 자, 여성적 감수성의 우월함을 이해했던 자 등으로 그려냄으로써 현대 독자들의 공감을 끌어낸다.

예술가로서, 지성인으로서, 감성과 상상력의 옹호자로서 자신의 입장을 변명하는 와일드의 목소리는 남편으로서, 아들로서, 자식으로서 가족들에게 끼친 불행을 참회하는 인간 와일드의 목소리와 얽히면서 독자가 저항과 의혹을 느끼는 부분까지 해소해나간다. 와일드의 일기는 모순되는 주장들을 계속하여 병치시키는 방식으로 포스트모던적 비결정성을 드러낸다. 소설과 전기, 평전과 평론, 지성사와 문예사, 일기 등의 형식을 혼합하고 있는 이 작품은 지어낸 이야기로서의 소설이 가지는 한계를 극복하는 하나의 시도로, 역사와 소통하는 실험으로 의미를 가지는 작품이다. 공식 역사가 담을 수 없는 개인사의 주관적 재생을 통해 지성사와 문화사, 사회사의 한 장을 되살려 내면서 소설은 포스트모던 역사소설이 우리의 역사 이해에 기여할 수 있는 부분을 보여준다.

또한 와일드가 믿는 미신, 꿈과 예술의 예지력, 신화, 우화의 세계를 작품에서 타당한 세계 인식의 방법으로 인정함으로써 작가는 사실주의적 서술을 초월하는 역사의 숭엄적 요소를 긍정한다. 앵글로색슨족에게 정복당한 패자의 문화인 켈트 문화의 전통이기도 한 신비적 요소는 승자의 문화에 도전하는 수단이기도 하다. 또한 절망의 밑바닥에서 사회를 뒤집어볼 수 있는 기회를 가졌던 와일드의 시각은 죽음이나 비극적 운명과 같이 일상적 인식으로는 이해할 수 없는 또다른 숭엄의 세계—쉴러적 의미의 숭엄의 세계—와의 대면을 보여주기도 한다.

4장
역사적 증거의 탐문
줄리언 반스, 『플로베르의 앵무새』[1]

『오스카 와일드의 마지막 증언』과 마찬가지로 전기소설인 바이오픽션으로 분류될 수 있는 줄리언 반스의 『플로베르의 앵무새Flaubert's Parrot』는 전통적인 역사 기술법으로서의 전기 형식에 도전하며 개인사를 통해 역사를 바라본다. 예를 들어 플로베르의 연보를 기록하되, 긍정적 사건 위주로 기록한 연보와 부정적 사건 위주로 기록한 연보를 병치하여 역사 기록자의 주관적 역할을 설득력 있게 보여준다. 그 외에도 플로베르의 작품세계에 등장하는 동물 이미지만을 추려 만든 '동물우화집', 플로베르와 당시 처음 도입된 열차와의 관계를 조명한 장, 플로베르에게 대한 불평을 쓴 연인의 일기(연인은 실존 인물이나 일기는 실존하지 않는다), 플로베르 특유의 어휘집, 플로베르에 대한 통합교과적 시험 문제

1 본 장은 2007년 발간된 『현대영미소설』 제14권 3호에 게재된 필자의 논문 「포스트모던 바이오픽션의 역사성 읽기: 줄리언 반스의 『플로베르의 앵무새』」를 수정 · 보완했다.

등으로 구성된 이 새로운 전기는 역사 기술법의 문제성에 대한 지루한 논의 대신 한 사람의 인생에 뛰어들어 그를 통찰할 수 있는 대안적 방법들을 역동적이고도 해학적으로 제시한다. 이를 통해 전달되는 플로베르의 모습은 입체파의 그림과 같이 해체적이면서도 생동감 있다. 이러한 다시쓰기의 방법을 통하여 작가는 역사를 쓰는 대안적 방법들을 긍정적으로 보여주고 있다.

1984년에 출간된 『플로베르의 앵무새』로 반스는 첫 성공을 거둔다. 평자들은 소설에 삽입된 문학 평론, 연대기, 사전, 시험 문제 등의 단편들 때문에 이것이 정말로 소설이라 불릴 수 있는가에 대하여 의문을 제기했다. 그가 소설에서 주된 관심을 보이는 것은 사랑, 그중에도 결혼한 부부의 사랑으로, 포스트모던한 형식이 함축하는 것보다 훨씬 보수적인 인간관을 드러낸다. 그의 소설에는 아내에게 배신당했거나, 아내의 애정에 대하여 불안해하는 남성들이 종종 등장하는데, 그들은 중세문학에서 놀림거리가 되는 전형적인 오쟁이 진 남편과는 다른 모습을 보인다. 인간의 감정과 본성은 문학에서 희화화하는 것보다 훨씬 깊고 복잡하게 표현된다. 사랑 이외에 반스가 관심을 가지는 소재는 프랑스와 영국의 만남, 그리고 진지한 아이디어들이다. 특히 그는 인간이 진리를 알 수 있는가의 문제, 작가의 생애와 작품의 관계, 역사의 진실성 문제에 관심을 가진다. 『플로베르의 앵무새』는 아내에게 배신당한 남편의 이야기인 동시에 프랑스와 영국의 만남에 관한 이야기이며, 진리를 알 수 있는가의 문제, 작가의 생애와 작품의 관계, 역사의 진실성 등 반스가 즐겨 다루는 소재들이 총망라된 소설이다.

반스가 플로베르에 관한 전기소설을 어떻게 접근하는가에 대하여 균형 있는 조망을 가지기 위하여 전기 작가들이 전기를 다루어온 방식에 대해서 생각해볼 필요가 있다. 전기의 저술은 근본적으로 인간은 무엇인가라는 질문에 대한 간접적인 대답이라고 할 수 있다. 전기는 인간의 존재의 핵심이 사적이고 심리적인 영역에 있는가, 혹은 외면적인 경제·사회·역사적 측면들에 있는가에 대한 대답을 함축한다. 또한 전기의 집필은 우리가 인간에 대하여 무엇을 알 수 있으며, 어디까지 알 수 있는가? 밝혀낸 진실은 어디까지가 진실이고 어디부터가 허구인가? 프라이버시는 어디까지 은닉하고, 어디까지 노출시켜도 되는가? 등의 문제에 대한 복잡한 결정을 수반한다. 이 문제들을 몇 개의 주제로 나누어 좀 더 구체적으로 살펴보면서 반스의 소설이 이러한 전통 속에서 어떤 입장을 취하고 있는가를 고찰하는 것은 작품 분석에 유용한 실마리를 제공한다.

전기의 성취에 대해서도 두 가지 상반되는 견해가 존재해왔다. 첫째는 한 인간에게는 핵심적인 성품이 존재하며, 전기는 한 인간의 정수를 제대로 전달할 수 있다는 믿음이며, 둘째는 실존했던 사람의 삶을 전기가 얼마나 전달할 수 있는가에 대한 회의적 성찰로, 전기는 근본적으로 이중성과 회피로 점철된 한계가 있는 역사적 자료들의 재편성이라는 관점이다(Kaplan, 2). 두 번째 생각을 극단적으로 발전시킨 것이 역사적 사실성의 존재 여부에 대한 회의에 뿌리를 둔 포스트모던 바이오픽션의 입장이다.

1. 역사적 사실성의 문제

역사적 사실성의 존재 여부에 대한 성찰은 『플로베르의 앵무새』의 가장 핵심적인 주제라고 할 수 있다. 소설의 주인공이자 부분적 서술자인 브레이스웨이트(Geoffrey Braithwaite)는 본직이 의사로, 플로베르의 전기 집필에 관심을 가지고 있다. 플로베르의 연고지를 둘러보던 중 그는 플로베르가 태어나서 어린 시절을 보냈던 루앙(Rouen)의 생가에서 플로베르가 「순진한 마음Un Cœr Simple」의 집필에 사용했다는 박제된 앵무새를 접하고는 마치 예전부터 이 작가를 알고 지낸 듯한 반가움을 느낀다. 사실 플로베르의 유물이나 유적들은 제대로 남아 있는 것이 별로 없었다. 플로베르가 태어난 집은 보존되어 있었으나, 성년이 되어 살던 집은 별채만 남기고 없어지고 그 자리에는 종이 공장이 들어서 있었다. 루앙에 있는 플로베르의 금속 조상도 원본이 아니었다. 원래 서 있던 조상은 1941년에 독일인들이 전쟁용품을 만들기 위해 수거해갔고, 후에 원래의 조상을 만들었던 석고형으로 다시 주조한 것이다. 트루빌(Trouville)과 바랑텡(Barentin)은 이 조상의 복원에 기여한 대가로 복제된 석조상을 받았는데 금속상만큼 원형을 유지하지 못하고 여기저기가 파손되어 있는 상태이다. 그의 머리카락이라고 남아 있는 것도 진짜인지 알 수가 없다. 플로베르의 머리카락이라고 주장되는 머리카락을 다 모으면 소파 한 개의 속을 채울 만큼 많다. 확실하게 남아 있는 것은 종이와 사상과 문구와 은유와 구조화된 산문이다. 소설의 화자 브레이스웨이트는 과거란 자신의 의과대학 시절 학기말 댄스파티에 한 친구가 장난으로 풀어놓은 기름 바른 돼지와 같다고 주장한다. 아무리 잡으려고 애를 써도 손 사이를 미끄러져 나가는 것이 과거라는 것이다.

그러나 이러한 원본들의 부재와 불확실성 속에서 그래도 뭔가 작가와 직접 교감을 나누었던 대상을 발견하고 좋아한 것도 잠시, 크루아세(Croisset)에 있는 플로베르 박물관에서 그는 「순진한 마음」의 집필에 사용되었다는 또 한 마리의 앵무새를 만나게 된다. 의문을 풀기 위하여 이것을 끝까지 추적해본 브레이스웨이트는 더욱 놀라운—즉 작품에 사용되었다고 주장할 수 있는 앵무새가 50마리나 있다는—사실을 알게 된다. 크루아세의 박물관은 1905년 개장했다. 박물관 직원은 루앙의 자연사박물관에 가서 「순진한 마음」에 나오는 앵무새의 모델과 가까운 앵무새를 달라고 요구했고, 거기에 있는 50마리의 앵무새 가운데 책의 묘사와 가장 비슷한 앵무새를 골라 크루아세 박물관에 전시했다. 40년 후 루앙의 플로베르 생가인 오텔디외(Hotel-Dieu) 박물관의 소장품 수집이 시작된다. 이 박물관 직원 역시 루앙의 자연사박물관에 가서 플로베르가 빌렸던 앵무새를 달라고 했으며, 크루아세의 직원과 똑같은 방법으로 앵무새를 골라 온다. 앵무새의 색깔 묘사(몸은 초록색, 날개 끝이 분홍이며 이마는 파란색, 목은 황금색)로 봐서는 오텔디외의 것이 원본과 더 비슷한 듯했다. 브레이스웨이트는 '플로베르의친구협회' 사무장인 앙드리외(Andrieu)를 찾아가 어째서 40년 후에 가져간 앵무새가 원래 것과 색깔이 더 비슷하냐는 의문을 제기하고, 예술가는 얼마든지 모델과 다르게 묘사할 수 있는 자유가 있다는 답변을 듣는다. 허구의 원본을 찾는 작업의 허망함이 느껴지는 순간이다.

현재 루앙 박물관에 보관된 앵무새들을 직접 보러 간 브레이스웨이트는 50마리 중 대부분은 박제한 새를 관상용으로 집에 두는 것이 유행하던 시기에 팔려 버리고 세 마리만 방충제 가루를 뒤집어쓴 채 남아 있는 것을 발견한다. 그러니까 사실 원본으로 사용되었던 앵무새는 팔려나갔을 가능성도 있는 것이다. 이런 설정을 통해 반스는 역사 혹은 전기가 기록하는 사실의 확인 불가능성 내지 모호성을 노출시킨다.

플로베르의 텍스트에서도 앵무새의 정체는 하나로 고정되지 않는다.

「순진한 마음」의 주인공인 하녀, 평생 독신으로 지내다 생애를 마친 펠리시테(Félicité)가 사랑했던 앵무새는 외로운 그녀에게 점점 숭배의 대상이 되고, 그녀가 외로이 기도할 때 그 새는 성령의 모습으로 다가온다. 한편 인간의 언어를 모방하는 앵무새는 플로베르에게는 언어를 상징했을 수도 있다. 플로베르의 소설 『살람보Salammbô』에서 카르타고의 통역관들은 직업의 상징으로 앵무새 문신을 가슴에 새기고 있다. 플로베르는 언어의 달인이었으나, 언어의 둔탁함과 부적합성에 대해서도 인식하고 있었다. 그는 『보바리 부인』에서 "언어는 금 간 냄비나 마찬가지여서, 우리는 이것을 두드려서는 곰을 춤추게 할 멜로디밖에 만들어낼 수 없다. 정말 바라는 것은 별을 감동시키는 것이지만"(Barnes, 19)이라고 쓰고 있다. 들은 말을 반복할 수 있는 능력밖에 없는 앵무새는 소설가 자신의 실패와 부적절성의 상징일 수도 있다. 앵무새는 또한 플로베르가 여류작가 콜레를 만나서 사랑을 나누던 망트(Mantes)의 호텔에서 기차역에 가는 길에 있는 레스토랑의 이름이기도 하며, 플로베르가 콜레에게 보낸 편지에 의하면 허영의 상징이기도 하다. 앵무새는 역사적 사실의 확인 불가능성 이외에도 언어가 언어외적 현실을 재현하는 데 수반되는 문제들과 재현 자체의 다의성을 상징한다.

앵무새와 플로베르를 둘러싼 현실과 허구, 현실과 재현, 원본과 모방, 원본과 사본의 문제는 복잡하게 얽혀 있다. 앵무새는 인간의 말을 흉내내므로 인간 언어의 복사본이라고 할 수 있다. 이러한 앵무새의 박제본은 살아 있는 앵무새의 사본—본체를 사용했다는 특수성이 있기는 하지만—이다. 그러니까 박제된 앵무새는 사본의 사본, 혹은 허구의 허구이다. 플로베르는 이 사본의 사본을 「순진한 마음」의 앵무새를 그리기 위한 원본으로 사용한 것이다. 그리고 브레이스웨이트는 이 사본의 사본의 원본을 찾는 과정에서 여러 이본 가운데 원본을 가리는 것이 불가능하다는 사실을 알게 된다. 이것은 단지 역사적 사실의 모호성만이 아니라 소설적 허구를 만드는 과정에서 그 원본이란 무엇인가라는 문제까지 파고들어간다. 플로베르가 어떤 앵무새를 원본으로 「순진한 마음」의 앵무새를 그렸는가 하는 문제는 사실 추적의 가치가 별로 없는 사소한 문제일 수도 있다. 단지 그 사본적 성격이 가지는 함의 때문에 앵무새는 허구와 사실의 복잡한 관계를 드러내 보여주는 유용한 장치로 기능한다.

소설 속 화자인 의사 브레이스웨이트와 그의 아내의 삶은 플로베르의 소설 속 의사 보바리와 그의 아내 보바리 부인의 삶을 모방하고 있으며, 브레이스웨이트는 이 모방(현실의 모방으로서의 소설)의 모방(소설 속의 인물을 닮음)에 함축된 의미를 파악하기 위하여 이것을 창조한 플로베르의 삶(현실 혹은 원본)을 역으로 추적하여 전기를 쓴다(모방). 이러한 설정 속에도 현실, 허구, 모방의 문제가 복잡하게 얽혀 있다.

소설의 화자는 역사적 사실의 확인 가능성이라는 단순한 문제뿐 아니라, 역사적 기록이 현실을 재현할 수 있는 가능성에 대한 역사 기술학적 논의도 충분히 제공한다. 브레이스웨이트는 역사적 기록의 성격을 그물에 비유한다. 걸리는 것이 있는가 하면, 그물코보다 작은 것은 놓치게 된다. 그러므로 그물은 "물고기를 잡기 위하여 고안된 망상의 도구"라고 정의할 수도 있고, "줄로 구멍들의 모임을 묶은 것"이라고도 정의할 수 있다. 완벽한 역사적 기록이란 있을 수 없으며, 역사의 흐름 중에 역사가에게 포착되는 일부분이 기술될 뿐이라는 것이다.

화자는 역사가 빠뜨렸을 가능성이 있는 사건, 즉 그물코 사이로 빠져나갔을 가능성이 있는 사건으로 플로베르와 영국인 가정교사 줄리엣 허버트(Juliet Herbert)와의 관계를 든다. 줄리엣은 1850년대 중반에 플로베르의 조카 카롤린(Caroline)의 가정교사였으며, 크루아세에 있는 플로베르 가족의 집에 몇 년 있다가 런던으로 돌아갔다. 그들은 편지를 교환했으며 서로 자주 방문했으나, 그 이상은 알려진 것이 없었다. 브레이스웨이트가 우연히 알게 된 에드 윈터튼(Ed Winterton)이라는 미국 학자는 두 사람이 연인이었음을 증명하는 편지 뭉치를 발견했다고 하여 그를 흥분케 한다. 후에 윈터튼은 사생활 보호에 대한 플로베르의 희망을 존중하여 편지들을 소각해버렸다고 하여 브레이스웨이트를 크게 낙담시킨다. 플로베르와 허버트의 편지가 발견되었다는 설정은 역사적 기록에는 없는 사건이다. 반스는 윈터튼이라는 불안정한 성격의 학자를 등장시켜 가능적 과거에 대한 가설을 사건화하는 데 성공한다.

'연보'라는 제목의 두 번째 장은 역사 기록이 사실을 부분적으로밖에 재현할 수 없음을 좀 더 부각시켜 보여준다. 이 장에서 그는 역사적, 전기적 서사의 선별성과 구축된 성격을 보여주기 위하여 플로베르에 대한 각각 다른 세 가지 연보를 제시한다. 첫 번째 연보는 출생, 교육, 그리고 그의 업적 등의 긍정적 요소만을 담고 있으며, 두 번째 연보는 플로베르 주변의 죽음, 실패, 질병 같은 부정적 요소만을 기록하고 있다. 예를 들어서 그의 죽음에 대한 기록을 보자. 첫 번째 연보는 "명예로 충만하고 광범위하게 사랑을 받으며, 끝까지 열심히 일하던 귀스타브 플로베르는 크루아세에서 죽었다"고 기록하고 있으나, 두 번째 연보는 "빈곤하고 외롭고 지쳐서 귀스타브 플로베르는 죽었다"라고 기록하고 있다. 세 번째 연보는 플로베르가 그의 생애의 각각의 시기에 작품에서 어떤 말을 하고 있는지를 발췌하고 있다. 세 번째 연보는 앞의 두 연보의 외형적 자료와는 대조적으로 텍스트에서 발췌된 글들의 나열로 플로베르의 내면을 보여준다. 가장 객관적이고 서술자의 편견이 개입되지 않는다고 여겨지는 역사 서술의 형식인 연보조차도 중립성이 보장되지 않음을 잘 보여주는 시도이다. 모순과 충돌을 일으키는 기록들을 병치하는 방법을 통해 역사적 혹은 전기적 기록이 집필자의 선택에 따라 전혀 다른 이야기가 되어가는 과정을 적나라하게 보여줌으로써 이 장은 연보를 포함하여 모든 전기적 재구성은 파편적이고 불완전하며, 작가의 편견에 경도되어 있음을 잘 보여준다. 그러나 세 가지 연보의 병치라는 방법은 역사를 구축하는 새로운 방법으로 볼 수도 있다. 세 가지 연보를 통해서 모순에 가득 차 있으나 훨씬 입체적인 플로베르의 생애의 모습을 볼 수 있기 때문이다.

역사적 사실을 포착하는 작업에 대한 회의적 성찰에도 불구하고 이 작품은 역사적 사실의 확인이라는 작업의 중요성을 간과하지 않는 이중성을 보인다. 브레이스웨이트는 엠마 보바리와 그의 연인이 여섯 시간 동안이나 정사를 벌였던 마차가 터무니없이 작은 마차임을 확인하고 묘사의 개연성에 문제를 제기한다. 또한 그는 플로베르가 6척 거인이었다는 전기적 묘사에도 의문을 품는다. 브레이스웨이트는 6피트가 넘는 키이지만 프랑스에서 조금도 거인처럼 느끼지 않았음을 상기한다. 그는 일몰의 색깔이 붉은 까치밥나무열매 잼의 색깔과 같다는 소설의 묘사를 이해하기 위해 플로베르 당대의 붉은 까치밥나무열매 잼은 정확히 어떤 색깔이었는지까지 확인하려 들기도 한다. 물론 이러한 일화들은 브레이스웨이트가 집착하는 사실들의 무의미성에 대한 아이러니한 묘사라고 볼 수도 있다.

그러나 사실성에 대한 브레이스웨스트의 집착이 승리를 거두는 순간들도 있다. 그는 플로베르의 『보바리 부인』의 외면적 사실 묘사가 일관성이 없다고 플로베르를 공격한 영국인 이니드 스타키(Enid Starkie)라는 학자에게 반론을 제기한다. 스타키 교수는 실존했던 플로베르 학자로, 허구적 인물인 브레이스웨이트가 실존 인물인 스타키의 주장을 검증하는 역할을 맡는다는 설정은 현실과 허구라는 존재론적 평면들을 넘나들며, 허구와 사실성의 문제를 다시 부각시킨다. 플로베르가 보바리 부인의 눈 색깔을 어떤 때는 푸른색으로, 어떤 때는 검은색으로, 어떤 때는 갈색으로 묘사한 부주의한 예술가라는 비난에 대하여 브레이스웨이트는 소설에서 엠마의 눈은 외부의 광선과 그녀의 기분에 따라 다르게 보였다고 묘사된다며 거꾸로 이니드 스타키의 부정확한 읽기를 지적한다. 엠마의 모델이 되었던 여인의 눈이 실제로 광선에 따라 "초록빛, 잿빛, 혹은 푸른빛"이 되었다고 서술한 플로베르의 친구 막심 뒤 캉(Maxime du Camp)을 인용하며 브레이스웨이트는 플로베르가 전혀 부주의한 예술가가 아니었음을 확인한다. 허구적 인물과 모델 사이의 관계는 또 다른 사실과 허구의 수많은 문제를 야기할 수 있는 민감한 지점이지만, 역사적 기록의 임의성에도 불구하고 판단의 오류는 지적될 수 있고, 증거의 발굴은 반론의 근거가 됨을 보여주는 장면이다. 혹은 거꾸로 인간의 지각행위에 의존해야 하는 "사실"이라는 개념의 불안정성에 대한 논평으로도 읽힐 수 있다.

게다가 플로베르의 사소한 실수를 트집 잡았던 스타키는 플로베르에 관한 첫 저서의 표지에 플로베르의 초상화를 사용했는데, 실은 플로베르의 친구 루이 부이예(Louis Bouillhet)의 초상화였음이 판명된다. 이것은 사실 눈 빛깔의 부주의한 묘사보다 훨씬 중대한 실수이다. 플로베르는 작품 내적인 일관성에 상당히 충실한 작가였던 반면 스타키는 부정확한 정보에서 나오는 실수를 저질러 학자로서 성실성까지 의심되는 학자임이 판명되고 이것을 고발하는 브레이스웨이트의 어조에는 일말의 도덕적 분노가 들어 있다. 모즐리(Merritt Moseley)의 지적대로 진실은 놓치기 쉬우며, 당혹스럽고, 발견하기 어렵지만 이니드 스타키가 저지른 실수에 대한 브레이스웨이트의 교정 작업이 보여주듯이 사실의 확인이 가능한 부분은 분명히 존재한다(Moseley, 90). 사실의 확인 가능성을 보여주는 또 다른 예로 플로베르의 죽음의 순간이 있다.

플로베르는 목욕 후 뇌출혈을 일으켜 죽었는데, 르두(Joseph E. Ledoux)라는 신경과학자는 플로베르의 목이 어두운 색으로 변해 부어 있었기 때문에 그가 목을 매서 자살했다고 주장했다. 그러나 의사가 발견한 플로베르의 시체는 소파에 앉아 있었고, 목에는 밧줄이 없었다. 만약 그가 밧줄로 자살을 시도했다면 목욕탕에 들어가서 어떤 방법으로 목을 맨 다음, 목욕탕에서 나와서 밧줄을 숨기고, 서재로 비틀거리며 걸어와 소파에 주저앉아 죽었어야 한다. 게다가 뇌출혈이 와도 목이 어두운 색으로 변하고 붓는 증상이 생긴다는 의학적 정보를 추가하면, 플로베르는 목을 매어 자살한 것이 아니고 뇌출혈로 죽었음을 확인할 수 있다. 추론에 의하여 진위 여부를 가리는 작업도 분명히 가능함을 보여주는 장면이다. 존 베일리(John Bailey)는 반스의 소설에서 사실 확인의 어려움에 대한 인식은 진실의 존재를 무산시키는 대신 오히려 확인시켜준다고 지적한다. 사실 확인의 어려움에 계속 당면하면서도 그에 대한 추구를 늦추지 않는 브레이스웨이트의 태도를 설명해주는 역설이라 하겠다.

객관적인 사실 인식의 불가능성에도 불구하고 혹은 그러한 인식 때문에 브레이스웨이트는 아내의 부정과 자살에 대해서도 최대한 공정하고 정확한 인식을 가지려는 노력을 기울인다. 그는 '순전한 이야기Pure Story'라는 장에서 아내 엘렌(Ellen)과 자신의 이야기를 담담하게 서술한다. 엘렌은 여러 남자와 외도를 했다. 그녀의 외도는 서툴렀다. 쇼핑을 하러 가서 오랜 시간을 보내고 사오는 물건은 별로 없었으며, 상영 기간이 끝난 영화를 보러 간다거나, 그리스로 휴가를 떠난 것이 분명한 친척 집에 머무르러 간다는 어설픈 핑계를 대고 밀회를 하러 가기도 했다. 그러나 그녀는 보바리 부인처럼 낭비벽이 있는 것도 아니었고, 죄의식 때문에 지나치게 온순하지도 않았다. 인생에서 행복하기 위해서는 어리석음과 이기심과 건강이 있어야 하는데, 그녀에게는 건강밖에 없었다고 브레이스웨이트는 동정적으로 회고한다. 인생에서 해볼 수 있는 것은 다 해본 그녀에게는 더 이상 살아갈 이유가 없다. 보통 사람들은 절망의 종교를 가지고, 인생을 그대로 받아들이지만 엘렌에게는 그런 종교조차 없었다. 그래서 절망한 그녀는 어느 날 자살을 시도했던 것이다. 병원에 가서 여러 조치를 했으나 가망이 없자 의사인 브레이스웨이트는 자신의 손으로 호흡기를 뗀다. 그는 부정한 여인의 남편이라는 불명예스러운 처지에도 불구하고 전혀 자기연민을 보이지 않으며, 존재의 절망감에 직면한 아내가 할 수 있었던 일은 연인을 가지거나 자살하는 수밖에 없었을 것이라고 담담하게 설명한다. 이것은 독점적 남녀 관계에서의 질투나 편견에서 벗어나 존재의 짐을 진 인간이 그 짐을 견딜 힘이 자기보다 부족했던 한 인간에게 보내는 연민을 담은 기술이다.

브레이스웨이트가 아내의 자살을 이해하는 방편으로 플로베르의 생애를 추적하는 극단적인 우회성 역시 감상에 빠지지 않고 거리를 두며 객관성을 추구고자 하는 방법으로 볼 수 있다. 브레이스웨이트의 생애는 이미 과거에 쓰인 플로베르의 소설에 기록되어 있다. 현실이 존재하기 전에 허구가 이미 존재하고 있었고, 브레이스웨이트는 이렇게 허구를 닮은 현실을 이해하기 위하여 그 허구를 창조한 작가 플로베르의 생애를 연구하는 것이다. 부인이 남긴 흔적과 기록을 통해서 그녀와 자신의 문제를 이해하려 하는 대신, 플로베르의 생애에서 해답을 찾으려는 것이다. 그가 아내의 문제를 대하는 시각은 이렇듯 이중으로 에둘러가는 과정에서 관대해지고 이해가 깊어진다. 그는 루이즈의 입장에서 플로베르를 바라보는 일기를 스스로 창작해냄으로써 여성의 시각에서 남성들의 이기심과 모순성을 바라보는 경험을 스스로 부과한다.

그러나 아내의 최악의 모습까지 애정의 시선으로 확인하려는 노력을 기울였음에도 불구하고, 그는 단지 엘렌의 속내를 짐작할 뿐이다. 그는 책과 인생의 다른 점은 책은 "그녀가 이런 일을 한 이유는"하고 설명하는 반면, 인생은 "그녀는 이런 일을 했다"라고 말하고 끝나는 점이라고 분석한다. 이것이 그가 현실에서 일어난 일의 해답을 책 속에서, 혹은 그 책을 쓴 작가에게서 찾는 이유이기도 하다.

플로베르의 전기를 기록하는 브레이스웨이트의 방법론은 근거 없는 주관성에 휘둘리지 않으려는 장치로 가득하다. 그는 많은 포스트모더니즘 역사소설가들과 달리 플로베르에 관하여 알려진 전기적 사실들에 정면으로 배치되는 사실은 거의 주조하지 않는다. 대부분 플로베르 자신의 소설, 편지, 일기들에서 발췌한 텍스트의 기록들을 큐비즘적으로 재구성할 뿐이다. 플로베르의 이야기에 첨가된 허구적 부분은 대개 플로베르에 관한 것이라기보다는 서술자 브레이스웨이트의 존재 자체, 그리고 자신과 아내를 둘러싼 이야기이다.

물론 브레이스웨이트가 창조한 부분이 없는 것은 아니다. 이것은 포스트모더니즘 역사소설에서 자주 사용되는 소수자의 관점에서 역사 다시쓰기와 대안적 역사 쓰기에 해당하는 부분들이다. 먼저 소수자의 관점에서 역사 다시쓰기는 플로베르의 연인 루이즈의 관점에서 플로베르는 어떤 연인, 어떤 인간이었을까를 상상하며 쓴 것이다. 이 창조된 이야기는 연인으로서 플로베르의 철저한 이기성을 폭로하고 있다. 플로베르는 루이즈를 필요로 하기는 했으나 일을 위해서는 최소한의 관계만을 가져야 하는 방해물 정도로 여겼다. 그러나 루이즈는 자신의 문학적 성취, 존경할 만한 위치에 있는 남편, 문인들과 철학자들과의 교분과 그들의 자신에 대한 호의 등을 들어 "내가 그를 잡은 것이 요행이 아니라 그가 나를 잡은 것이 요행"(Barnes, 138)이었다고 주장한다. 그녀는 플로베르를 비롯한 남자들이 성적인 관계에서 여자들에게서 보고 싶어 하는 것은 자신들의 허영심을 만족시켜주는 징후라고 말한다. 플로베르는 콜레에게 시고뉴(Cigogne) 가에 있는 창녀에게 가서 하룻밤에 다섯 발이나 쏘았다고 자랑하곤 했다. 총을 쏘면 상대방은 죽는다. 다섯 발이나 쏘았으니 상대방은 분명히 시체가 되었을 것이다. 남자들은 사랑을 나눌 때 여자가 시체 역할을 해주기를 바라므로, 자신도 만족한 시체 흉내를 냈다고 루이즈는 냉소적으로 고백한다. 또한 플로베르는 여자와 진정한 사랑을 한다든가 동등한 동반자적 관계를 가질 엄두를 내지 못했는데, 루이즈는 플로베르가 어떤 여자에게보다 자신에게 많이 끌렸기 때문에 이를 두려워한 것이라고 주장한다.

루이즈는 플로베르의 모순적 태도들을 지적하기도 한다. 그는 레지옹 도뇌르(Légion d'honneur) 훈장이나 살롱사회를 극단적으로 비판했지만 자신이 훈장을 타고, 살롱에 초대받게 되자 완전히 돌변하여 전혀 마다하지 않았다. 루이즈는 자신이 플로베르를 사랑하기 때문에 그를 이렇게 혹평할 수 있다고 주장한다. 실제로 루이즈 콜레가 이런 글을 쓴 일이 없다는 역사적 사실을 제외한다면, 이러한 이야기들은 플로베르나 지인들이 남긴 기록들에 충실하게 쓰여 있다. 루이즈의 입장은 플로베르의 편향성을 드러내주지만, 그에 못지 않게 콜레의 편향성도 드러내 보임으로써 소수자의 입장은 주류의 입장에 대한 대안적 진실이 아닌, 현실에 대한 또 하나의 성찰로서의 가치만을 부여받는다.

본격적인 대안적 역사 쓰기는 역사에서 실제로 일어나지 않았던 일, 역사의 갈림길에서 역사가 가지 않았던 길을 허구적으로 추적한다. '플로베르 외전'이라는 아홉 번째 장에서는 플로베르가 쓰려고 계획했으나 쓰지 않은 작품들, 그리고 꿈꾸었으나 실현되지 않은 미래들만을 열거한다. 그러나 이 목록은 철저하게 플로베르 자신이 남긴 기록에 의존하고 있다는 점에서 통상 포스트모더니즘 소설에 나오는 대안적 역사와는 차이가 있다.

플로베르가 쓰고 싶어 했던 작품은 대개 환상적이리만치 기괴한 사건에 대한 것이나 역사물이다. 예를 들면 딸과 관계를 가졌던 이집트 왕 미케리누스(Mycerinus)에 관한 소설, 신과 관계를 맺기 원하는 여자 이야기, 꿈속에서는 행복한 삶을, 현실에서는 불행한 삶을 사는 사람의 이야기, 어떻게 사람이 미치게 되는가에 대한 소설, 여배우의 적나라한 고백을 다룬 소설, 테르모필레(Thermopylae)의 전투[2]나 한 루앙 가족의 삼대를 다룬 소설 등이다.

플로베르가 꿈꾸었던 다른 삶의 목록은 이국적 삶에 대한 낭만적 동경을 담고 있다. 열일곱 살에 그는 폐허가 된 바닷가의 성에서 일생을 살고 싶다고 말했다. 열여덟 살에는 자신이 코친 차이나(Cochin China)의 황제가 되도록 태어났는데 바람에 날려 어쩌다 프랑스로 온 것이라 주장했다. 열아홉 살에는 법학 공부를 끝내면 터키에 가거나 스페인의 노새

2 기원전 480년 페르시아가 두 번째로 그리스를 침공할 때 벌어진 전투. 그리스군은 수적으로 절대적 우위를 점했던 페르시아 군대에게 궤멸되었으나, 같은 해 살라미스 해전에서 페르시아군을 완전히 격퇴시켰다.

몰이꾼이나 이집트의 낙타 몰이꾼이 되겠다고 했다. 스물네 살에는 가족이 모두 죽을 경우 로마나 시라쿠스(시칠리아 섬 남동부의 항구도시) 혹은 나폴리에 가서 살겠다고 했다. 같은 해에 스미르나(Smyrna)의 도적떼에 가담하는 것을 심각하게 고려했다고 말하며 6년간의 아시아 여행을 계획하기도 하고 브라만의 삶, 남아메리카에서의 삶, 그리고 환생하여 루이 14세 시대, 혹은 네로나 페리클레스 시대에 사는 것까지 상상했다. 이 목록은 기괴함에 대한 매혹, 왕성한 상상력, 신기한 세계에 대한 동경, 그리고 안정된 부르주아적 삶에 대한 무관심을 보여준다. 플로베르가 가지 않은 길들이지만, 플로베르의 사유와 상상의 세계를 잘 보여주는 목록이므로, 그의 내면의 진실을 보여주는 전기적 사실로서 충분히 가치가 있다.

2. 전기적 서술 전략의 선택

(1) 내면세계와 외면세계

전기를 집필하는 방식은 대략 두 가지로 요약될 수 있다. 첫째는 전기적 인물의 위신을 존중해주는 고전주의적 방법이며 둘째는 심리적이고 사적인 부분을 파헤치는 고백의 전통을 따르는 낭만주의적 방법이다. 낭만주의적 관례를 따른 전기는 루소의 고백록처럼 개인적인 비밀, 심리적인 위기의 순간들이 한 인간의 인격을 형성하는 데 중요한 요소라고 생각하여 내밀한 이야기까지도 노출하는 것을 마다하지 않는다(Mendelson, 16-17).

현대적 전기는 낭만적 방법을 따르는 경향이 있는데, 이것은 작품 외부의 세계보다 내부의 세계에 초점을 맞추는 현대문학 창작의 경향 및 심리 탐색에 초점을 맞추는 심리소설의 관례와 관련이 있다. 현대적 전기는 현대소설처럼 대상의 경제적 위치, 그들의 역사적 상황 등에 대해서는 많은 관심을 두지 않는다. 그런데, 이와 같이 전기적 인물의 내면에 치중하는 전기는 궁극적으로 소설이 될 수밖에 없다. 내면적 전기는 인물이 어느 도시에서 무슨 생각을 했다든지, 어떤 사건을 보고 어떻게 느꼈다든지 하는 식으로 내면을 상상해서 쓸 수밖에 없기 때문이다. 이와 같이 사실의 기록이라고 생각하는 전기에는 이미 허구의 요소가 상당히 침투해 있다. 현대적 전기의 대가라고 할 수 있는 엘만(Mendelson, 23)은 이러한 전기의 문학화를 오히려 장려하고 있다.

반면에 멘델슨은 전기의 소설화를 피하기 위해서는 대상이 되는 작가의 작품들을 만들어낸 내면적인 감정이 아니라, 그 문학작품이 작가와 그의 주변 세계에 미친 영향을 중심으로 써내려 가는 것이 더 바람직하다고 주장한다. 현대적인 전기는 인간 본성에 관한 이론을 근본적으로 프로이트에게서 빌려오고 있으나 멘델슨은 그에 대한 대안적 이론들을 마르크스나 웨버에게서 찾을 것을 권한다. 사회 안에서 변하고 있는 작가의 역할이 전기적 인물의 어린 시절의 신경증보다 큰 비중으로 다루어지는 것이 바람직하다는 것이다(Mendelson, 24-25).

반스는 내면과 외면의 문제를 독특한 방식으로 풀어가고 있다. 그는 플로베르의 내면을 허구적으로 창조하지도 않고, 그렇다고 외면적으로만 조명하고 있지도 한다. 그는 객관적으로 존재하는 자료들을 이용하여 대상의 내면을 조명한다. '플로베르의 동물들'이라고 불리는 네 번째 장은 플로베르의 일기나 편지, 작품에 나오는 모든 동물에 대한 언급을 모아 놓은 장이다. 그런데 이러한 객관적 자료들의 집적은 묘하게도 논리적으로 규정되지 않는 다양한 층위의 플로베르를 조명해낸다. 이 장에는 책의 제목에 나오는 앵무새뿐 아니라 곰, 낙타, 양, 원숭이, 당나귀, 타조, 개 등이 플로베르의 생애와 그의 작품에 어떤 방식으로 등장하는지를 기술하고 있다.

플로베르는 어린 시절의 친구 에르네스트 슈발리에(Ernest Chevalier)를 만나고 싶은 갈증에 '사자, 인도 호랑이, 구렁이'가 되었다고 한다. 다양한 동물은 그의 강렬한 욕망과 우정을 표현하는 이미지들이다. 그는 껍질 속의 굴, 달팽이 집 속의 달팽이, 스스로를 보호하기 위하여 몸을 웅송그리는 고슴도치로 스스로를 묘사하는데, 이는 은둔자적 취향, 맹수와 같은 외면 속에 들어 있는 부드러움과 상처받기 쉬운 측면을 드러낸다. 그는 아름다움의 태양 아래 볕을 쬐고 있는 도마뱀이다. 그는 암소처럼 부드럽고 신경이 예민해지며 나귀처럼 지치고 돌고래처럼 센 강에서 첨벙거린다. 그의 탐미성, 예민함, 고달픔, 왕성한 활동성과 쾌락성을 표현하는 비유이다. 노새처럼 일하고, 코뿔소 세 마리를 죽일 만한 삶을 살며, 열다섯 마리의 황소처럼 일한다는 묘사는 그의 근면함과 치열함, 일에 대한 정력적 몰두를 드러내는 표현들이다. 루이즈에게 그는 미국 초원의 들소를 닮았으며, 조르주 상드에게는 양처럼 온순하다고 묘사된다. 대상에 따라 거칠기도 하고 온순해지기도 하는 그의 기질을 보여주는 부분이다.

플로베르는 스스로를 곰에 많이 비유했다. 고집 센 곰, 그가 산 시대의 어리석음 때문에 점점 더 곰스러운 기질 속으로 처박혀가는 곰, 곰 중에도 흰곰이었다. 색깔 있는 곰은 길들여질 수 있지만 북극의 흰곰은 인간의 즐거움을 위하여 춤추지 않는다. 흰곰은 열매를 먹지도 않고, 꿀의 유혹에 빠져 덫에 걸리지도 않는다. 시대의 조류에 저항하는 독립성과 강인한 개성을 보여주는 표현들이다.

루이즈에게 쓴 편지에서 플로베르는 자긍심은 동굴에 살면서 사막을 돌아다니는 야생동물인 반면 허영심은 가지에서 가지로 뛰어다니며, 잘 보이는 곳에서 지껄여대는 앵무새이라며 자긍심과 허영심을 구별하고 있다. 그는 분명 자신을 자긍심을 가진 야생동물과 동일시했으나 루이즈를 통해 드러나는 사교계의 멋쟁이로서의 처신은 그의 앵무새적인 측면을 시사한다.

반스는 인물의 마음속으로 들어가 그의 생각을 창조해내는 허구적 전략을 택하는 대신에 플로베르의 텍스트에 나와 있는 증거들을 면밀하게 편집하여 그의 기질, 변화무쌍한 기분의 변화, 그리고 인간관계의 역학을 그려낸다. 허구적 상상력을 발휘하지 않고도 인간의 내면을 드러내는 방법을 보여주는 재미있는 시도이다.

브레이스웨이트는 어떤 측면에 대한 기술이 대상을 가장 효과적으로 드러낼 것인가를 고민한다. 예를 들면 모리악은 자기가 읽은 책, 좋아한 화가, 자기가 본 연극에 관해서만 비망록을 쓴다. 그런데 이 방법은 마치 터널 속의 열차 창에 비친 그림자를 통해 한 사람을 알게 되는 것과 같아서, 터널 밖으로 나오면 그의 이미지는 사라진다고 말하며 한계를 지적한다. 여기에 비하면 동물의 비유를 통하여 플로베르를 파악한 것은 모리악의 방법보다 성공적이라고 볼 수 있다. 포스트모던한 기술 방식은 본질에 천착하는 심오한 모델을 따른다기보다는 표면이 드러내고 있는 징후들의 배열을 통해 대상의 특징을 포착하고 있다.

가장 내밀한 영역이라 할 수 있는 연애를 다룬 '루이즈 콜레의 관점'이라는 장은 고전적 관례를 따라 프라이버시를 비껴가지도 심오한 내면의 진실을 남김 없이 털어놓는 낭만주의의 관례를 따르지도 않았다. 연애와 성적 취향 등 내밀한 이야기들을 노출하지만 플로베르의 심리를 파헤치는 대신 여성주의적인 루이즈의 시각에서 플로베르의 남성적 이기주의와 허영심을 폭로하고 있다. '고발'이라는 장에서 화자는 다시 플로베르가 여자에게 형편없이 굴었다는 루이즈의 비난에 대하여 그는 여성에게 호의적이었고, 그들과 유희를 즐겼으며, 함께 잤으나 결혼하기는 원하지 않았다고 옹호한다. 루이즈의 관점 또한 가능한 여러 시각의 하나일 뿐 궁극적인 진실은 아님을 보여준다.

작품에서 아내의 불륜에 대해 담담하게 기술하는 브레이스웨이트의 이야기가 오히려 고백적 전통에 가까운 부분이라고 볼 수도 있다. 그러나 이것은 영혼의 짐을 덜어내는 심오한 고백이라기보다 아내의 심리 상태를 이해하고자 하는 동기에서 시작된 플로베르 탐구에 대한 설명 정도의 역할을 하고 있다. 인생의 모습을 그리는 데 있어 본질적이며 유일한 진리를 상정하지 않는 포스트모던 시대의 전기는 내밀한 이야기를 다룰 때도 집요하게 폭로하기보다 담담하고도 잠정적인 태도를 취하는 듯 보인다.

(2) 서술자의 역할

전기 기술에서 중요한 형식적 요소의 하나는 서술자의 역할이다. 보통 서술자가 저자의 입장에서 기술하는 경우에는 사실적 기술에 책임을 지는 반면에, 허구화된 화자를 사용하는 경우에는 사실성에 대한 책임을 물을 수 없다. 저자 자신의 입장에서 기술하는 경우에도 인물의 내면을 창조적으로 상상해가면서 감정 이입, 해석의 주관성을 강하게 드러내는 경우가 있고, 객관적 증거에 의해 뒷받침되지 않는 서술을 피하면서 획득 가능한 지식의 한계 내에서 엄밀하게 서술해가는 객관적 서술 방식이 있다. 전기에서 허구화 혹은 주관화의 정도를 가늠할 수 있는 기준으로 인물의 내면을 초점화하는 정도를 들 수 있다. "믿다" "생각하다" "의도하다"와 같은 내면적 활동을 나타내는 동사를 많이 사용하면서 자유 간접화법에 자주 의존하는 전기는 허구적으로 창작된 부분이 많고, 외면에서 관찰할 수 있는 사건과 증거에 의지하는 전기는 사실적 요소가 크다고 할 수 있다(Keener, 172-173).

브레이스웨이트는 상당히 구체적으로 허구화된 서술자이다. 그럼에도 불구하고 그는 전기의 사실성 검증 문제를 집요하게 추적하여 사실성에 대한 책임을 물을 수 있는 허구화된 화자라는 인상을 준다. 그는 감정 이입이나 주관성을 강하게 드러내지 않고, 획득 가능한 지식의 한계에 머무르는 객관적 서술 방식을 주로 사용한다. 그는 자유 간접화법에 거의 의존하지 않으며 전통적인 전기의 서술자보다 훨씬 복잡한 역할을 수행한다.

브레이스웨이트는 보바리 씨처럼 의사일 뿐 아니라, 그의 죽은 아내는 보바리 부인처럼 혼외정사를 가졌다. 플로베르의 전기를 쓰려는 브레이스웨이트의 시도는 죽은 아내를 이해해보려는 노력의 일환이다. 독자는 브레이스웨이트의 존재를 통해 서로 다른 존재론적 평면에 속하는 텍스트 안과 텍스트 밖의 세계가 대치하며, 서로를 반영하고 있는 양상을 볼 수 있다. 그러나 플로베르의 텍스트 안팎을 넘나드는 브레이스웨이트가 실은 반스가 창조한 소설 속의 인물로서 다시 한 번 텍스트 안에 수용되는 양상을 보임으로써 허구와 사실 간의 경계선을 탐문한다.

그는 허구의 모방뿐 아니라 소설적 허구의 경계를 뚫고 나와 존재론적 평면들을 교란시킴으로써 텍스트의 인위성을 노출시킨다. 도버 해협을 건너는 배 안에서 브레이스웨이트는 갑자기 독자를 승객으로 상정하고서 서술 도중에 갑판에서 바람을 쐬고 화장실도 가야 한다고 자리를 뜨면서 "당신을 그곳까지 따라오게 할 수는 없지요(Barnes, 90)"라는 말을 건넴으로써 자신을 소설 밖의 평면으로 돌출시킨다. 혹은 독자를 허구의 평면으로 끌고 들어갔다고 볼 수도 있다. 그는 독자에게 치즈를 사기에 좋은 가게를 알려주기도 하고, 돌아오는 배 안에서 다시 만난 독자에게 치즈 보관법까지 알려준다.

브레이스웨이트는 스스로를 "망설이는 서술자(hesitating narrator)"라고 부른다. 그는 자신 안에 플로베르와 자신과 아내에 대한 세 개의 이야기가 각축을 벌이고 있다며 자신과 아내의 이야기를 피하기 위하여 플로베르의 이야기를 한다. 그러나 그 과정에서 본의 아니게 그는 자신의 이야기를 간간이 삽입하게 된다.

히그돈은 브레이스웨이트를 "내켜하지 않는 서술자(reluctant narrator)"라고 부른다. 그 자신과 아내의 삶을 다룰 때 브레이스웨이트가 취하는 태도에 대한 언급이다. 그는 브레이스웨이트가 엄격한 의미에서 믿을 만한, 실은 종종 유식하고 민감하기도 한 서술자이나, 트라우마틱한 무엇인가를 보았거나, 경험했거나 혹은 일어나게 만들었기 때문에 그것을 말할 때 간접성과 가면과 대치를 통해 접근해야 한다고 설명한다(Higdon, 174).

브레이스웨이트가 일어난 일을 간접성과 가면과 대치로 접근하는 방법 중의 하나가 플로베르의 전기를 쓰는 것이었으며, 플로베르를 패러디하는 것도 플로베르를 알아가는 과정 중의 하나이다. 그는 플로베르가 했던 것처럼 고정관념 사전을 만들어 플로베르의 생애에 관계된 사실들에 대한 지극히 편파적인 정의를 제공한다. 예를 들면 장-폴 사르트르는 이렇게 정의된다. "그는 모택동주의 논문을 쓸 수도 있었던 세월인 10년 동안 『집안의 바보L'Idiot de la famille』[3]를 썼다. 고차원적인 루이즈 콜레로서 그는 사람들이 자기를 가만두기만을 원했던 플로베르를 계속 귀찮게 했다. 결론: 노년에 아무것도 하지 않는 것보다는 낭비해버리는 것이 낫다." 또한 간질은 다음과 같이 정의된다. "작가 플로베르로 하여금 전통적인 직업을 회피하는 것을 가능하게 했고, 인간 플로베르가 인생을 우회하는 것을 가능하게 한 책략. 문제는 어떤 심리적 층위에 그 책략이 관계하고 있는가이다. 그의 증상들은 강도 높은 정신신체증적 현상이었을까? 그가 단지 간질을 앓았다는 말은 너무 진부하다." 브레이스웨이트는 스스로가 앵무새가 되어 플로베르를 흉내 낸다. 이 억설과 같은 정의들은 어느 정도 진실을 담고 있기도 하다.

플로베르는 19세기식으로 소설 속의 사건과 인물에 대하여 도덕적 판단을 내리는 침범적인 화자를 없앤 장본인이다. 무너져가는 플로베르의 동상은 저자의 자기삭제 원칙을 아이러니하게 반영한다고 볼 수도 있다. 그런데 플로베르의 전기를 쓰는 화자는 삭제되기를 거부한다. 또한 플로베르 자신은 작가의 인품은 별로 중요하지 않다고 생각했으며, 텍스트의 객관성을 믿었다. 그러나 브레이스웨이트는 이 명령에 복종하지 않고 그의 삶의 증거들을 찾아 헤맨다. 그러면서도 주로 플로베르의 텍스트들을 근거로 그의 삶을 재구성함으로써 플로베르의 취향을 완전히 거스르지는 않는 셈이다.

3 3,000여 페이지에 달하는 3권짜리 플로베르 전기이자 문학연구서.

(3) 시간의 길이와 배열

전기적 기술은 대상 인물의 일생을 출생부터 죽음까지 전반적으로 다룰 수도 있고, 생애의 중요한 일부분만을 다룰 수도 있고, 카메오처럼 아주 단편적으로 다룰 수도 있다. 시간의 길이가 결정되면, 그다음에는 그 시간의 범위 안에서 사건들을 어떻게 배열할 것인가의 문제가 대두된다. 사실적 전기와 허구적 전기를 포함하여, 형식면에서 전기적 인물이 태어나서부터 죽을 때까지의 시간을 연대기적으로 기술하는 것이 서술 방식의 기본이라고 할 수 있다. 그러나 이 연대기적 기술 방식은 처음부터 끝까지 엄밀하게 고수되기 어렵다. 인간의 생애는 완벽한 통일성을 가지는 구조물이 아니고 특정 주제나 발전 단계 등으로 구분되기 마련이다. 갈퉁(Johan Galtung)에 의하면 현대 서구 전기는 보통 인간의 생애를 어린 시절, 교육, 일, 그리고 은퇴로 나누어 기술한다. 갈퉁은 이것이 자본주의 이데올로기를 반영한다고 본다. 즉 개인이 시장에 점차적으로 영합되고 지배한 후 다시 자유로워지는 과정을 그리고 있다는 것이다(Keener, 162-164). 이와 같이 표면적으로 연대기적으로 보이는 기술에도 구조적 원리가 작용한다.

반스는 연대기적 서술 방식을 전혀 따르지 않는다. 우선 소설은 플로베르라는 중심인물 이외에도 그의 생애를 추적하고 기술하는 전기 작가 브레이스웨이트라는 화자에 의하여 운영되기 때문에, 화자의 활동을 중심으로 그가 발견하거나 기술하는 플로베르 관련 자료들로 엮어진다. 자료들은 브레이스웨이트가 플로베르의 생애를 과격하게 재편집한 자료들이다. 위에 언급한 예들 이외에도, '고발'이라는 장에서 브레이스웨이트는 플로베르에 대한 여러 가지 비난에 대하여 그를 옹호한다. 플로베르가 인류를 싫어했다는 비난에 대하여, 그는 어머니와 여동생, 조카와 친구들, 특정한 개인들을 사랑했으며, 누구라도 온 인류를 사랑할 수는 없다고 변명한다. 그가 진보를 믿지 않았다는 비난에 대해서는 20세기에 나타난 진보의 결과를 보면 그의 선택에 수긍이 간다고 반박한다. 플로베르의 생애를 주제별로 정리하는 방식은 연대기적 기술과는 다른 방식으로 플로베르의 생애에 대한 생생한 지각을 독자에게 전달하는 동시에 관점과 시각의 중요성을 다시금 부각시킨다.

이와 같이 파편화된 재현을 타당화하는 서술 방식이 플로베르에 대한 전체적인 이해를 불가능하게 한다는 주장도 있다. 그러나 다양하게 병치된 파편들은 대상의 대략적 형태를 역동적으로 재구성할 기회를 제공한다.

반스는 연대기적 배열의 시간 순서를 뒤바꿀 뿐 아니라 아예 다양한 장르를 번갈아 사용함으로써 균일한 흐름을 과격하게 깨뜨린다. 그는 연대기, 전기, 자서전, 동물기, 철학적 대화, 비평적 수필, 선언문, '기차 번호 찾기 놀이를 하는 사람들을 위한 안내', 부록, 사전, '순수한 이야기', 그리고 시험 문제까지 동원해 서술의 평면을 흔들어 놓는다.

브레이스웨이트가 플로베르의 발자취를 따라 파리에서 루앙으로 기차를 타고 가는 여덟 번째 장 '기차 번호 찾기 놀이를 하는 사람들을 위한 안내'는, 플로베르의 생애와 작품을 철도와의 연관성에 따라 조명한다. 브레이스웨스트는 영국의 기차 번호 찾기 놀이가 기관차의 일련번호를 기록하여 모든 번호의 기차를 다 찾아보려고 하는 아주 지루한 취미활동으로, 성질 나쁜 사람들이나, 사회 부적응자들, 그리고 종종 십대 소년들이 좋아하는 취미활동이라면서 이들과 자신을 동일시하는 자조적 태도를 보인다. 실제 이 장이 다루는 것은 기차 번호 찾기가 아니고, 기차와 플로베르의 삶의 관계를 논하는 것이다.

플로베르에게 기차는 현대 문명과 진보의 오류를 상징했다. 열다섯 살 때 플로베르는 현대 문명의 잘못된 업적을 "철도, 독극물, 관장기, 크림 타트, 인세, 그리고 기요틴"이라고 썼다. 2년 후 새로 쓴 목록에서는 항목들이 모두 바뀌었지만 기차는 그대로였다. 그는 기차에 오른 뒤 5분만 지나면 지루해져서 고함치고 싶어진다고 했다. 철도는 사람들에게 진보의 환상을 주는데, 도덕적 진척이 없는 과학적 진척이 무슨 의미가 있을까를 묻는다(Barnes, 108). 그러나 철도는 그 시대의 주요한 상징물이었고, 그와 루이즈 콜레와의 만남에도 중요한 역할을 했다. 철도를 이용해 그는 파리에 사는 루이즈 콜레와 중간 지점인 망트에서 만날 수가 있었다. 두 시간 정도 기차를 타고 연인을 만나고 그날로 귀가할 수 있었으므로 그는 하룻밤을 묵는 일정이 가져올 더 많은 감정적 책임을 질 필요가 없었다. 이 장은 플로베르와 철도의 연관성이라는 임의적 지점에서 플로베르의 삶에 천착해 들어감으로써 독특한 조망을 제공한다.

그런가 하면 브레이스웨이트는 플로베르에 대한 통합 교과적 시험 문제를 출제하여 비소설적 문서들이 다른 다양한 형식의 문서들과 충돌하도록 한다. 아래의 시험 문제는 이 소설의 관심사인 예술과 인생의 관계에 대해 직접적인 질문을 던짐으로써, 텍스트의 내부의 액자구조의 층위들—즉 브레이스웨이트와 『보바리 부인』의 관계—에 대해 질문을 던진다.

> 다음 진술이나 상황 중 두 개를 골라 그것이 암시하는 예술과 인생의 관계를 논하라.
>
> …

b) 파리에서 플로베르는 루이즈 콜레를 피하고 아마도 그녀의 유혹을 피하기 위하여 닫힌(closed) 마차를 탔다. 루앙에서 레옹은 같은 마차를 엠마 보바리를 유혹하기 위해서 사용했다. 함부르크에서는 『보바리 부인』이 출판된 지 일 년도 되지 않아 성적인 목적으로 마차를 빌릴 수 있었고, 그들은 보바리라고 불렀다(Barnes, 172).

파격적 서술을 펼쳐가는 사이사이 브레이스웨이트는 서술의 과정에서 마주치는 시간의 문제에 대한 자기성찰적 논평을 잊지 않는다. 과거는 배를 탔을 때 멀어져가는 해안선과 같다. 시간이 지나면 우리는 시야가 넓어지며 새로운 사실들을 발견하게 된다. 배가 정지하면 모두 한 가지 풍경을 보는 듯하지만 배가 다시 움직이면 또 다른 모습들이 보인다. 페리 승선의 경험은 세계는 정말로 진보하는지, 아니면 영불해협을 건너는 페리처럼 왔다 갔다 할 뿐인지 등의 의문을 제기하는 계기가 되기도 한다.

지금까지 『플로베르의 앵무새』가 바이오픽션이라는 독특한 형태를 통하여 역사 기술과 전기 기술을 재탐문하는 과정을 추적해보기 위해 역사적 사실성의 문제를 검토한 후 내면과 외면의 문제, 서술자의 문제, 시간의 배열 등 전기적 서술 전략의 문제를 살펴보았다.

우선 역사적 사실성의 문제에 있어서는 소설의 제목에 나타난 앵무새의 추적 과정과 복합적으로 규정된 앵무새의 상징성이 보여주듯이 사실을 확립하는 행위의 복잡과 그 어려움을 다양하게 보여주고 있다. 이 작품은 역사적 사실의 성격에 대하여 여러 질문을 던지고, 역사적 증거가 살아남게 되는 임의적인 과정, 여러 가지 역사적 이본의 가능성을 제기한다. 그럼에도 불구하고, 최종적으로는 사실을 확인해보지 않고 논지를 구축하는 행위의 위험성을 문제시함으로써, 포스트모니즘의 역사 기술에서도 입증 가능한 영역에 대한 여지를 남겨둔다.

내면과 외면의 측면에서 전기의 서술자는 주로 객관적으로 확보된 문헌 자료에 의거해 플로베르의 생애를 추적하면서도 그 자료들이 플로베르의 내면을 조명하도록 초점화한다. 플로베르의 생애가 사회에서 가지는 의미에 대한 특별한 조명은 이루어지지 않지만, 플로베르의 기차라는 진보의 산물에 대한 반응, 그리고 그의 문학적 성취가 정점을 장식한 사실주의에 대한 탐문 등이 이를 대신한다. 그의 사적인 생애에 대한 성찰도 문헌 자료에 주로 의거하여 추적되지만, 심오한 내면적 진실에 대한 포스트모던한 불신 때문에 낭만주의적 관례를 따른 고백적 서술은 유보된다.

서술자의 문제에 있어 브레이스웨이트는 존재론적 평면을 넘나들며, 서술 행위에 대해 자기성찰적으로 논평하는 전형적인 포스트모던 서술자이다. 그는 서술 행위를 통하여 자신의 문제를 간접적으로 풀어가는데, 이것은 자료의 취사선택과 화자의 입장, 화자의 심리 상태에 따라 구축되고 때로는 윤색되는 역사적 서사의 성격을 노출시킨다. 장르의 혼합 및 입체파적 서술을 구사하는 한편 예술이 삶을 모방하는 것인지 삶이 예술을 모방하는 것인지에 대하여 문제를 제기하는 이 소설은 포스트모던 텍스트의 특성을 다양하게 드러낸다. 그러나 이 서술 행위의 귀결점이 자살한 아내에 대한 연민과 이해로 이어진다는 점에서 포스트모던적 서술이 단순히 기술적 실험이 아니라 인본주의적 향수를 담을 수도 있음을 시사한다.

시간의 배열에 있어서 연대순의 기술이라는 전형을 흔들면서 플로베르의 생애를 과격하게 파편화시킨 재편의 효과는 진부해진 소재에 신선함을 불어넣는다. 반스의 시도는 기존의 서술 방식을 해체하고 회의하는 데서 멈추지 않고 새로운 서사 방법이 제공하는 창조적 통찰과 신선함, 균형잡힌 인식, 인간에 대한 연민 등의 가능성을 보여준다.

반스는 포스트모던한 기법을 활용하면서도 인간 본성에 대해 진지하게 통찰하며, 변화무쌍한 서술 기법을 실험하는 한편 상투적인 탐정소설을 쓰기도 하는 등 실험성과 보수성이라는 모순을 함께 끌어안고 있는 작가이다.

5장 탈식민주의와 역사의 재조명

살만 루슈디, 『한밤의 아이들』과 『악마의 시』

본 장에서는 피식민인의 입장에서 다시 쓰는 역사를 검토하기 위해 루슈디의 작품 중 인도의 역사를 다룬 『한밤의 아이들』, 그리고 영국과 인도의 관계 및 이슬람의 역사를 다룬 『악마의 시』를 살펴보기로 한다. 이들 역사는 특히 식민지와 독립, 식민 종주국과의 관계 등을 탐문하는 탈식민의 역사로 볼 수도 있다.

1. 『한밤의 아이들』: 인도의 미래를 꿈꾸다

『한밤의 아이들』의 주인공 살림 사이나이는 1947년 8월 15일, 그러니까 인도가 독립하던 날 자정에 태어난다. 이야기의 화자이기도 한 살림은 자신이 태어난 시간 때문에 "신비하게도 역사에 수갑 채워졌으며, 나의 운명은 풀 수 없이 내 나라의 운명에 묶였다"고 인식한다. 서술의 시점에서 서른한 살의 나이로 몸의 균열로 인해 죽어가고 있는 그는 인생의 의미를 규명하기 위해 서둘러 자기 삶과 관계되었던 복잡다단한 이야기들을 꿰어 맞추고 있다. 절임공장에서 그를 돕고 있는 그의 조력자이자 연인인 파드마는 독자이자 비평가로서, 화자의 이야기가 옆길로 새지 않도록 끊임없이 감시한다. 주인공 살림은 역사의 단선적 서사 구조를 행위적으로 부인하나 파드마는 그의 서사가 종잡을 수 없는 혼돈으로 전락하지 않고, 절제와 구조를 유지하도록 한다.

작품에서 인도의 역사를 우의적으로 상징하는 살림은 인도 독립의 날에 태어난 다른 아이들과 텔레파시를 통해 소통할 수 있는 특별한 능력을 타고난다. 그는 파키스탄의 분할과 전쟁, 모슬렘과 힌두교도 간의 갈등, 인디라 간디의 독재 등 현대 인도 탄생 이후의 역사적 격랑 속을 살아간다. 그는 인도의 상류층인 사이나이 집안의 아들로 생각되었지만 실은 살림 저택의 원 주인이었던 영국인 윌리엄 메스월드(William Methwold)와 거리의 가수 위 윌리 윙키(Wee Willie Winkie)의 아내인 가난한 인도 여인 바니타(Vanita) 사이에서 태어난 혼혈아이며, 유모 메리 페레이아(Mary Pereia)의 개입으로 사이나이 집안의 아들로 양육된다. 살림의 태생을 이렇게 설정한 것은 해방된 인도의 정체성과 정통성에 대한 루슈디의 회의를 담고 있다고 볼 수 있다. 원래 이 집안의 아들인 시바(Shiva)[1]는 윌리의 아들로 바뀌어 키워지며, 엄청난 무릎 힘을 가진 거리의 부랑아이자 살림의 적수가 된다.

사실 소설은 스턴(Laurence Sterne)의 『트리스트럼 샌디Tristram Shandy』

1 힌두교의 신 중 파괴의 신인 시바와 이름이 같다.

처럼 살림이 태어나기 훨씬 전, 그러니까 살림의 외할아버지 아담 아지즈(Adam Aziz)가 독일에서 의학을 공부하고 귀국한 시점부터 시작된다. 카시미르(Kashmir) 지역 출신인 그는—카시미르인들은 서양인들처럼 큰 코와 파란 눈을 가졌으며, 이것이 살림의 출생이 의심받지 않은 이유이다—유학의 결과 고향의 풍습에 많은 저항을 느끼며, 어느 날 이슬람 전통에 따라 기도를 하다가 큰 코를 땅에 찧자 신앙심마저 잃어버린다. 살림과 피를 나누지는 않았지만, 카시미르인으로서도 유난히 큰 아담의 코는 뭔가 수상한 일이 일어날 때 근질거려 재채기를 하게 한다. 코는 그의 민감한 예지력의 상징이라 할 수 있다. 아담은 1차 세계대전 중에 지방 유지인 지주 가니(Ghani)의 용의주도한 계획에 의하여 그의 딸에게 관심을 가지게 된다. 아담은 잃어버린 신앙심으로 인한 마음의 허전함을 나심(Naseem)에 대한 환상으로 채워 두 사람은 전쟁이 끝난 후 결혼하게 된다. 그러나 서구 문화에 노출되어 가치관이 혼종된 그는 여성이 베일을 벗는 것을 큰 수치로 알 만큼 전통적인 아내와의 결혼 생활에 불행을 느낀다.

결혼 직전 아담이 독일에서 알고 지내던 여자 친구인 일제(Ilse)가 그를 방문하여 호수에 빠져 자살한다. 무정부주의자였던 그녀의 남자 친구 오스카(Oskar)는 전쟁 초기에 군대에서 무모하게 전쟁을 반대하다가 사고로 죽었다. 이는 유럽에서 전쟁이나 제국적 지배 등 기존 질서를 바꿔보려는 이상적 시도들의 종말을 알리는 사건이었다. 이와 같이 세계사의 사건들, 인도 역사 속의 사건들은 사이나이 집안 사람들의 삶 속에 처음부터 침투해 있다. 그러니까 역사 속에 붙들린 일은 살림에게 처음 일어난 일은 아니다. 아그라(Agra)의 의과대학에 자리를 얻은 아담은 그곳으로 가기 위해 신부를 데리고 고향을 떠나 펀자브 지방의 암리싸(Amritsar)

에서 기차를 기다리는데, 호텔방에서 신부의 푸르다—베일—를 모두 불태워 신부를 격분하게 만든다. 결혼 생활 내내 이들의 갈등은 전통과 서구적 합리성의 대결이라는 형태로 나타난다.

그들의 암리싸 체류는 그들을 1918년 4월 14일 일어난 암리싸 대학살이라는 역사적 사건에 연루시킨다. 평화로운 군중 시위에 대한 영국군의 발포로 수많은 인도인이 학살된 이 사건의 시작은 두 명의 지도자의 석방을 요구하는 시위였다. 통행 금지령이 발효 중이었으나 속속들이 전달되어 있지 않은 상태였고 다이어(Dyer) 여단장은 잘리안왈라 바그(Jallianwala Bagh) 정원에 모인 군중에게 10분간 발포하게 했다. 이 조치는 영국의 인도 지배에 이해관계를 가지고 있는 상원에서는 지지를 받았으나, 하원에서는 비난을 받았다. 영국 통치에 대한 인도인의 신뢰를 잃게 한 이 사건은 영국의 지배가 종결되는 계기 중의 하나가 되었다. 시위 현장에서 부상자들을 치료해야 한다는 의무감으로 거리에 나간 아담은 발포의 현장을 목도한 후 중립적인 카시미르인에서 저항적 인도인으로 변화한다. 카시미르 지역은 엄밀히 말하면 대영제국의 일부가 아니라 독립된 공국으로서 원래 호전성이 결여된 카시미르인들은 영국인들에게 반감을 가질 이유가 별로 없었던 것이다.

이후 아지즈는 아그라에 정착하여 의사로 일하며 모슬렘 지도자인 벌새라는 별명을 가진 미안 압둘라(Mian Abdullah)를 추종하게 되고, 압둘라의 후견인인 부자 라니 오브 쿠치 나힌(Rani of Cooch Naheen, Queen of Nothing 이라는 뜻)이라는 여성과 교류한다. 그는 딸들의 가정교사가 다른 종교와 종파에 대한 증오를 가르친다는 이유로 해고할 만큼 관용을 중요시하는 사람으로 그가 따르던 지도자 미안 압둘라(Mian Abdullah)—간디와 같이 하나의 인도를 주장하던—는 파키스탄의 분리를 주장하던 모슬렘 연맹(Moslem League)에 의해 암살당한다. 미안 압둘라는 셰이크 압둘라(Sheik Abdullah)라는 카시미르 출신의 역사적 인물을 모델로 하고 있다. 셰이크 압둘라는 인도 독립 후에도 생존해 있었으므로 루슈디는 역사적 인물을 약간 변형한 셈이다. 아그라를 통제하고 있던 영국군 준장 도슨(Dodson)은 셰이크 압둘라를 달갑지 않게 생각했다. 영국에게 협조적이었던 모슬렘 세력이 독립국을 세우는 데 찬성하고 있었다.

벌새의 비서였던 나디르 칸(Nadir Khan)은 그 후 3년간 아지즈 집안의 지하 비밀방에 숨어 지내게 되는데, 그동안 후에 살림의 어머니가 된 뭄타즈(Mumtaz)는 나디르 칸과 사랑에 빠져, 둘은 결혼한다. 한편 미모의 막내딸 에메랄드는 미안 압둘라를 살해한 혐의가 있는 나디르 칸의 행방을 찾으러 아지즈의 집을 방문한 영국군 준장의 부관 줄피카(Zulfikar) 소령과 사랑에 빠진다. 그러는 동안 첫째 딸 알리아(Alia)는 상인 아메드 사이나이를 사랑하게 된다.

어느 날 습한 지하실에서 병이 든 뭄타즈를 진찰하던 아담은 딸이 2년간의 결혼 생활에도 처녀임을 발견하고 격분하며, 나디르 칸은 보호자의 분노를 피하여 급히 이혼을 선언하고 도주한다. 알리아와 계속 교제하러 돌아온 아메드는 뭄타즈가 이혼하자 그녀에게로 눈을 돌리고 둘은 결혼한다. 아메드는 과거를 청산하기 위하여 뭄타즈에게 아미나(Amina)라는 새로운 이름을 주고 둘은 델리에 신혼살림을 차린다. 아미나는 시인이었던 첫 번째 남편 나디르 칸을 잊지 못하고, 아내의 의무를 다하기 위하여 아메드를 나디르 칸의 모습으로 바꾸며, 두 사람이 거주하는 공간도 나디르 칸의 은신처와 같은 모습으로 꾸민다. 상인인 아메드가 부를 축적하는 데 집중하는 현실주의자라면 시인인 나디르 칸은 벌새와 같이 통일된 인도의 미래를 꿈꾸던 인물로, 아미나의 집착은 인도인이 꿈에 그리던 통일 인도에 대한 열망을 상징한다고 볼 수 있다. 이 소설에서 인물들은 개인이라기보다는 알레고리적 역할을 수행한다. 벌새가 사라진 독립 전야의 인도에는 힌두교도들의 모슬렘 박해 정서가 충만하여 아메드 사이나이도 물품 창고를 방화하겠다는 협박을 받는다.

모슬렘 교도들 역시 힌두교도들에게 적대적인 행동을 한다. 살림의 어머니 아미나 사이나이는 임신 중인 몸으로 거리의 행상인 힌두교도 리파파 다스(Lifafa Das)를 모슬렘들의 폭력으로부터 구한다. 아버지 아담 사이나이의 정신적 유산을 물려받은 아미나는 종교적 관용과 종교에 의해 분할되지 않은 하나의 인도를 믿는다. 리파파 다스는 이에 대한 보답으로 자기의 사촌인 예언자 슈리 람람 세스(Shri Ramram Seth)에게 아미나가 낳을 아이의 미래를 예언하도록 한다. 그러나 아미나가 들은 이야기는 머리가 두 개인 아이를 낳고 두 어머니가 그를 키울 것이며 코와 무릎이 있을 것이라는, 이해할 수 없는 예언이다. 이것은 사이나이 집안의 아들 시바(Shiva)가 살림(Saleem)과 뒤바뀔 것이며 자연히 이들이 서로 다른 어머니 밑에서 자라나 시바는 누구도 당할 수 없는 강한 무릎을, 살림은 거대하고도 특별한 코를 가지게 됨을 예언한 것이다.

동서인 줄피카(Zulfikar) 소령의 연줄로 가죽 사업을 하던 아메드 사이나이의 물품 보관 창고는 힌두교도들의 방화의 희생물이 된다. 그러나 운좋게도 보험 보상금을 챙긴 그는 봄베이로 이사하고 마침 인도의 독립으로 출국이 임박하자 영국인들이 싸게 팔아넘기는 부동산을 매입하여 새 출발한다. 그러나 집주인인 영국인 메스월드는 독립하는 날까지 집안의 가구와 물건뿐 아니라 티타임 같은 관습까지 유지한다는 조건으로 집을 팔며, 결국 독립 인도를 상징하는 사이나이는 영국인이 만들어놓은 제도와 체제 속에서 탄생하게 된다.

화자는 이 많은 내력을 살림이 태어나기도 전에 이야기하는 이유를 하나의 탄생에 이와 같이 많은 요소들이 작용하기 때문이라 설명한다. 메스윌드의 사생아와 사이나이 가문의 아들은 한 병원에서 태어나는데, 여기서 아이들을 돌보던 보모 메리는 혁명가 연인 조세프 드코스타(Joseph D'Costa)의 믿음을 실천하는 의미에서 가난하게 태어난 아기에게 부유한 환경을, 부유한 부모에게서 태어난 아기에게 가난한 환경을 주기 위하여 두 아기를 바꿔친다. 어린 살림의 방에는 소년 시절 월터 롤리가 바닷가에 앉아 수평선을 가리키는 어부의 이야기를 듣고 있는 그림이 있는데, 어른들은 살림에게 그림 속 월터 롤리와 똑같은 옷을 만들어 입힌다. 독립 후에도 영국인들의 꿈을 공유하고 그들의 풍습을 그대로 받아들이는 인도인들을 상징하는 알레고리라 할 수 있다. 그럼에도 불구하고 두 집단이 사유하는 내용은 달라질 수밖에 없다. 그림 속 어부의 손가락이 롤리에게 그가 정복해야 할 세계의 바다를 가리켰다면, 이제 봄베이에 걸려 있는 그림의 손가락이 가리키는 것은 봄베이의 빈민가이다. 인도의 미래가 해결해야 할 많은 과제들을 가리키는 경고의 손가락이라고 해석할 수 있다.

인도가 독립하던 날 밤 11시와 다음날 새벽 1시 사이에 인도에서 태어난 아이들은 모두 살림처럼 텔레파시의 능력이 있거나, 거울의 표면을 통과해서 거울 속의 세계로 들어갈 수 있거나, 시간 여행을 할 수 있거나, 엄청난 미모로 모든 사람들을 반하게 하거나, 시바와 같이 엄청난 힘을 가졌다든지 하는 특별한 능력을 타고난다. 이러한 신화적 설정은 이 소설의 역사성에 환상성을 부여하는 요소이다. 그중에서도 자정에 가장 가까운 시간에 태어난 살림과 시바가 가장 뛰어난 초능력을 지녔다. 시바의 얼굴은 독립 후 인도의 지도를 닮아서 데칸 반도 같이 큰 코가 얼굴

가운데 늘어져 있고, 양쪽 관자놀이는 뿔처럼 솟은 데다가 착색되어 있어, 동파키스탄과 서파키스탄의 분리 독립을 상징한다.

살림이 처음부터 텔레파시의 능력을 지녔던 것은 아니다. 유난히 큰 코에 항상 콧물이 가득하던 살림은 어느 날 목욕탕의 빨래통 속에 숨어 첫 남편에게 걸려온 전화를 몰래 받는 어머니를 보고, 재채기를 참느라 콧물이 머릿속으로 들어가면서 인도 각 지역에 퍼져 있는 한밤의 아이들의 마음속 말을 들을 수 있게 된다. 얼마 후 자전거 충돌 사고를 경험한 후 그에게 머릿속 메시지들이 더욱 명확하게 들린다. 그는 1001명의 한밤의 아이들뿐 아니라, 자신의 가족을 비롯하여 주변 사람들의 마음도 읽을 수 있게 된다. 1001이라는 숫자는 『천일야화』에도 나오는 꿈과 가능성을 상징하는 숫자이다. 그러나 태어난 지 몇 년 안에 자정의 아이들 중 420명은 질병과 사고 등 여러 가지 이유로 죽는다. 인도 독립 몇 년 안에 잠재적 가능성의 1/3 이상이 소멸했음을 상징한다고 볼 수 있다.

살림 집안은 봄베이의 버킹험 빌라라는 호화 주택에서 생활하며 경제적으로는 안정을 누린다. 모슬렘들의 자산 동결 논의 등 여전히 인도 내 종교 갈등은 소수 종교에 속하는 살림의 집안을 위협하지만 그들은 이러한 어려움을 헤쳐 나간다. 한편 파키스탄에 자리 잡은 줄피카 부부는 파키스탄에서 일곱 번째로 재산이 많은 사람이 되어 번영을 누린다. 아메드는 동업자의 죽음으로 사업을 접고 세상을 등지고 술에 빠져 살지만 주식 거래로 재산을 불려 사이나이의 부잣집 도련님으로서의 위치는 흔들리지 않는다. 많은 노력에도 불구하고 남편을 사랑할 수 없었던 아미나는 옛 남편 나디르 칸의 연락을 받고 그와 밀회를 시작한다. 그는 카심 칸(Qasim Khan)으로 개명을 하고 인도 공산당의 선거 후보가 되어 있었다. 살림은 어머니를 미행하여 그들의 재회를 목격한다. 그러나 그들의 만남은 인도의 영화에서처럼 육체관계를 배제한 만남이었다.

살림은 미국인 여자 친구 에비(Evie)의 자전거를 빌려 서툴게 타다가 언어에 의한 주의 분할에 항의하는 시위대로 돌진해 들어간다. 살림이 시위대에게 들려준 구자라티(Gujarati)어로 된 운문은 마라티어를 옹호하는 군중의 반구자라티 구호로 둔갑한다. 할아버지 아담 아지즈가 암리싸의 학살 사건에 끌려들어갔듯이 살림은 언어 시위에 연루된다. 정부는 전국을 14개 주와 6개의 직할령으로 나누었다. 그런데 분할의 원칙은 산이나 강 같은 자연물이 아닌 언어였다. 봄베이는 어떤 행정구역에도 속하지 않아 각 언어를 사용하는 집단은 봄베이를 자신의 집단으로 소속시키기 위하여 시위 중이었으며 집단들 간에는 적대감이 팽배해 있었다. 종교뿐 아니라, 언어에 의한 분열도 인도의 통합을 가로막고 있는 장애물이었으며, 살림은 이러한 분열의 현장에서 그 갈등을 온몸으로 감당하게 된다.

살림은 초능력으로 에비의 존속살해를 알아내고, 두 사람은 멀어진다. 살림은 수업 시간에 교사에게 폭행 당하는 급우를 구하려다가 머리채를 잡혀서 머리가 뽑히는 바람에 영구적으로 대머리가 된다. 새로이 호의를 보이는 마샤 미오비치(Masha Miovic)이라는 여학생 앞에서 호기를 부리다 교내의 싸움꾼들과 대결하게 된 살림은 문에 손가락의 일부가 잘리고, 병원에서 수혈을 받다가 자신의 혈액형이 부모의 혈액형과 맞지 않다는 사실을 알게 된다. 머리카락이 뽑히는 사건은 1962년 있었던 중국과의 국경분쟁에 대한 언급으로 볼 수도 있다. 자전거로 온갖 재주를 부리며 안하무인의 태도를 지닌 에비는 거친 미국을 형상화하고 있는 듯하다. 그녀의 폭력적 과거를 발견해 결별하게 되는 과정도 인도의 미국에 대한 일시적 끌림과 환멸을 상징한다고 볼 수 있다. 일시적으로 접근하는 동유럽 계열의 미오비치는 인도와 소련, 혹은 동구권과의 일시적 밀월 관계를 암시한다. 손가락은 다시 꿰매어 붙여지나 이후 그의 몸은 인도와 마찬가지로 해체와 분열의 국면을 맞이한다. 우선 손가락이 잘림으로써 그의 정체성이 변한다. 손가락의 잘림이 살림의 태생에 대한 의혹으로 이어져 과거가 현재를 혼돈 속으로 몰아넣었듯이, 인도에서는 병든 과거의 시간들이 다시 고개를 들고 일어나 현재를 혼란으로 몰고 갔다. 민주화나 여성의 참정권 등과 상관없는 과거를 갈망하는 인도인들의 정체성은 지역주의적 충성심과 편견에 물들고 균열되기 시작한다.

퇴원한 이후 그를 맞으러 온 것은 외삼촌 하니프(Hanif)와 외숙모 피아(Pia) 아주머니였다. 그들의 집에서 유모인 메리 페레이아와 얼마간 지내게 된 살림은 외삼촌 집안의 내밀한 가정사를 알게 된다. 상업성에 물들지 않은 진실한 영화를 써보려는 하니프의 작업은 사실 시장성이 전혀 없으며, 그는 피아의 연인인 영화업자 호미 캐트랙(Homi Catrack)이 지불하는 스튜디오 월급으로 살아가고 있는 셈이었다. 이것은 독립 후 인도 사회에 팽배한 상업주의와 황금만능주의, 그리고 순수한 예술적, 정신적 가치들이 존중받지 못하는 풍토에 대한 언급이다.

어른을 상징하는 긴 바지를 받고 집으로 돌아온 살림은 집안에서 위치가 격하되었고, 지금까지 말썽쟁이로 치부되던 누이가 부모에게 더 대접받는 위치가 된 것을 발견한다. 시간이 흐름에 따라 자정의 회의에서 인도의 미래를 올바른 방향으로 끌어가던 살림의 지도력은 붕괴되고 회의는 어른들의 영향으로 부패해간다. 아이들은 어른들의 종교, 언어, 정당 등의 분파주의에 물들고, 처음부터 살림의 적수였던 시바는 삶이라는 것이 꿈과 사랑과 이상주의가 아니고 투쟁과 이기적 생존, 그리고 물질로 이루어져 있다고 주장한다. 전국에 걸친 초능력 어린이들의 연결망도 점점 효력을 상실해간다. 한밤의 아이들의 회합이 깨어지던 날 중국은 인도의 국경을 침범해왔다.

살림은 피아 아주머니에게 싫증이 난 호미 캐트릭이 사바르마티(Sabarmati) 사령관의 아내 릴라와 밀회를 즐기고 있음을 알고, 피아 아주머니에 대한 동정심 때문에 사령관에게 아내의 부정을 알리는 비밀 편지를 보낸다. 과격한 성품의 사령관은 아내와 정부를 총으로 쏘아 캐트랙은 사망하고, 릴라는 소화기에 부상을 입고 생존한다. 사바르마티는 살인을 했는데도 그 행위의 정당성을 옹호하는 많은 보수파들의 지지를 받는다. 이것을 목격한 아미나는 옛 남편과의 밀회를 중단한다. 통일 인도에의 꿈은 금력과 권력의 갈등의 틈바구니에서 설 자리를 잃는다.

살림의 비밀 편지의 결과로 호미 캐트랙이 죽자, 그의 외삼촌 하니프는 월급을 못 받고 생활이 곤란해져 자살한다. 피아는 장례식에 찾아온 시부모를 따라 그들의 막내딸이 살고 있는 파키스탄으로 가서 정착하기로 결정하고, 오랫동안 시어머니가 제안해온 주유소 경영에 동의한다. 68세가 된 아담은 신이 자신의 아들을 앗아간 것을 용서할 수가 없어서 파키스탄으로 이주하기를 거부하고 이슬람교에 대한 신성모독을 일삼다가 1964년 고향인 카시미르로 돌아가 죽는다. 그는 살림처럼 온몸이 산산조각 나서 죽는데, 두 사람 모두 분파주의로 융합을 이루지 못하는 인도의 운명을 몸으로 구현하며 고통을 감당해야 하는 역사의 짐을 진다.

살림이 부모의 집으로 돌아온 지 몇 달 후 메리는 드디어 살림의 출생의 비밀을 가족들에게 고백한다. 아메드는 아무 잘못도 없는 아내에게 분풀이를 하고, 아미나의 어머니는 이러한 딸에게 아이들을 데리고 파키스탄으로 가도록 종용한다. 파키스탄에서 그들은 에메랄드의 집에 기거하며 에메랄드의 남편 줄피카가 쿠데타를 일으켜 정권을 잡는 것을 목격한다. 살림은 국경을 넘나들며 중요한 역사적 사건들의 중심에 서게 된다. 몇 년 후 뇌졸중을 일으킨 아메드를 돌보기 위해 사이나이 가족은 다시 인도로 돌아온다. 아미나가 아메드를 회복시키는 동안 둘 사이에는 전에 없던 애정이 싹터 그들은 늦게나마 달콤한 결혼 생활을 몇 년간 맛본다. 아메드는 살림의 존재까지 사랑으로 받아들이게 된다. 한편 한밤의 아이들의 회합이 깨진 후 살림과 통신을 주고받는 유일한 멤버는 마녀 파르바티였다. 항상 축농증에 시달리던 살림은 부모의 주선으로 수술을 받은 결과 텔레파시 능력을 잃고 극도로 코가 민감해진다. 어머니의 불륜—통일 인도에 대한 불가능한 열망—을 목격하며 가동되었던 텔레파시는 이제 어머니의 현실 안주라는 환경 속에서 그 힘을 잃는다.

인도가 중국과의 전쟁에서 패배하자 아메드는 실망만 안겨주는 인도를 떠나 "순결함의 나라" 파키스탄에 정착하기로 결심한다. 이전의 파키스탄 생활에서 줄피카의 식객에 불과했던 그들은 이제 파키스탄에서 성공한 삶을 살게 된다. 살림의 여동생은 자밀라(Jamila)라는 이름으로 파키스탄 제일의 여가수가 된다. 어린 시절 말썽만 피우던 그녀는 구멍이 뚫린 부르카 뒤에 숨어 이슬람의 신앙과 국가에 대한 충성을 노래한다. 살림은 누이이지만 피가 섞이지 않은 자밀라를 연모함에도 불구하고, 자밀라와 달리 모든 비순수한 것에 자연히 이끌린다고 고백한다. 인도에서의 삶이 여러 가지 대안적 현실에 포위되어 있었다면 파키스탄에서의 삶은 수없이 많은 허위와 비현실, 거짓들에 둘러싸여 있다고 살림은 결론내린다. 종교적 순결함을 지향하는 국가적 정체성이 많은 허상들을 낳은 것이다. 그는 다른 나라의 젊은이들과 달리 엄격한 이슬람식 통치를 주장하며 시위를 하는 젊은이들과 화합하지 못한다. 극도로 민감해진 코는 물질뿐 아니라 선과 악, 행과 불행, 진실과 거짓 등의 냄새까지 맡을 수 있게 되었는데, 그는 성스러움과 선함의 냄새보다 하수구의 찌르는 냄새에 더욱 강하게 이끌린다. 그는 분리된 파키스탄의 현실에 안주하는 대신에 민감한 비판적 안목을 가지게 된다.

건강을 회복한 후 무기력증을 극복한 아메드는 파키스탄에서 수건 공장을 인수하고 사업은 성공 가도를 달린다. 파키스탄의 분리에 동의하지 않았던 남편의 죽음으로 부담이 없어진 나심 사이나이는 인도와 파키스탄 간의 긴장이 완화되자 자식들이 있는 파키스탄으로 이주한다. 그러나 잠시 행복과 번영을 누리던 집안은 다시 기울기 시작한다. 아메드의 이기적 경영 방식은 회사의 분열과 퇴조를 가져온다. 42세의 늦은 나이에 임신한 아미나는 기형아 출산에 대한 공포로 조기 노화 증상을 보인다. 살림은 이와 같은 가족의 불행을 동생 아미나에게 아메드를 빼앗긴 노처녀 알리아 이모의 원한과 심술 때문이라고 생각한다. 한편 살림의 사촌이자 에메랄드와 줄피카의 아들인 자파르(Zafar)는 반편이에 오줌싸개로 항상 아버지의 구박을 받았으나 인도와 파키스탄 경계 지역에 파견되어 군복무를 하던 중 밀수단과 대면하고 아버지가 그 배후에서 돈을 벌고 있음을 알게 된다. 그는 힌두교도들을 축출하는 과정에서 이룩한 재산도 모자라서 밀수로 축재를 하고 있었던 것이다. 이러한 부패한 아버지의 모습에 격노한 그는 아버지를 살해하고 감옥에 가게 된다. 분열된 조국의 단편적 현실 속에서 성공을 향해 달리는 듯 보이는 개인의 삶은 결국 모두 좌절되고 만다.

그러는 사이 파키스탄은 인도와 전쟁을 하게 되고, 전쟁 중에 자밀라와 살림을 제외한 온 가족은 죽는다. 살림은 인도-파키스탄 분쟁이 마치 자신의 일가를 몰살하기 위하여 일어난 것 같다고 회상한다. 나심, 알리아, 아메드, 아미나, 남편의 죽음 이후 영국으로의 이주를 기다리고 있던 에메랄드 등이 모두 죽고, 감옥의 벽이 허물어져 자파르는 탈출한다. 살림은 공습 중에 할아버지의 타구에 머리를 맞아 기억을 잃고 군대에 징집되어 1971년 파키스탄에 독립을 선포한 방글라데시 복속 전쟁에 참여한다. 통일된 조국에의 열망을 상징하는 살림은 이제 인도로부터 분열되어나간 파키스탄이 다시 분열하는 전쟁에 의식 없이 참전하게 된다.

살림이 소속된 부대는 현 방글라데시의 수도인 다카(Dacca)로 잠입하여 임무를 수행한다. 큐티아(Cutia)라고 불리는 수색대는 세 명의 군인과 군견 한 마리로 편성된 단위들로 구성되어 있다. 냄새에 민감한 살림의 코는 수색 임무에 적격이었다. 그들의 수색 대상은 모든 "비순수한 요소"의 색출로, 살림은 방글라데시의 독립을 주도하던 셰이크 무집(Sheik Mujib)을 추적하여 체포하는 데 공헌한다. 이러한 숙청 작업 때문에 1971년 천만 명이 인도로 피난했다. 관용과 지성이라는 지적 전통 속에 성장한 사이나이는 이제 이슬람 순수주의의 도구로 전락한다.

그러나 그는 아군이 저지르는 만행들을 보고 동료들을 이끌고 탈영한다. 그러나 현실을 견딜 수 없어 꿈의 나라로 생각한 밀림 속으로 도피한 그들을 기다리는 것은 그들이 살해한 농부의 유령과, 수많은 죽은 이들의 아내와 고아가 된 아이들의 아우성이 기다리고 있는 악몽의 세계였다. 어느 날 뱀에 물린 살림은 모든 기억을 되찾지만, 자신의 이름만은 기억할 수 없었다. 그들은 힌두 사원에서 밤마다 네 명의 아가씨가 와서 관계를 맺는 아름다운 꿈을 꾸게 되고, 얼마 후 서로의 몸이 투명해지는 것을 본다. 욕망 충족으로 몸에서 꿈이 빠져나가게 하는 것이 정글의 마지막 장난이었다. 숲을 빠져나온 그들은 그동안 인도가 동파키스탄을 도와 전쟁에 개입했으며, 인도의 승전으로 동파키스탄이 방글라데시로 독립하게 되었음을 알게 된다. 승전 인도군의 선봉에는 시바가 있었고, 승전을 축하하기 위해 보내진 연예인들의 무리 속에 있던 마녀 파르바티가 살림을 알아보아 그는 드디어 이름을 되찾는다. 인도가 세 개의 국가로 분열되는 현장에서 살림은 이제야 자신의 본분을 되찾는다.

왜 자신이 역사의 모든 짐을 감당해야 하는지 이해하지 못했던 살림은 역사의 짐을 감당해야만 할 책무가 특별히 자신뿐 아니라 6억 인도인 모두에게 있음을 깨닫는다.

> 나는 나를 앞서간 모든 것, 내가 하는 것이 보인 모든 것, 그리고 나에게 행해진 모든 것의 총합이다. 나는 그들의 세계 안에서 나의 영향을 받은 모든 사람과 모든 것이다. 나는 내가 지나간 후의—내가 오지 않았다면 일어나지 않았을—모든 것이다. 그리고 나는 이런 면에서 특별히 예외가 아니다. 이제 6억이 넘는 모든 이 하나하나가 이와 유사한 다수성을 보유하고 있다. 마지막으로 반복한다. 나를 이해하려면 당신들은 세계를 삼켜야 할 것이다(383).

마녀 파바르티의 바구니에 숨어 인도로 돌아와 관리인 외삼촌 무스타파의 집에 몇 달간 머물던 살림은 파르바티와 하룻밤 관계를 맺다 외삼촌에게 들켜 집을 나온다. 힌두교 국가에서 모슬렘 관리로서 불이익을 당해왔던 무스타파는 바람직하지 못한 인물이 자기 집에 묵고 있는 것이 불안하던 참이었다. 살림과 파르바티는 마술사들의 게토에서 뱀을 부리는 픽처 싱(Picture Synge)과 함께 생활한다. 마술사들은 대부분 종교에 관심을 가지지 않는 공산주의자들로, 인도의 다른 집단과 마찬가지로 분열의 병폐에 시달리고 있었다. 파르바티는 살림과의 결혼이 실현되지 않자 시바와 관계를 가져 아이를 잉태하나, 장기적인 관계를 맺는 데는 실패한다. 살림은 그녀의 사회적 체면을 유지해주기 위해 결혼하기로 한다. 파르바티의 아기 아담이 태어난 직후, 인디라 간디 정부는 인구 억제책으로 불임 수술 캠페인을 벌인다. 항상 힘센 자들 편에 서는 시바는 살림에게서 한밤의 아이들의 이름을 모두 받아내어 불임 수술을 시킬 목적으로 그들을 체포한다. 한때 분열되어 있던 한밤의 아이들은 이 순간 종교나, 정당이나, 언어와 상관없이 다시 한 번 공감의 모습을 보이지만 결국 수술대에 올려진다. 남자들은 단순한 정관수술을 하는 것이 아니라 회복 불능의 고자를 만들고, 여자들은 자궁을 적출당한다. 신이 되고자 하는 인디라 간디는 자신과 경쟁할 수 있는 존재들—한밤의 아이들—을 용인할 수 없기 때문이다. 뿐만 아니라 게토는 도시 미화의 일환으로 파괴당하고 그 와중에 몇몇은 목숨을 잃는다. 인디라 간디는 선거에서 져서 권력을 잃고 한밤의 아이들은 구금에서 풀려나지만 거세의 수치로 더 이상 희망과 공감을 갖지 못해 결국 뿔뿔이 흩어진다. 독립 인도의 미래에 꿈을 주던 세력들은 이제 모두 무력화되었다.

픽처 싱(Picture Singh)은 봄베이에 세계 최고의 뱀 부리는 자가 있다는 소식을 듣고 그에게 도전해 승리한다. 그와 동행했던 살림은 봄베이에서 어릴적 유모인 메리가 만들어주던 것과 똑같은 맛의 절임을 맛보고, 공장에 찾아가 그곳의 주인이 메리임을 알게 된다. 그는 그곳을 마지막 안식처로 삼고, 그곳에서 문을 지키던 파드마의 결혼 제안을 받아들인다. 왕성한 정력을 뽐내던 시바는 아담 이외에도 여기저기에 자손을 남긴다. 거세당한 한밤의 아이들 가운데 유일하게 자손을 남긴 것은 시바와 파르바티뿐이다. 이제 살림은 시바와 파르바티의 아들 아담을 맡아 키운다. 아담은 비록 시바의 자식이긴 하지만 한밤의 아이들에게 남겨진 유일한 혈통이다. 그리고 시바가 실은 사이나이 집안의 혈통을 받은 아이이므로, 아기 아담에게는 관용과 통일에의 열망을 담은 사이나이 가문의 정신이 닿아 있다고 볼 수 있다. 살림은 아담과 그의 이복형제들, 즉 제 2세대의 한밤의 아이들은 그 전 세대보다 훨씬 강할 것이며, 그들의 운명을 예언이나 별에서 찾는 대신에 의지의 용광로에서 벼려낼 것이라고 예측한다. 아이는 힌두교의 코끼리 신 가네샤처럼 큰 귀를 가졌는데, 말이 별로 없이 모든 것을 주의 깊게 듣는 그는 보다 지각력 있는 미래의 세대를 상징하는 듯하다. 그는 너무 많은 역사적 사건들의 비명을 들어서 말이 없는 아이같이 보인다. 세 살이 넘은 그의 아들 아담이 처음으로 한 말은 "수리수리마수리(Abracadabra)"라는 주문이다. 살림은 엉킨 미래를 풀어줄 수 있는 미래의 기적을 아직 포기하지 않았다. 그 자신은 이제 뒤로 물러앉은 조언자로서 미래에 도움이 될 것을 희망하면서 역사의 갈무리를 계속할 뿐이다.

『한밤의 아이들』은 독립 전후의 인도 역사에서 서구 문화와의 관계, 파키스탄의 분리 독립, 인도와 파키스탄 내의 타교도 배척, 인도와 파키스탄의 분쟁, 동파키스탄 즉 방글라데시의 독립 선언과 그를 진압하기 위한 서파키스탄의 군대 투입과 그에 대항하여 파견된 인도군에 의한 패배, 네루, 인디라 간디 정권의 통치를 관통하여 인도를 지배해온 불화와 분쟁, 그리고 압제의 역사를 다룬다. 마술적 사실주의라는 서사적 장치를 사용하여 소설은 독립 후 인도가 걸어온 독재를 통한 획일적 이데올로기로 역사를 바라보는 관점에 대하여 대안적 시각들을 제시하며, 독립 당시의 민주적이고 다성적이었던 가능성이 현실의 역사와 정치 속에서 말살되는 과정을 그린다. 조화와 공존과 융합은 획일성의 강제가 아니라 이질성에 대한 포용에서 성취되는 것임을 보여주는 이 소설은 현실에서 실패한 융합의 꿈을 글쓰기를 통해 갈무리하고 희망 속에 끝을 맺는다.

2. 『악마의 시』: 이슬람의 역사와 런던으로 귀환한 식민지의 역사

『악마의 시』는 인도 독립 후 영국에 이주한 인도인들의 역사와 인도인들의 의식, 인도의 2대 종교의 하나이자 인도와 파키스탄의 분리 및 인도-파키스탄 전쟁의 원인이 되었던 이슬람의 역사를 동시에 다룬다. 또한 소설은 인도인들이 영국 문화에 대해 보이는 무조건적 모방의 태도, 혹은 민족 문화에의 집착과 절충적 문화의 수용 사이에서의 고민, 인도내부의 종교적 갈등, 그리고 영국에 이주한 인도인들이 인종주의를 대면하여 겪는 고난과 갈등을 다룬다. 소설에서 독선적 문화의 상징으로 떠오르는 이슬람 근본주의자들은 역사의 진행을 믿지 않으며, 자신들의 시계를 마호멧이 활동했던 7세기에 고정시킨 채 당시의 텍스트 코란이 요구하는 규범들을 문자 그대로 받아들일 것을 강요한다. 근본주의가 시간의 정체에 기초한 신념이라면, 역사의 흐름 자체는 혼종과 절충을 자연스러운 것으로 받아들이고, 자문화를 거부하거나 타문화를 배제하지 않는 관용과 대화의 자세로 역사의 흐름을 헤쳐 나갈 것을 권고한다. 소설에서 독선의 문화에 저항하는 존재는 필경사 살만과 시인 바알이다. 이 문사들의 존재는 글쓰기가 독단적 이데올로기에 대한 대안적 도전과 견제의 도구로서 얼마나 중요한가를 말해준다.

이 작품의 주인공은 지브릴 파리시타(Gibreel Farishita)와 살라딘 참차(Saldain Chamcha)이다. 지브릴은 신들을 다룬 영화에 출연하여 인기를 얻게 된 인도의 미남 배우이다. 살라딘은 봄베이 부호의 아들로서, 그의 자아를 끝없이 좌절시키는 부친에게 반항해 인도인으로서의 정체성을 버리고 훌륭한 영국인이 되고자 한다. 그는 영국에서 엘리트 교육을 받은 후 성우로 크게 성공을 거두고 영국 여자와 결혼하여 저택에서 살고 있다. 즉 그가 꿈꾸던 영국의 일류 시민이 된 것이다. 그러나 그가 온갖 목소리와 억양을 흉내낼 수 있지만 인도인의 외양 때문에 배우가 되지 못하고 성우로 활동하고 있다는 사실은 영국 사회에서 그의 진출의 한계를 보여준다.

자신이 사랑하는 영국인 히말라야 등반가 알렐루야 콘(Alleluia Cone)을 찾아 런던으로 가던 지브릴과 인도에서 연극 공연을 마치고 런던으로 귀환하던 살라딘은 봄베이에서 영국으로 향하는 점보제트기 보스탄(Bostan)[2]호를 우연히 같이 타게 되는데, 비행기는 인도 내의 소수파 납치범들에 의해 영국 상공에서 폭발한다. 두 사람은 수천 미터 상공에서 폭발한 비행기에서 튕겨져 나와 추락하지만 기적적으로 살아남는다.

평소에 환생에 관심이 많던 지브릴의 꿈이 실현되듯 두 사람은 영국에서 제2의 삶을 살게 되는데, 그들의 기적적 생존은 이 소설이 상당 부분 판타지와 마술적 사실주의에 기대고 있음을 보여준다. 그들은 영국 남부 해안 헤이스팅즈(Hastings) 부근에 있는 로사 다이아몬드(Rosa Diamond)라는 노부인의 집 앞에 떨어진다. 헤이스팅즈는 노르만디 공 정복자 윌리엄(Willam the Conqueror, the Duke of Normandy)이 1066년 영국을 정복할 때 격전을 치렀던 곳이다. 과부가 된 로사 다이아몬드는 한때 아르헨티나에서 남편 헨리(Henry)와 함께 농장을 경영했던 인물이다. 현대판 식민가의 경력을 가진 다이아몬드 부부의 뜰이 과거 영국 식민지 출신으로 이제 영국 현대사의 일부로 편입될 운명에 있는 두 사람을 마중하는 장소로 기능하는 셈이다. 외부에서 이루어진 제국으로서의 영국의 역사는

2 이슬람의 천국에 있는 정원 이름.

이제 정복자 윌리엄처럼 영국 본토를 정복할 양으로 상륙한 것이다. 두 사람은 로사 다이아몬드 부인의 보살핌으로 추락의 쇼크에서 회복된다.

영국 땅에 떨어짐과 동시에 지브릴은 천사의 모습으로, 살라딘은 악마의 모습으로 변한다. 지브릴의 머리는 후광으로 싸이고, 그의 입에서 나던 악취는 살라딘에게 옮아간다. 지브릴은 코란에 나오는 천사의 이름으로, 성서의 가브리엘 천사에 해당한다. 뿐만 아니라 지브릴의 모습은 젊은 시절 로사의 아르헨티나인 연인이었던 마틴(Martin)의 모습을 상기시킨다. 한편 머리에서 뿔이 돋은 악마의 모습으로 변하여 수상한 용모를 가지게 된 살라딘은 해안 경비대에 밀입국 혐의로 체포되고, 지브릴은 천사의 외양 덕분에 체포를 면한다. 이들의 변화는 본인의 도덕적 성향과는 상관없이 순전히 우발적인 것으로 보인다.

살라딘은 경찰 차량으로 이송되는 도중 더욱 완전한 악마의 모습으로 변하여 영국 경찰에게 폭행과 학대를 당한다. 그가 선택한 조국, 민주적 공공질서의 귀감이라 믿어온 영국에서 이런 인권 유린이 일어나자 살라딘은 영국 사회에 대한 배신감을 느낀다. 아무런 신분증명서 없이 하늘에서 떨어진 그는 자신의 정체를 증명할 길이 없다. 그러나 컴퓨터로 신분을 조회해본 경찰은 그가 자신의 주장대로 영국의 일등 시민임을 확인하고, 책임 추궁이 두려워 그를 병원에 입원시킨다.

병원에서 깨어난 살라딘은 폐에 찬 분비물을 제거하기 위하여 하이아신스(Hyacinth)라는 흑인 물리 치료사의 치료를 받는다. 그는 곧 이 병원이 자기 이외에도 온갖 야수의 모습을 한 유색인들로 가득 차 있다는 것을 알게 된다. 그들은 백인들이 그들을 묘사하는 대로, 이런 야수의 모습이 된다. 말할 것도 없이 이 병원은 타자화의 희생물이 된 유색인들의 수용소로서 상징적, 우의적 공간이다. 그들은 이 수상한 병원을 빠져나가기로 모의하고 하이아신스까지 가담하여 집단 탈출에 성공한다.

한편 로사의 지나간 사랑의 환상을 채워주던 지브릴은 로사의 임종을 지켜본 후 런던행 기차를 타고 영국에 온 목적이었던 앨리 콘을 찾아 나선다. 지브릴이 런던으로 떠나며 남긴 메시지를 잘못 알아듣고 아이들과 동반 자살을 했던 레카 머천트(Recca Merchant)라는 옛 애인의 유령이 그를 계속 괴롭히나, 그는 결국 앨리 콘의 발밑에 쓰러져 구조되고, 그녀와 같이 지내게 된다. 살라딘의 성우 시절 동료인 미미 마물리안(Mimi Mamoulian)의 파티에서 살라딘과 재회하기 전까지 지브릴의 삶은 앨리에 대한 지나친 질투에서 비롯된 사랑싸움, 자신이 런던을 구원할 의무가 있는 지브릴 천사라는 환상에서 비롯된 해프닝들로 구성되어 있다. 순백의 알레루야 콘에게 반해 영국으로 왔으며, 인종적 열등감에 기인한 불안감 때문에 극단적 질투심에 사로잡히는 그의 태도 역시 식민종주국과의 관계에 있어 살라딘 참차의 태도보다 성숙한 것으로 보기는 어렵다.

한편 살라딘은 여전히 악마의 모습인 채로 아내 파멜라가 사는 집으로 찾아가나, 그가 죽은 줄 알고 그의 영국인 친구 점피 죠시(Jumpy Joshi)와 동거에 들어간 파멜라는 흉악한 모습으로 돌아온 그의 존재를 인정하지 않을 뿐 아니라, 발작적 반응을 보인다. 두 사람을 결합시켰던 것은 진정한 인간적 유대라기보다는 살라딘의 사회적 성공과 파멜라의 영국 문화 내의 정통적 위치였던 것이다. 반면 친구로서의 의리를 잊지 않은 점피 조시는 살라딘을 무하마드 수이판(Muhammad Suyfan)이라는 인도인이 경영하는 카페 겸 하숙집에 안치시킨다. 그곳에서 그는 자신은 직업을 잃고 아내는 점피 조시의 아기를 임신하게 된 반면에, 지브릴은 이슬람교에 대한 꿈의 내용을 영국에서 영화로 만들기로 하여 성공가도를 달리고 있음을 알고 절망과 질시에 사로잡힌다.

그러나 동료인 미미, 하숙집 딸들인 미샬(Mishal)과 아나히타(Anahita), 하숙집 카페 주인 수이판(Suyfan) 등은 모든 사람들이 혐오하는 그를 포용하고 돕는다. 시간이 흐르자 악마의 존재에 대한 소문이 런던을 휩쓸고, 소문의 크기만큼 몸이 커지자 비좁은 하숙방에 있을 수 없어진다. 동시에 런던의 유색인들 가운데 악마를 회피하거나 증오하지 않고, 오히려 악마의 상징물인 뿔을 일부러 착용하는 유행이 번진다. 타자화에 의해 씌워진 가면을 저항의 구심점으로 사용할 수 있는 가능성이 제시되는 지점이다.

큰딸 미샬과 그녀의 혼혈인 변호사 애인은 핑크왈라(Pink Wallah)[3]라는 친구 집에 머물고 있는데, 살라딘은 이들의 도움으로 핑크왈라가 디제이로 일하고 있는 나이트클럽에서 밤을 지내게 된다. 이 클럽에는 밀랍으로 만들어진 수많은 역사적 인물 및 현존 인물들의 인형들이 있는데, 그중 지브릴의 인형을 보는 순간 살라딘은 격렬한 증오감에 사로잡혀 정상적인 인간의 모습으로 돌아온다. 영국 사회의 이상적 모습에 대한 그의 선망과 믿음은 증오로 인하여 완전히 파괴되는 동시에 그는 인간의 모습을 되찾은 것이다. 그를 일방적으로 규정하는 영국 사회의 시선에 반발하고, 사회의 모습을 자신의 시선으로 규정하기 시작함으로써 살라딘은 인간의 모습을 회복하게 된 셈이다.

파멜라와 죠시가 사는 옛집으로 돌아온 살라딘은 자신의 서재에 기거한다. 파멜라에게 더 이상 매력을 못 느끼는 그는 아내의 새로운 생활을 받아들이고, 점피 죠시는 살라딘에게 친절을 베푼다.

---

3 분홍 인간이라는 뜻의 영어와 힌두어의 합성어.

그러던 어느날 미미와 그의 연인 빌리 바투타(Billy Battuta)가 주최한 지브릴의 영화 개봉 기념 파티에서 지브릴을 본 살라딘은 다시 한 번 자신이 꿈꾸었던 모든 것을 얻은 그에게 살인적 증오와 질시의 감정을 느낀다. 결국 살라딘은 목소리 위장술로 지브릴과 앨리를 이간질하여 두 사람의 관계를 파탄에 이르게 한다. 인도에서 출혈병을 앓고 이슬람 신앙을 버린 후에 정신분열 증상을 보이던 지브릴은 이제 완전히 제정신을 잃는다. 그는 자신이 죽음의 천사 애즈라엘(Azrael)이라 믿으며 트럼펫으로 세상의 종말을 고하려 한다.

점피 죠시는 살라딘에게 흑인운동가인 우후루 심바(Uhuru Simba)의 투옥에 항의하는 시위에 참가할 것을 종용한다. 우후루 심바는 할머니 연쇄살인 사건의 용의자로 지목되어 투옥된 후 감옥에서 (아마도 경찰에 의하여) 살해된 아프리카인으로서, 그가 살인범이 아니었음이 밝혀지자 유색인들의 격렬한 시위가 시작된다. 영국 사회의 인종적 편견과 자신이 믿었던 영국 사회의 공정성에 배신을 겪고 개인적 대가를 치른 후에도 그는 영국에서의 성공을 척도로 자신과 지브릴을 비교하는 심리적 한계에서 벗어나지 못하고 있었다. 조시는 살라딘에게 좀 더 의미 있는 방식으로 정의 구현에 나서줄 것을 독려하고 살라딘은 이에 설득된다. 그러나 점피 조시와 파멜라는 시위와 관련된 화재로 죽는다.

인도인들이 모여 사는 런던의 거리는 그동안 고조되었던 인종적 감정이 극에 달해, 폭력과 방화가 빈발하고 종말의 날을 방불케 하는 상태였다. 한때 살라딘의 은신처였던 샨다르 카페도 불길에 휩싸이고 있었는데, 이곳에서 살라딘과 지브릴은 다시 만난다. 살라딘은 불행했던 시절 자신에게 애정을 베풀었던 수이판의 식구들을 구하기 위하여 불길 속으로 뛰어들었다가 무너지는 재목에 깔리고, 지브릴이 그를 구출한다.

인종적 갈등이 폭발한 런던을 배경으로 두 사람은 경쟁에서 벗어나 진정한 화해를 이루며, 살라딘은 영국 사회에 대한 선망과 조국에 대한 경멸의 감정에서 완전히 벗어난다.

소설에서 지브릴이 수행하는 중요한 역할은 이슬람의 역사를 꿈꾸는 일이다. 본래 이슬람 교도였던 그는 인도를 떠나기 얼마 전 이상한 출혈병에 걸렸다가 기적적으로 살아나 투병 끝에 알라에 대한 신앙을 잃는다. 그 후 그는 잠이 들면 이상한 꿈을 꾸며, 꿈에서 천사 지브릴의 시각으로 세상을 바라본다. 그의 꿈은 마치 비디오테이프를 껐다가 다시 틀었을 때처럼, 잠에서 깨어나도 다음 잠에서 이어진다. 그가 꿈꾸는 에피소드들은 살라딘 참차의 런던 생활을 알리는 에피소드들 사이사이에 삽입되어 있다. 그래서 이 작품의 아홉 장 중 홀수 장은 현실(소설적 허구 속)의 사건으로, 짝수 장은 꿈의 내용으로 이루어져 있다. 그의 꿈은 소설의 사실주의적 관례를 벗어난 광범위한 시간과 공간으로 활동 무대를 넓혀 이슬람교 역사의 문제적 순간들을 재현한다. 이것은 루슈디가 이슬람교에 대한 탐문을 펼치는 장으로 이용되며, 이 부분이 호메이니(Ayatollah Khomeini)를 비롯한 이슬람 근본주의자들을 자극하여 루슈디에게 종교적 살해 명령을 내리게 한 원인이다.

2장 '마훈드(Mahound)'[4]에 나오는 첫 번째 꿈의 내용은 이슬람교를 창시한 마호멧이 소싯적에 메카(Mecca)에서 박해를 받아 메디나(Medina)로 피신하기까지를 다룬다. 소설에서는 자힐리아(Jahilia)라 불리는 메카에서 미르자 자이트 악타르(Miraz Saeed Akhtar) 대공과 그의 아내 하인드(Hind), 시인 바알(Baal) 등과 대결하던 마훈드는 드디어 자힐리아에서 메

4 마훈드는 마호멧의 다른 이름으로, 주로 중세 서양에서 마호멧을 악마적으로 인식한 사람들이 부르던 이름이다.

디나로 피신한다.

이 장에 문제의 "악마의 시"에 대한 언급이 나온다. "악마의 시"는 코란의 일부분이었다가 후에 마호메드가 삭제한 구절로, 메카인에게 당시에 새로운 신앙이었던 이슬람교를 쉽게 받아들이게 하기 위하여 메카에서 숭배되던 세 이교의 여신을 숭배해도 좋다는 허락을 언급한 구절이다. 마호메드는 후일 이것이 악마의 유혹에 의하여 잘못 언급되었으니 삭제한다고 말했으나, 소설에서는 마호메드 자신이 상황 판단에 의해 조정한 것으로 표현된다. 이런 해석 때문에 이 책은 이슬람교도들의 지탄의 대상이 되었다.

4장 '아예샤'는 아예샤라는 이름을 가진 여인이 등장하는 두 개의 에피소드로 되어 있다. 첫 번째 에피소드 속의 아예사는 중동 지방에 거주하는 친미적이고 부패한 정권의 통치자로, 런던에 망명하고 있는 이슬람 근본주의자 이맘에게 축출된다. 아야톨라 호메이니를 상기시키는 이맘은 시대의 흐름을 부인한 채 7세기의 교리들을 문자 그대로 강요하는 시대착오적 인물로 그려진다. 이러한 묘사 또한 이슬람 근본주의자들을 분노케 한 원인이 되었다.

두 번째 아예샤 에피소드의 시대 배경 역시 현대로서, 이 에피소드 속의 아예샤는 나비를 먹는 인도의 가난한 소녀로 대천사 지브릴의 은총을 입고 종교 지도자가 된다. 아예샤는 유방암에 걸려 종교적 기적을 바라는 마을 유지 미르자 자이트 악타르의 아내 미샬(Mishal)을 포함해 티틀리푸르(Titlipur) 마을 주민들을 모두 데리고 도보로 메카 순례에 나선다. 악타르는 이것이 언어도단이라고 생각하며 말리려 한다.

6장 '자힐리아로의 귀환(Return to Jahilia)'은 마호멧이 강대한 종교, 정치집단의 지도자가 되어 자신이 태어난 도시 자힐리아(메카)로 돌아와 근엄한 신정을 시작하던 시기를 다룬다. 모든 윤리적 해이는 철저한 박해의 대상이 된다. 그러나 표면에서 억압된 악덕은 베일 뒤에서 더욱 번창하는 모습을 보인다. 이것은 '베일'이라는 이름의 사창굴에서 창녀들이 마호멧의 여러 아내들의 이름을 사용함으로써 고객들 사이에 인기를 끄는 에피소드로 대변되는데, 마호멧을 조롱하던 시인 바알은 이곳에서 흑인으로 변장하고 사창굴의 기도로 살아간다. 그는 의지할 곳 없는 창녀들의 남편이 되어주는데, 아이러니하게도 창녀들은 이름뿐인 남편 바알에게 충성을 바친다. 한때 탄압받던 정의의 세력이었던 마호멧은 이제 타락한 삶 속에서 연민과 정절의 가치를 역설적으로 실천하는 사회적 약자들을 억압하는 세력이 되어 있다.

한편 마호멧의 필경사였던 페르시아인 살만은 실험적으로 계시의 내용을 바꾸어 적어보았으나 마호멧이 눈치 채지 못했다고 주장하며 코란의 절대성을 부인한다. 모든 텍스트의 부패 가능성을 시사하는 이러한 포스트모던적 발상은 이슬람 교조주의자들을 심히 불편하게 했을 것이다.

마지막으로 8장의 '아라비아 해를 가름(The Parting of the Arabian Sea)'에서는 아예샤 장의 두 번째 에피소드 즉 순례 여행의 속편이 다루어진다. 아예샤가 이끄는 순례단은 배고픔, 갈증, 지침, 회의, 분열, 주변의 적대, 홍수 등 시련을 겪은 후 아라비아 해에 도달한다. 기적을 굳게 믿는 마을 사람들은 환상을 보고 아예샤를 따라 바다로 걸어들어가고, 뒤쳐져 있던 몇 명의 회의주의자들만 목숨을 건진다. 미르자 자이트는 스테이션 왜건을 타고 그들을 따라가며 돌아오라고 종용하나, 소용이 없었다. 절망에 빠진 미르자 자이트는 집으로 돌아와 굶어 죽는다. 어떤 이들은 바다로 들어간 순례 행렬이 곧바로 천국으로 걸어 들어갔다고 생각했다. 이 에피소드는 1983년 38명의 모슬렘 순례자들이 물이 갈라지리라 생각하면서 아라비아 해에 빠져 죽은 실제 사건에 기초한다.

이 꿈들의 화자이자 시점인 지브릴은 때로는 영화의 카메라처럼, 때로는 배역을 맡은 배우처럼 느끼며, 자신이 하고 있는 천사의 역할에 항상 반신반의한다. 게다가 그는 꿈꾸는 자 특유의 불가항력적 피동성에 압도당해 있다. 따라서 그의 분열된 시각으로 전달되는 종교의 역사는 절대성이 결여된, 반신반의하는 회의의 여정일 수밖에 없다.

살라딘은 아버지의 죽음이 임박하자 인도로 돌아가, 조국과 화해하고 아버지의 임종을 본 후 재산을 물려받아 젊은 시절의 인도인 여자 친구 지니(Zeeny)와 정착한다. 정신적 불균형을 겨우 수습하고 영화 촬영을 위해 인도에 온 지브릴은 때마침 히말라야 등반을 하러 인도에 온 앨리를 아파트에서 만난다. 앨리는 영화 제작자인 위스키 시소디아(Whisky Sisodia)와 동행이었는데, 예의 질투심이 발동한 지브릴은 그를 총으로 쏘아 죽인다. 그때, 레카 머천트의 유령이 나타나 에베레스트라는 이름을 가진 지브릴의 아파트 빌딩의 꼭대기로 앨리를 인도하여 자신과 같이 추락하도록 만든다. 지브릴은 살라딘의 아버지 집에 나타나 살라딘의 권총으로 자살한다.

지브릴은 사실 현실성을 가진 인물이라기보다 이슬람교와 관계된 꿈을 꾸는 자로서 기능하는, 소설적 장치로서의 의미가 큰 인물이다. 인물로서의 무게감을 가지는 것은 살라딘으로, 그가 이 소설의 진정한 주인공이라 할 수 있다. 긴 여정 끝에 그는 영국적 가치에 대한 맹신, 맹목적 모방의 삶, 조국에 대한 경멸을 버리고 인도의 아버지 집으로 돌아와 있다. 그러나 그가 껴안은 인도는 단일한 정체성으로 규정되기를 부정하는 수많은 인종과 문화들로 구성되어 있는 복합체이다.

선과 악, 천사성과 악마성 등의 정체성에 대한 탐문으로 시작하여, 식민인과 피식민인 사이의 정체성 문제 등을 파고들며 우연적이고 가변적인 정체성의 모습을 보여주는 이 소설은 종교적 정체성에 대해서도 절대적 가치를 부여하지 않는다. 또한 이 소설은 인도라는 국가를 포함하여 정체성의 근본적 혼종성에 대한 방대한 진술이다. 혼종성에 대한 이 같은 주장의 이유는 단일한 정체성에 대한 믿음이 인종, 종교, 국가에 대한 무비판적 추종과 타 집단에 대한 배타성으로 연결되며, 그것은 또다시 불화, 편견, 충돌을 낳기 때문이다.

3. 역사의 혼종성과 『악마의 시』

『악마의 시』가 독자들의 이목을 집중시켰던 것은 1989년 호메이니의 루슈디 살해 명령 때문이다. 이슬람 근본주의자들의 견해를 대표하는 호메이니는 루슈디의 이슬람교 풍자를 심각하게 받아들여 그의 처형을 요구하는 종교적 의견 표명(fatwa)을 선포했다. 루슈디 자신은 인도 내의 갈등 때문에 파키스탄으로 이주해야 했던 이슬람교도 집안 출신이었다. 그는 교의를 실천하지는 않았으나, 이슬람의 전통이 근본주의자들이 주장하는 편협한 교의가 아니라 지성적이고, 철학적이며, 열린 사고의 원천일 수 있음을 주장했다.

그러나 이슬람 근본주의자들에게 그의 저서는 조롱이자 모독으로 보였으며, 루슈디는 십자군전쟁 때부터 이슬람교도들을 괴롭혀 왔던 서구 기독교 세계의 이익을 대변하는 존재로 치부되었다. 그리하여 『악마의 시』를 둘러싼 논쟁은 이후 탈레반의 반서구 활동, 9 · 11 사태, 이라크전 등으로 연결되는 기독교 세계와 이슬람 세계의 대립의 구심점에 놓이게 되었다. 이것은 작품의 문학사적 의미라기보다는 역사적 의미이다.

그런데 루슈디 자신은 이 책이 이슬람에 대한 것이 아니고 "이주와 변신, 분열된 자아, 사랑, 죽음, 런던 그리고 봄베이"에 대한 것이라고 주장했다. 이 작품의 문학사적 의의는 이러한 탈식민주의의 핵심적 주제들과 탈구조주의 및 탈모더니즘의 경향들을 효과적으로 결합하고 있다는 데 있다.

탈식민주의 이론가인 호미 바바(Homi Bhabha)는 1988년 이 소설이 출간된 지 얼마 안 되어, 『국가와 서사Nation and Narration』와 『문화의 위치Location of Culture』라는 저술을 통해 정체성의 심문이라는 탈구조주의와 탈모더니즘, 그리고 탈식민주의의 명제들을 집약적으로 다루고 있다. 루슈디의 소설을 면밀히 검토하면, 논제의 핵심적 개념인 호미 바바의 "혼종성(hybridity)" 개념의 원천이 루슈디의 소설이 아니었을까 생각하게 하는 부분들이 있다. 이주민으로서 변신을 거듭하며 제국주의에 의하여 조성된 세계 문화 속에서 정체성의 혼란을 겪으며 루슈디가 도달한 결론은 어떠한 정체성도 순수할 수 없으며, 순수한 정체성에 대한 믿음은 파괴적 배타성으로 연결되는, 바람직하지 못한 정서라는 인식이었다.

작품과 연결 지어 생각해볼 수 있는 바바의 정체성 개념은 그의 국가적 정체성 논의에서 발견할 수 있다.

> 국가적 문화의 '소재'는 그 자신과의 관계에 있어서 통일된 것도 아니고 단일한 것도 아니다. 그리고 이것을 바깥에나 그 너머에 있는 것과 단순히 '타자'적 관계에 있는 것으로만 보아서도 안 된다. 경계는 두 개의 얼굴을 가지고 있으며 안과 밖의 문제는 언제나 그 자체가 새로운 '사람'들을 정체(body politic) 속으로 유입시키고 의미의 다른 지대를 생성시키며 그러한 정

치적 과정에서 필연적으로 정치적 적대성과 정치적 재현의 예측할 수 없는 힘들의 무인지대를 생산하는 혼종화의 과정이다(Bhabha, 1990: 4).

바바는 '국가'라는 기표와 기의 사이에 아무런 자연적, 필연적 관계가 없으며 단일하고 순수한 국가적 혹은 문화적 정체성이라든가 국가의 뿌리가 되는 실체란 존재하지 않는다고 주장한다. 기호에 본질적 가치가 있는 것이 아니라 기호의 차이만이 의미 체계를 형성하듯이, 국가적 문화나 인종적 집단 또한 차이의 체계 속 한 항목일 뿐이며, 그 경계는 끊임없이 변한다. 국가와 국가, 문화와 문화, 그리고 인종 집단과 인종 집단 간의 차이의 공간에 자리 잡고 그 차이를 거래하는 매개체가 곧 '혼종성'이다. '혼종성'의 공간을 인정하지 않는 "순수하고 '인종적으로 정화된' 국가적 정체성이라는 생각"은 세르비아 민족주의와 같은 독단에 의한 참혹한 역사를 남길 수 있음을 바바는 지적한다.

바바는 혼종성이 매개하는 '문화적 차이(Cultural Difference)'라는 개념을 문화적 다양성(Cultural Diversity)이나 다문화주의(Multiculturalism)의 개념과 조심스럽게 구별한다. 총체적이고 공시적인 인식의 대상으로서 존재하는 문화적 다양성과, 문화와 문화의 차이의 공간에서 문화의 정체성을 역동적으로 매개해나가는 문화적 차이성을 구별하자는 것이다.

문화적 다양성이라는 것은 인식의 대상—경험적 지식의 대상으로서의 문화—이다. 반면에 문화적 차이라는 것은 '알 수 있고', 권위적이며, 문화적 정체성의 구축에 적합한 문화를 선언하는 과정이다. 문화적 다양성이라는 것이 비교윤리 혹은 비교인종학의 범주라면, 문화적 차이는 그것을 통하여 문화의 진술이나 문화에 대한 진술이 힘과 언급과 적용성과 능력의 생산을 차별화하고, 판별하고, 승인하는 의미화의 과정이다(Bhabha, 1994: 34)(전수용, 236).

문화적 차이의 주요한 기능은 모든 것을 다 받아들이는 행위가 아니라 "차별화하고, 판별하고, 승인하는 의미화의 과정"으로, 여기에는 가변적이나마 중심과 주체적 위치가 존재한다. 토착민의 문화 위에 아리안족의 문화가 덧씌워지고, 그 위에 무갈의 문화가 덧씌워지는 등 역사를 통하여 수많은 문화의 유입을 소화해냈던 인도를 배경으로 루슈디는 이러한 문화의 수용 과정을 '혼종성'이라는 개념으로 설명했다. 시간의 흐름은 필연적으로 경계의 재설정을 요청하며 루슈디에게 역사는 혼종화의 과정으로 설명될 수 있다. 순수한 근원으로의 회귀, 교주주의는 역사에 대한 불가능한 요구이다. 불가피한 혼종화의 과정인 역사 속에서 루슈디가 요구하는 미덕은 이해와 관용, 그리고 연대, 연민 등이다.

식민지 상황에서 혼종성은 좀 더 특정한 의미를 갖는다. 식민지 상황에서 소수 집단은 다수 집단을 지배할 수 있는 대표성을 갖기 위하여 두 집단 사이의 차이를 강조한다. 그리하여 지배 집단에는 정통성을 부여하고 피지배 집단은 정통 집단의 아류, 혹은 열등한 변형임을 증명하려 한다. 그러나 식민 세력에 의해 주도된 차별화의 대상인 피식민 세력은 그 시선을 마주 쏘아 식민 세력의 권위를 흔들어 놓는다. 즉 식민 세력이 유포하는 문화적 혹은 권위적 텍스트는 피지배 문화에 의하여 재현될 때 예외 없이 왜곡되고 잠식당한다.

혼종성은 식민주의적 거부의 효과를 역전시키는 식민지적 재현과 개별화의 문제성이다. 그래서 다른 '거부된' 지식은 지배적 담론에 들어가 그 권위의 기초 즉 그 인지의 법칙을 무력화시킨다(Bhabha, 1994: 114).

예를 들어 서구인이 기독교 교리를 전파하면서 '하나님'을 보기 위해서는 다시 태어나야 한다고 말하면, 인도인들은 자신들의 경전에도 다시 태어나야 한다는 말은 있으니 그런 교리는 하나도 새로울 것이 없다고 대꾸한다. 물론 이 경우에 기독교적 의미는 죄로부터 자유로운 새로운 인간이 되어야 한다는 의미이고, 인도인들이 이해하는 의미는 해탈하기 전에는 윤회하며 환생한다는 의미이다. 그들을 좀 더 잘 설득하기 위하여 거듭나야 한다고 말을 바꾸지만, 이 거듭난다는 말도 이미 인도 문화에서 사용되고 있는 개념이다. 브라만의 아들들은 정식으로 브라만이 되기 전에 정화 의식을 치러야 하는데, 이 의식을 인도인들은 "거듭남"이라고 부른다. 그래서 결국 두 번째의 노력도 신을 보려면 모두들 완전한 브라만이 되어야 한다는 인도적 의미로 변형되고 만다(Bhabha, 1994: 33).

지배 문화의 전수 과정에서 일어나는 이러한 혼종화는 권위의 기호를 불안정하게 만들고 조롱하며, 토착민이 그 뒤에 숨을 수 있는 모방의 가면을 만들어낸다. 그리하여 파농이 괴로워하며 벗어버리려 했던 백인 문화의 흰 가면은 바바에 이르러서는 그 뒤에 숨어 백인 문화를 조롱하고 권위를 흔들 수 있는 도구가 된다.

차별이 혼종성의 명언으로 변함에 따라 권위의 표지는 가면, 조롱거리가 된다. 토착 문화의 심문을 우리가 경험하고 나서, 우리에게 주어진 심리적 선택이 '백인이 되거나 사라지는' 것이라는 파농의 주장에 전적으로 동의할 수가 없다. 보다 모호한 세 번째 선택이 있다. 즉 위장, 모방, 검은 피부/흰 가면이 그것이다(Bhabha, 1994: 120).

이러한 호미 바바의 인식틀 속에서 사이드가 주장하는 서양의 동양에 대한 인식적 폭력이란 동양인에게 수용되는 과정에서 미리 그 위험성과 유효성이 배재되거나 축소된다(Parry, 42). 바바의 논리를 따르면, 서양인의 동양관은 서양인들이 공유하는 문화권 안에서는 유효한 힘으로 작용하여 호전성과 지배 의욕을 자극하는 원인으로 작용할 수 있지만, 동양인에게 열등감을 조장하는 역할을 할 수는 없다. 동양인은 자기 나름의 체계를 가지고 서양의 텍스트를 이해하기 때문이다. 그런데 이것은 아무런 적극적 행동을 하지 않아도 토착 문화가 지배 문화에 대한 저항적 힘을 보유하고 있다는 의미를 함축하고 있다. 그래서 바바에게 수동성 내지 현실 안주의 혐의를 두지 않을 수 없는 것도 사실이다. 한편 이것은 유구한 인도의 전통이 고작 수백 년 정도 영국의 지배를 받아서는 주도권을 빼앗기지 않으리라는 문화적 자긍심의 표현으로 볼 수도 있다.

앞에서 지적한 바와 같이 루슈디의 작품은 바바의 저술들에 선행하지만 바바의 '혼종화' 개념을 예견하면서, 혼종화 현상이 전 식민 종주국인 메트로폴리스로서의 런던, 영국의 인도 식민사, 인도의 역사와 국가적 정체성, 이슬람의 역사라는 여러 의미의 장을 통하여 구현되는 양상을 보여준다. 이러한 양상을 좀 더 세분화하여 검토해보면 다음과 같다.

첫째, 모든 문화와 개념의 경계는 가변적이어서 자아와 타아의 경계를 뚜렷하게 설정하는 것은 어렵다.

루슈디가 문제 삼는 경계의 가변성은 비단 자문화와 타문화 사이의 문제만은 아니다. 그의 두 주인공들이 표면상 천사와 악마의 모습을 띠는 것은 결국 천사나 악마의 전형성, 그리고 그것이 상징하는 선과 악의 전형적 정체성의 타당성을 심문하기 위한 것이다.

지브릴이 천사의 역할을 맡고, 살라딘이 악마의 역할을 맡는 데는 아무런 필연적 인과성이 없다. 자신의 문화를 버리고 완전한 영국인이 되고자 한 살라딘의 반항은 도덕적 결함이라 할 수는 있지만, 화자는 이것이 그의 악마성을 전적으로 설명할 수 없다고 못 박는다. 단순한 묘사로 백인이 유색인들을 야수로 만들 수 있다는 병원 에피소드의 교훈은 악마나 천사적 범주의 임의성을 시사한다. 살라딘이 지브릴과 앨리 코운에게 가하는 복수는 실로 악마와 같이 잔혹하지만, 그는 또한 아무런 사심 없이 불 속에 뛰어들어 자신에게 친절했던 사람들을 구하려는 이타심을 보이기도 한다. 화자도 그의 악마적 복수에 대해 아무 이유 없이 모든 것을 잃은 자가 아무 이유 없이 모든 것을 가진 자에 대하여 품을 수 있는 질시의 발로라고 이해심 있게 설명한다. 그리고 화자는 레카 머천트의 입을 빌어, 기원전 8세기나 6세기까지만 해도 구약에 선악은 모두 신이 창조한 것이라고 기록되어 있었음을 상기시킨다. 선은 신의 것, 악은 악마의 것이 아니라 선과 악은 모두 신의 뜻에 따라 역할 분담을 하고 있다는 의미로 해석될 수 있다. 이와 같은 사고방식은 논리적 인식의 첫 번째 단계인 "A는 비A가 아니다"라는 자기동일성의 원리를 해체시킴으로써, 이 작품의 산만하고 자가당착적인 논리의 원인이 된다.

자아와 타아 사이의 경계의 가변성 문제는 국가적 경계, 국가적 역사의 경계 설정에서도 나타난다. 작중 인물인 인도인 영화 제작자 시소디아는 "영국인들의 문제는 그들의 역사가 해외에서 이루어졌기 때문에, 그 의미를 모르는 것"이라고 재치 있게 지적한다. 그러니까 공중으로부터 떨어져 헤이스팅즈에 상륙한 지브릴과 살라딘은 해외에서 이루어진 영국 역사의 귀환인 셈이다. "이 맥없는 영국인들 같으니라구! 그들은 역사가 돌아와 자신들에게 출몰하지 않으리라고 생각했단 말인가"라고 지브릴은 말한다.

무사히 착륙한 지브릴은 살아 있는 기쁨을 감추지 못하며, 이제 이곳을 공격(storm)해야 한다고 말함으로써, 그들의 착륙이 영국에 대한 식민지의 역습이라는 의미를 가지고 있음을 드러낸다. 그들이 노르만디 공 윌리엄이 영국을 정복했던 헤이스팅즈(Hastings) 전투가 있었던 곳에서 멀지 않은 해변에 착륙했다는 사실은 그들의 귀환이 가지는 공격과 정복의 의미를 더욱 분명히 한다. 그들을 맞이하는 로사 다이아몬드는 소녀 시절에도 헤이스팅즈 전투와 노르만디 공 윌리엄의 함대가 들어오는 환상에 집착하던 인물이다. 그녀가 기다리던 윌리엄 공의 상륙은 결국 두 식민지인의 착륙이라는 형태로 이루어진다.

얼핏 보기에 노르만디 공 윌리엄의 영국 정복은 영국적 정체성을 최종적으로 결정한 사건이며 영국의 국가적 정체성의 근원으로 볼 수도 있다. 그런데 이 사건의 근원에는 타민족의 유입, 타아가 자아의 경계를 뚫고 들어온 사건이라는 의미가 중첩되어 있다. 이제 지브릴과 살라딘이 영국 땅에 유입된 사건은 정체성의 근원에 존재하는 균열을 다시 한 번 강조한다.

경계선이 노상 재교섭되는 것은 지리상의 영토의 경우에도 마찬가지이다. 로사 다이아몬드의 집 근처에는 해안선이 물러나서, 한때는 바닷가 절벽에 있던 최초의 노르만인들의 성이 이제는 육지 쪽에 들어와 있다. 이것은 이제 영국의 일부로 동화된 노르만인들의 위상을 상징적으로 말해주는 동시에, 방금 상륙한 인도인들이 영국 사회에서 장차 주장하게 될 위치를 암시하기도 한다. 이렇듯 가변적 경계를 가진 국가적, 문화적, 종교적, 인종적 정체성을 두고 순수, 단일, 절대 등을 주장하는 독단을 여러 각도에서 문제시하는 성공적 도입부라고 할 수 있다.

아버지의 도시락 장사를 도우며, 쇠고기를 안 먹는 힌두교도와 돼지고기를 안 먹는 이슬람교도에게 각각 보낼 고기통을 장난삼아 바꿔치기하며 종교의 금기적 경계를 희롱하던 지브릴은 이제 안르헨티나의 식민가였던 로사의 남편 옷을 입고 정복자 윌리엄의 이미지와 겹쳐지면서, 돌아온 역사로서 영국이라는 국가적 정체성에 침투한다. 반면 영국 착륙과 함께 멸시받는 이방인, 의심스런 타자의 탈을 쓰게 된 살라딘은 임의적 정체성 부여의 가공할 현실들을 체험한다. 그러나 지브릴과 살라딘과 같은 비행기를 타고 있던 이민 노동자들의 추락에 대한 묘사에서 볼 수 있듯이 경계의 재설정은 지난한 갈등과 교섭의 과정이기도 하다.

> 비행기의 잔해와 마찬가지로 조각나고, 마찬가지로 우스꽝스러운 영혼의 파편, 깨진 기억들, 벗어버린 자아의 허물들, 단절된 모국어들, 침해된 사생활, 번역할 수 없는 농담들, 꺼져버린 미래, 잃어버린 사랑, 공허하게 울리는 나라, 소속, 가정 등의 단어들이 부유하고 있다(Rushdie, 1992: 4).

둘째, 문화는 항상 타자성을 가지며, 단일하게 보이는 문화 안에도 여러 이질적 요소가 차이의 공간들을 점유하고 있다.

문화가 내포하는 타자성은 흔히 분열, 균열 혹은 중첩의 형태로 나타난다. 19세기 영국 문화는 자유주의 전통에 따라 민주적 주권의식을 주장하는 한편 공리주의의 원리를 따라 식민지의 자원을 다수를 위하여 효율적으로 활용해야 한다는 주장을 낳는다. 그 결과 국민이 스스로를 통치하는 민주주의의 원리를 주장하는 동시에 그 원리를 벗어나 한 국민이 다른 국민을 통치하는 변칙적 현상을 용인함에 호미 바바는 주목한다.

영국적 자긍심과 국가적 정체성의 시원인 노르만족의 정복에 대한 환상의 지배를 받는, 식민가의 아내 로사 다이아몬드도 실은 피식민인 마틴에 대한 연애의 추억이라는 깊은 정체성의 균열을 안고 있다.

그러나 이러한 균열은 서구에만 존재하는 것은 아니다. 절대적 정체성의 근거로 작용하는 이슬람교의 발생도 전혀 순수하고 단일하다고 할 수 없는 계시의 불확실성에 근거하고 있음을 소설은 보여준다. 마호멧은 상업화와 도시화가 진척되어, 유목 시대의 공동생활 윤리가 무너지고, 개인주의와 배금주의가 팽배해가는 7세기의 아라비아를 바로잡기 위하여 유목 시대의 상부상조의 전통과 유대교와 기독교의 유일신 사상, 내세 및 심판사상 등을 결합하여, 새 시대를 인도할 수 있는 이슬람교의 원리를 합성해냈다. 그 근원의 유사성을 기억하면, 이슬람교와 유대교, 그리고 기독교간의 뿌리 깊은 갈등의 역사는 아이러니가 아닐 수 없다. 이는 자문화 안에 이미 들어와 있는 타자성에 대한 맹목에서 비롯되는 독선의 소치라 할 수 있다. 소설에서 되풀이되는 구절 중 하나인 "새로움은 어떻게 이 세상에 오는가? 그것은 어떻게 태어나며 어떤 합성과 번역과 결합으로 이루어지는가?"라는 질문은 이슬람교가 새로운 종교로 발생할 당시에 대한 심문도 포함하고 있다.

루슈디는 서양 제국주의의 거대서사에 대항하는 또 하나의 거대서사 역할을 하는 이슬람교의 절대성을 끈질기게 심문한다. 이슬람의 역사에 관한 성찰은 주로 지브릴의 꿈을 통해 이루어진다. 종교와의 과감한 결별 이후 잔류되어 있는 죄의식의 발로로 볼 수도 있는 지브릴의 꿈들은 마지못해 천사 노릇을 하는 천사라는 애매한 시각을 매개로 한다. 꿈의 주체인 지브릴의 의식은 분열되어 있다. 꿈속에서 그는 지브릴 천사이자 예언자 마훈드인 동시에 카메라이자 관객이라고 느낀다. 이슬람의 전통에서 마호멧은 지브릴 천사에게서 코란을 계시받았고, 필경사 샐먼이 그

내용을 기록한 것으로 되어 있다. 계시의 주체가 분열되어 있으며, 계시자와 피계시자가 혼동되고 있다는 사실은 계시의 권위를 근본부터 흔드는 장치이다. 지브릴이 마훈드와 동일시하는 시각은 어려서 그가 부모를 여읜 후 도시락 업자 조합의 총무인 바바사헤브 마트레드(Babasaheb Matred)의 집에 기거할 때 꾼 꿈과도 연결된다. 그는 자신을 엄습해오는 육신의 욕망을 잊기 위해 독서에 열중하는데, 이때 읽었던 내용들이 후에 그의 꿈의 세계의 자료가 된다. 수많은 변신의 이야기, 예언자 마호멧의 경력 초기에 있었던 "악마의 시" 사건, 후궁들 이야기, 나비가 소녀의 입속으로 날아들어가는 이야기 등이 그것이다. 그중에도 그는 부자 상인 카디자(Khadija)와의 결혼이 마호멧이 부와 지도력을 키울 수 있는 발판이 되었음을 기억하고, 자신을 마호멧과 동일시하며 나이 많은 신랑 마트레드에게 시집가는 꿈꾼다. 성적 정체성조차도 혼란을 겪는 순간이다.

발생의 근원에 존재하는 균열 이외에 계시의 주체인 천사 지브릴에게도 균열이 발견된다. 지브릴은 자신의 의지를 잘 모른다. 2장과 6장에서 지브릴은 영화의 카메라처럼 자힐리아를 내려다보거나 영화의 관객처럼 자힐리아를 관람하는데, 때때로 마훈드가 나타나 자신에게서 계시를 받아간다. 신의 말씀이 자신을 통하여 전달되나, 그 생각들은 좀처럼 자기에게서 유래하는 것 같지 않다. 마훈드 이외에도 다른 에피소드에서 지브릴을 찾는 종교 지도자들은 이맘과 아예샤를 포함하여 그에게서 자신들이 필요로 하는 것을 빼앗아간다. 이는 꿈꾸는 상태에 있는 지브릴의 몽롱한 의식 상태뿐 아니라 피계시자들의 욕망과 상상력이 계시의 내용을 창조해냈을 수도 있다는 문제 제기를 반영한다.

책의 제목인 "악마의 시"와 관련된 에피소드 또한 계시의 절대성에 의혹을 품게 한다. "악마의 시"란 처음에 지브릴이 알라 이외에도 전통적 숭배의 대상이었던 세 여신에게 신성이 있다며 다신론의 가능성을 인정한 계시를 적은 구절로, 후에 마훈드는 자신에게 계시를 준 것은 지브릴이 아니라 샤이탄(Shaitan, 사탄)이었다며 이 구절을 번복하고, 알라만이 유일신이라고 주장한다. 예언자가 천사의 계시와 악마의 계시를 구별하지 못할 가능성을 공언하는 에피소드가 제목으로 사용된 것은 절대적 정체성에 대한 탐문이 작품의 핵심적 관심사임을 시사한다. 소설에서는 지브릴이 다신론의 가능성을 인정한 것은 악마가 아니라 자신이었다고 주장하여 의혹을 확인으로 교체한다.

근원적으로 불안한 지브릴의 계시는 마호멧의 증언에 따라 그의 초기 추종자인 샐먼(Salman)이 옮겨 적는 과정에서 다시 한 번 왜곡된다. 샐먼은 마호멧의 정통성을 시험하기 위하여, 마호멧이 불러주는 계시 내용을 조금씩 변경하여 적은 후 마호멧이 변경된 부분과 신의 계시를 구별하지 못함을 확인하고는 계시의 내용이 창작임을 짐작해 마호멧을 떠난다. 이렇게 옮겨 적는 과정에서 변질될 수 있는 기호는 기록된 형태로 있을 때에도 다양한 해석의 가능성을 보인다. 지브릴이 인도를 떠난 뒤, 그의 연인이었던 레카 머천트(Rekka Merchant)는 투신자살을 한다. 지브릴이 앨리 코운을 찾아 영국으로 떠나면서 "우리는 공중의 존재들, 우리의 뿌리는 꿈과 구름 속에 있으며, 비상 속에서 다시 태어나네. 안녕"이라는 메모를 남겼기 때문이다. 레카 머천트는 이것을 세상을 벗어나자는 초대, 혹은 뛰어내리면 신비적 구원이 기다리고 있을지도 모른다는 암시로 받아들여 아이들을 데리고 아파트의 옥상에서 뛰어내린다. 해석의 오류로 죽은 그녀의 혼령은 런던 거리의 곳곳에서 지브릴 앞에 출몰한다.

지브릴이 말했던 비상은 구체적으로 비행기를 타고 새로운 삶을 찾아 영국으로 가는 것, 예전의 자아를 버리는 것을 뜻했고, 그는 자신의 말대로 영국에서 새로운 삶을 시작한다. 이와 같이 한 글귀의 해석에도 여러 가지 가능성이 있을진데, 코란의 축어적 해석을 요구하는 이슬람 근본주의의 설 자리가 어디에 있는지를 루슈디는 간접적으로 탐문하고 있는 것이다. 의미는 주어진 상황에 따라 무한한 변주의 가능성을 갖는데 이것은 소설에서 수시로 반복되는 구절들이 문맥마다 조금씩 다른 의미를 갖는 것으로도 증명된다. 이러한 중첩된 균열 속에서 살아가기 위해서는 독단과 속단을 유보하고 항상 또 다른 가능성을 열어두는 사고가 필요하다.

루슈디는 정체성의 균열이라는 명제를 영국과 이슬람교만 아니라 자기반성적으로 인도에도 적용시킨다. 살라딘 참차의 어린 시절 친구로 나중에 연인이 된 지니 바킬은 자신이 저술한 『유일하게 참된 인도인The Only Good Indian』이라는 제목의 인도 미술사 책에서 단일하고 정통적인 인도 문화란 없으며, 인도 문화는 대대로 유입된 문화들의 장점을 받아들여 융합함으로써 이루어졌다고 주장한다. 책의 제목은 "유일하게 선한 인디언은 죽은 인디언(The only good Indian is a dead Indian)"이라는 미국의 편견어린 경구에서 빌려온 것으로서, 저자인 지니가 뜻한 바는 참된 인도인은 없다는 의미였다. 이 또한 같은 표현이 가질 수 있는 의미의 변주 가능성을 다시 한 번 환기시킨다.

인종 분규 사태가 고조된 런던의 거리에서 살라딘은 지니의 절충주의가 너무 안일한 현실 인식이며, 문화의 차이를 교섭하는 과정에서 일어날 수 있는 갈등과 충돌의 가능성을 과소평가했다고 느끼지만 지니의 문화 개념을 전적으로 무효화시키지는 않는다.

단일성과 정통성에 의한 억압은 영국이나 이슬람교 내에만 존재하는 것이 아니라 인도 내에도 존재하고 있음을 루슈디는 명백히 보고 있다.

지브릴과 살라딘이 탄 비행기 보스탄호는 인도 내의 피압박 집단으로서 "조국의 독립, 종교적 자유, 정치범 석방"을 요구하는 테러리스트들 때문에 공중 폭발한다는 사실은 이러한 억압을 상기시킨다. 루슈디는 또한 피부색으로 인종을 차별하는 인도 내의 관행을 지적하기도 한다.

셋째, 문화적 단일성, 절대성 요구는 위험한 독단이다.

아예샤가 등장하는 제4장의 첫 번째 꿈에서 런던에 망명했다가 본국으로 돌아가 친미 부패 세력을 몰아내고 집권에 성공하는 이슬람 근본주의자 이맘에 대한 묘사에는 독단에 대한 루슈디의 경고가 담겨 있다. 이맘은 모든 시계와 달력을 다 없애버리고 시계 바늘을 마호멧의 당대인 7세기로 돌려 고정시키자고 주장한다. 이러한 묘사는 마호멧의 사상을 시대의 산물로 이해하여, 그의 정신을 대범하게 계승하지 못하고 시대착오적 과오를 범하는 이슬람 근본주의를 비롯해 모든 절대적 믿음에 대한 루슈디의 비판을 담고 있다.

자힐리아의 개인주의적 문화는 모래로, 이슬람이 주장하는 정화와 집단적 결속은 물의 이미지로 상징된다. 이맘은 정화의 수단인 물을 수시로 들이켜는데, 이때 사용되는 물이 서구에서 수입된 정수기로 정화된 물이라는 설정은 순수와 배제의 논리가 가질 수 있는 자기모순을 지적하고 있다.

넷째, 지배 문화에 권위를 부과하려는 시도는 변형된 복제 문화를 생산하고, 이 변형된 복제 문화는 지배 문화의 권위를 전복할 수 있다.

파농(Frantz Fanon)은 태생적 정체성 위에 식민 종주국의 가치관을 덧써야 하는 피식민인의 처지를 "검은 피부, 흰 가면"의 비극성으로 이해했다. 그러나 호미 바바는 피식민인의 종주국 문화에 대한 서투른 모방이 오히려 식민 종주국의 문화의 권위를 조롱하고 전복시킬 수 있다고 주장했다. 영국인들이 살라딘에게 씌워준 악마성의 가면을 자신들의 결속과 항거의 표시로 전환시키는 소설 속 런던의 유색인들은 지배 문화가 부여한 가면을 유희적으로 수용하여 오히려 전복의 수단으로 삼는 예이다.

지브릴이 꾸는 꿈속의 이슬람 역사에서 망명에서 돌아온 마훈드는 자힐리아를 장악하고 무질서와 향락의 삶을 모두 금지한다. 그러나 신정의 장악력이 증가할수록 음지의 문화와 불법 거래가 판을 치고, 베일이라는 사창굴에서는 창녀들이 마훈드의 열두 아내의 이름을 사용하여 고객들의 금기에 대한 환상을 자극함으로써 번창한다. 마훈드의 정적으로서 이곳에 숨어들어 흑인 문지기로 변장하여 연명하고 있는 시인 바알은 창녀들의 정신적 남편 노릇을 하는데, 후에 창녀들이 감옥에 갇히자 바알은 그녀들에 대한 연시를 낭송한다. 이로 인해 창녀들이 마훈드의 아내들의 이름을 차용한 것을 알게 된 당국은 바알을 처형하기로 결정하고 그는 용감하게 죽음을 맞이한다. 역사상의 마훈드와 그의 아내들을 결합한 유대가 대부분 정치적이고 실질적인 동기에 인한 것이었음을 감안할 때, 고결해 보이는 지배 문화를 풍자적으로 모방한 퇴폐문화가 오히려 진정한 도덕적 순수성을 보임으로써 지배 문화의 권위를 흔드는 모습을 보인다.

다섯째, 문화의 정체성은 유동적으로 존재하며, 토착 문화의 유동적 정체성은 지배 문화에 항거하는 배경이 된다.

정체성에 대한 끊임없는 탐문에도 불구하고 이 소설은 정체성이 유동적이기는 하나 구심점이 없지는 않음을 시사한다. 샨다르 카페의 주인인 무하마드 수이판과 그의 아내 하인드 수이판의 태도에서 문화 수용에 대한 루슈디의 생각을 읽을 수 있다. 무하마드 수이판은 이슬람 문화, 힌두 문화, 서양 고전, 기독교 문화에 두루 통달한 지성인이다. 그가 인도에서 교편을 잡고 있을 때, 그의 아내는 남편의 개방성을 따라 인도 각 지역의 다양한 요리와 이제 인도 문화의 일부가 된 서양 음식을 만들어내기 시작했다. 자신이 요리한 음식을 모두 먹어낸 그녀는 공같이 둥글어졌지만 무하마드 자신은 하나도 살이 찌지 않았다. 아내가 이유를 묻자 그는 "절제도 우리의 전통"이라고 간단히 대답한다. 아내의 무차별적 탐식은 문화의 무분별한 흡수를 상징한다고 볼 수 있다. 반면 남편의 태도는 개방성을 가지되 전통의 근간에 기대어 타문화를 분별심 있게 수용함을 상징한다. 이 에피소드는 "문화적 차이는 그것을 통하여 문화의 진술 혹은 문화에 대한 진술이 힘과 언급과 적용성과 능력의 생산을 차별화하고, 판별하고, 승인하는 의미화의 과정이다"라는 바바의 해석을 상기시킨다. 혼종화는 무조건적인 수용이 아니고 판별하고 승인하여 자기 것으로 만드는 과정이다.

여섯째, 문화의 이식은 최상의 경우에도 완전한 복제가 아닌 번역에 불과하지만, 문화와 문화의 경계에서 그 차이를 번역하여 유대감을 형성할 수 있다.

작품의 말미에서는 인종 분규가 휩쓸고 간 런던의 거리에 질서가 회복되고, 대중매체의 편파 보도에 매도당해 부당하게 잡혀간 사람들은 석방된다. 샨다르 카페집의 딸 미샬은 부모의 사후 불타버린 샨다르 카페를 복원하여 인도인들이 모여서 지내는 장소로 만들어 부모에 뒤이어 공동체의 중심이 된다. 노출이 심한 옷차림과 성에 대한 개방적 태도로 보수적인 어머니와 늘 충돌하던 그녀는 부모의 뜻을 계승하며, 인권 변호사 하니프와 결합하여 새로운 삶의 터전을 이룬다. 미샬과 하니프를 비롯한 국제화된 인도인들, 즉 양쪽 문화의 경계에서 그 차이를 매개할 수 있는 인물들은 문화의 번역에 의한 유대의 가능성을 보여준다.

이와 같이 『악마의 시』는 문화적 혼종성 속에서 살아가야 하는 현대인들에게 새로운 정체성의 역학(dynamics)을 백과사전적으로 보여준다. 소설이 다루는 역사적 과거는 주로 이슬람의 역사로, 식민 제국의 역사는 현재의 런던에 이산의 모습으로 펼쳐져 있다. 이슬람의 역사를 꿈의 환상성으로 포장한다는 기발한 착상으로 루슈디는 종교의 절대적 권위를 확립하려는 역사적 기술의 헛점들을 짚어내며, 주체와 언어의 분열성, 기록의 부패 가능성 등 균열을 일으킬 수밖에 없는 절대적 진리의 문제점을 논한다. 피식민인으로서 메트로폴리스의 문화를 모방하던 살라딘은 귀국하여 인도 내에 존재하는 편견과 독단의 문제를 해결하기 위해 새로운 삶을 시작한다.

어린 시절부터 모든 행동을 영국인과 똑같이 함으로써 그들에게 받아들여졌던 살라딘은 온갖 목소리를 완벽하게 위장해내는 성우라는 직업을 택한다. 이렇게 완벽한 가면 속에서 생활하는 살라딘을 동료 미미는 속이 텅 빈 공허한 인간이라고 비난한다. 성우가 아닌 배우로 인도에 공연을 하러 갔다 오는 비행기 속에서 살라딘은 자신의 목소리에 인도인의 억양이 스며 나오는 것을 느끼지만 거부하고 영국으로 돌아가다가 사고를 당한다. 그가 진정으로 성숙한 인간이 되는 것은 아버지의 임종 후이다. 사실 인도적인 모든 것에 대한 거부는 아버지의 권위에 대한 그의 반발이기도 했다. 보스탄 사고 이후 악마로서 지내면서 그는 영국 문화에 대한 맹목적 숭배와 모방에서 벗어난다. 살라딘은 사회에 대한 책임 있는 행동으로 성인의 첫걸음을 내디딘다.

살라딘이 귀국한 인도에도 문제는 산적해 있다. 종교, 민족 등 다양한 분쟁이 극렬하게 존재하는 인도의 사회상을 본 그는 인도인이 인도인에게 가하는 박해와 압제가 백인이 유색인에게 가한 압박 못지않다고 느낀다. 살라딘은 봄베이를 가로질러 인간 사슬을 만드는 의식에 참여함으로써 유대의 필요성을 가시화하며, 독자는 이질적 집단 사이에 유대의 공간을 만드는 데 주력하게 될 그의 미래를 예견할 수 있다.

마지막 장에서 인도 문화의 민속적 전통에서 구원의 상징으로 사용되는 마법 램프는 산적되어 있는 어려운 현실 문제의 출구로 제시된다. 마법의 램프를 문지르자 지니 바킬과 지브릴이 나타나며, 지브릴은 살라딘의 아버지의 권총으로 자살한다. 지브릴은 사랑하던 순백의 미인 알리코운에 대한 질투로 격앙된 상태였다. 지브릴은 현실에서 살라딘이 꿈꾸던 허황된 자아상으로 볼 수도 있다. 반면 지니는 살라딘의 구원자이다. 그에게 자아의 허상의 죽음과 현실적 구원자를 동시에 가져다 준 램프에 마법적 요소는 없지만 그 램프는 현실 속에 존재하는 구원의 가능성으로 기능한다.

마법의 램프와 비슷한 이미지는 아라비아 해를 가르는 기적의 길이다. 아예샤 에피소드에 나오는 이 이미지는 광신도들의 환각으로, 이것을 믿은 자들은 물에 빠져 죽고, 회의주의자들만 살아남는다. 그럼에도 불구하고 루슈디는 광신도들의 환상 속의 구원이 현실일 수 있다는 단서를 달았다. 그리고 이제 바다에 비친 지는 해의 그림자는 살라딘에게 바다를 가르고 난 기적의 길로 비친다. 소설은 신비주의적 상상력을 부인하지 않으면서도 구원의 가능성을 현실 속에 구축해갈 살라딘의 모습을 제시하면서 끝난다.

식민지 해방 과정에서 겪는 시련의 역사를 기록한 『한밤의 아이들』과 피식민인의 입장에서 다시 본 영국 사회를 기록하며 이슬람과 인도의 역사를 되돌아보는 『악마의 시』는 탈중심화의 역사 다시쓰기 작업이자, 역사를 형성하는 모든 정체성의 독단에 대한 경고이다. 압도적인 역사의 숭엄 속에 길을 잃고, 기록만이 유일한 출구로 제시되는 『한밤의 아이들』에 비하여 『악마의 시』는 좀 더 구체적인 행위에 의한 현실 개선 가능성을 제시한다. 마법의 램프나 기적의 길과 같은 숭엄적 요소들은 현실의 틀 속에서도 구원의 표상으로 여전히 기능하며, 사실성이 담을 수 없는 숭엄의 요소가 포스트모던 역사적 상상력에서 담당하고 있는 역할을 다시 한 번 확인시킨다.

6장
하위자 혹은 국외자의 시각으로 본 역사

가즈오 이시구로, 『그날의 잔재』

『그날의 잔재Remains of the Day』는 개인적 주제와 정치적 주제, 역사적 특정성을 가진 주제와 보편적 주제가 절묘하게 결합된 소설이다. 개인적 측면에서 이 소설은 기억과 자기기만, 감성의 억압에 관한 소설로 읽을 수 있다. 역사적, 정치적 측면에서는 1, 2차 세계대전 사이에 영국의 일부 귀족 계층이 나치즘을 옹호했던 사례를 통하여 영국 사회의 위계적 계층 구조를 점검하려는 시도로, 또한 영국의 위대한 과거와 제국에의 향수에 대한 비판으로 읽을 수 있다. 보편적 측면에서는 작가가 밝히고 있듯이, 계급적으로 역사에 관여하기 어려운 지위에 있는 한 개인이 급격한 가치관의 변화 속에서 느낄 수 있는 혼란에 관한 소설이라고 볼 수도 있다. 그러나 한 가문의 집사의 관점에서 기술한 한 시대의 막내림에 관한 소설이라는 점에서 하위자의 시각으로 본 역사물로 분류할 수도 있다.

1. 이시구로의 작품 세계와 역사

『그날의 잔재』는 영국의 전통적 귀족 가문의 집사 노릇을 명예로 아는 주인공 스티븐즈(Stevens)의 눈을 통하여, 그가 달링튼 경(Sir Darlington)을 섬기며 살아온 세월, 역시 집사였으며 말년에 같은 집에서 봉사하게 된 아버지와의 관계, 한때 나름대로의 소극적 방식으로 사랑했으나 이제는 남의 부인이 된 옛 동료와의 관계 등을 회상하는 형식으로 전개된다. 옛 주인은 세상을 떠나고 새로운 미국 주인 패러데이(Farraday)를 섬기게 된 스티븐즈는 새 주인의 권고로 한때 사랑했던 벤(Ben) 부인 혹은 켄튼 양(Miss Kenton)을 만나기 위해 잉글랜드의 남서부로 자동차 여행을 떠난다. 휴가나 여행에 익숙지 않은 스티븐즈는 일손이 딸리는 저택의 살림살이를 벤 부인에게 맡아 달라고 부탁한다는 공식 목표를 설정하고서야 안심하고 여행길에 오른다. 벤 부인의 편지에서 스티븐즈는 불행한 결혼생활에 대한 암시와 달링튼 저택에 돌아오고 싶어하는 향수를 느꼈다고 스스로를 설득한다. 이렇게 오르게 된 여행길에서 화자는 과거를 간간히 회상하며 서술을 전개한다.

생전 처음 일터로부터 물리적 거리를 확보하게 된 스티븐즈는 보수적 기질이 허용하는 한도 내에서 조심스럽게 과거를 회상한다. 그가 폐쇄된 공간에서 생활하는 동안 많은 변화를 겪은 바깥세상과의 접촉도 스티븐즈를 과거의 영광에 대한 환상으로부터 분리시키는 역할을 한다. 대영제국이 제국적 권위를 행사하려는 마지막 시도였던 수에즈 운하 위기가 있었던 1956년을 배경으로 한 이 작품은 제목이 말해주듯이, 쇠망한 대영제국의 마지막 잔재를 영국적 전통의 최후 보루라 할 수 있는 전원 저택의 계급적 생활 양식을 통하여 보여준다. 스티븐즈의 회상을 통해 드러나는 진실은 그가 그토록 존경하며 섬겨온 주인이 2차 세계대전 후에 나치 협력자로 낙인이 찍혔으며, 자신이 위엄과 영국적 가치의 원천으로 생각하던 전통적 생활 양식은 역사적 과오의 원천이 되었다는 것이다. 결국 그는 여행의 종착지인 콘월의 바닷가에서 인생에 대한 허무감에 젖어 바다를 바라보며 눈물 짓는다. 일시적으로 남편과 다투어 별거 중이던 벤 부인도 남편에게 돌아가고, 그녀가 달링튼 저택이 상징하는 지나간 시대의 영광에 대한 향수를 공유하며 돌아오고 싶어 한다는 느낌도 스티븐즈의 환상이었음이 드러난다. 스티븐즈의 집요한 자기기만, 그리고 기억과 해석의 불분명함에 대한 부분적 자인은 그를 믿을 수 없는 화자로 만든다.

『부유하는 세계의 예술가An Artist of the Floating World』에서 그렇듯, 『그날의 잔재』의 화자는 독자를 'you'라고 지칭하는데, 이에 대해 이시구로는 화자의 국지화된 시각을 드러낸 것이라고 설명한다. 화자는 청자가 자신이 살고 있는 지역에서 자신과 같은 가치관을 지닌 작은 범주 안의 사람들이라는 전제하에 이야기를 끌고 나가므로, 정작 책을 읽는 독자는 화자와 청자 사이에 오가는 말을 엿듣는 듯한 느낌을 가지게 된다는 것이다. 이러한 장치는 정치적, 역사적으로 극히 제한된 공동체의 국지화된 시각을 그대로 답습하는 화자를 비판적으로 바라볼 수 있게 하여 화자의 서술로부터 독자가 거리를 유지할 수 있게 한다. 이시구로는 이 믿을 수 없는 화자를 이용하여 감춤과 드러냄의 이중적 움직임을 교묘하게 조작하는 지연 기법을 통해 진실의 모습을 드러낸다. 끊길 듯 말 듯 암시적으로 전달되는 진실은 희박한 존재감 때문에 오히려 더욱 깊은 인상을 준다.

이시구로는 『그날의 잔재』가 1930년대 영국의 상황에 관한 소설 혹은 대영제국의 멸망에 관한 우화라고 받아들이는 독자들이 문제라고 지적한다. 또한 이 소설이 간접적으로 1956년의 수에즈 위기에 대한 언급이라고 읽는 영국 독자들도 있었다. 수에즈 위기란 이집트가 수에즈 운하를 국유화하자 영국과 프랑스가 협력하여 수에즈 운하를 장악하려다 실패한 사건으로, 제국의 상실을 역전시키려는 시도의 실패이자 제국의 죽음을 상징하는 사건으로 받아들여진다. 이러한 해석을 거부하면서 이시구로는 자신의 소설이 사회적 혹은 심리적 사실주의로부터 거리를 유지하는 카프카 류의 소설과 비슷하다고 주장한다. 이시구로는 이 소설이 구체적 역사 시대에 대한 논평이라기보다 보편적인 인간 경험에 관심을 보이는 소설로서, 도집사라는 지위가 평범하고 작은 사람의 권력에 대한 관계를 표현하는 은유임을 시사한다. 대부분의 사람들은 정부를 통치하거나 쿠데타를 주도하지 않는다. 단지 자신이 할 수 있는 봉사를 대의를 위하여 고용주나 기관에게 제공하고 그것이 용인할 수 있는 방식으로 사용되기를 바란다. 이시구로는 권력의 중심에 아주 가까이 있으면서도 멀리 있는 도집사의 입지가 이러한 관계를 표현하는 데 유용함을 시사한다.

이시구로는 역사적 시대에 대한 관심보다는 인간이 자신의 목적을 위하여 기억을 어떻게 이용하는가가 더 큰 작가적 관심사라고 주장한다. 그러나 역사적 교훈의 전달자로서의 소설에 대한 그의 믿음은 명백하다. 사람의 인생에는 한계가 있지만, 국가의 생명은 그보다 길기 때문에 개인이 역사로부터 배우지 못한 것을 국가는 경험을 통하여 배울 수 있다는 것이다. 그의 두 번째 작품인 『부유하는 세계의 예술가』의 주인공 오노(Ono)는 자신이 그리던 부유하는 세계의 풍속화, 즉 불교의 극락정토와 대비되는 생로병사가 전개되는 무상한 세상의 그림을 포기하고 일제

말기의 군국주의와 민족주의에 협력하는 내용의 그림을 그린다. 자신의 신념에 대하여 추호도 회의가 없었던 주인공은 패전 후 새로 전개되는 역사 속에서 자신의 선택이 잘못된 것이었음을 깨닫게 된다. 부유하는 세계보다 견고하고 영구한 가치로서 그가 선택한 국가주의와 군국주의 이데올로기는 또 하나의 부유하는 세계에 불과했음이 판명된다. 오노가 자신의 과오를 깨달았을 때 그의 인생은 이미 공허한 이데올로기에 희생된 후지만, 새로운 세대는 개인의 과오를 통하여 일본 군국주의의 오류가 남긴 역사적 교훈의 혜택을 볼 수 있다.

또한 이시구로는 역사를 단순한 소재의 사냥터로 보는 다른 현대소설가들과 달리 역사적 교훈의 전달자로서의 책무를 느낀다. 대영제국이 무너진 후, 더 이상 세계의 중심이 아닌 영국에 대한 인식을 가지게 된 소설가들은 자신들의 일상에 대한 글이 조그만 지역적 소설이 된다는 것을 깨닫게 되었다. 또한 젊은 작가들은 자신들이 아주 안정되고, 풍요로우며, 지루한 나라에 살고 있다고 느껴 아프리카나 동유럽을 배경으로 소설을 쓰거나 사회가 파편화되고, 민주주의와 안정이 위기에 처했던 시기, 그중에서도 1차 세계대전으로 시선을 돌리는 경향이 있었다. 이시구로는 자기 세대가 부모를 통해서 부모에게 들은 것을 통해서 20세기 전반에 일어난 일들에 대한 기억을 수호할 책무가 있다고 생각해서 역사적 소재에 관심을 가진다고 말한다.

사람들은 자신들의 삶의 맥락을 더 잘 이해하기 위해 도덕적 헬리콥터를 타고 좁은 시야를 벗어날 필요가 있는데, 역사는 이런 헬리콥터의 역할을 할 수 있다는 것이 이시구로의 생각이다. 역사소설은 이러한 역사적 조망에 문학적 조망까지 덧붙인다. 아리스토텔레스가 『시학』에서 정의한 역사의 일회성 및 특정성과 문학의 보편성이 결합함으로써 나온 결과라고 볼 수 있다. 그러므로 자신의 소설이 역사를 다루는 독특한 은유적 방식에 대한 이시구로의 강변에도 불구하고, 그의 소설은 역사물로서의 의미를 분명히 가진다. 그리고 그가 다루는 세계대전이라는 소재의 성격상 제국주의의 오류와 잔재는 중요한 역사적 소재가 된다.

『그날의 잔재』를 쓰기 전 이시구로의 소설 『언덕의 창백한 조망A Pale View of Hills』과 『부유하는 세계의 예술가』는 1940년대의 일본을 배경으로 한다. 자신이 그 시대에 대한 성찰에 관심이 있어서라기보다는 그 시대가 제공하는 인물과 정치적 상황이 작품에 중요한 자료를 제공하기 때문이라는 것이 이시구로의 입장이다.

> 나는 사회의 좀 더 많은 가치들이 급작스런 변화를 겪은 시대에 끌린다. 내가 관심을 가진 많은 것들은 이러한 상황에서 날카롭게 드러나는 경향이 있다. 뭔가 선하고 유용한 일을 하고자 했던 사람들이 잘못된 곳에 노력을 쏟아 부었다는 사실을 발견하게 되는 상황에 관심이 간다. 그들은 재능과 기력을 낭비할 뿐 아니라, 선을 행한다고 생각하면서 항상 악이었던 어떤 것에 자기도 모르는 사이에 기여한다. 사람들은 고통스럽게도 자신을 둘러싼 사회의 영향을 받는다(Shaeffer, 20).

『그날의 잔재』와 『부유하는 세계의 예술가』는 각각 영국 제국주의와 일본 제국주의 시대의 잘못된 충성심을 다루며, 양차대전 사이의 일본과 영국의 상황적 유사성을 그려낸다. 그러나 이시구로는 독자가 역사적 사실을 이해하기 위하여 소설을 읽어서는 안 되며, 역사에서 얻을 수 있는 진실과 소설에서 얻을 수 있는 진실은 다르다고 주장한다. 시대에 대하여 직접적으로 논평하거나, 정치적 판단을 내리는 것은 소설의 본령에 어긋난다고 생각하기 때문이다. 소설의 본성은 앞장서서 운동을 하는 데는 적합지 않으며, 소설의 형식에는 좀 더 근원적이고 보편적인 차원에서 정치적 논의를 끌어내는 뭔가가 있다는 것이다.

이러한 이시구로의 역설에도 불구하고 제국주의 혹은 제국주의적 가치에 대한 잘못된 충성심이라는 역사적 오류는 그의 소설에서 반복적으로 언급되고 있어서, 이러한 언급의 은유적 가치는 카프카적 추상성을 획득하지 못한다. 『그날의 잔재』 이후 또 다른 소설에서 이시구로는 제국주의적 과거에 대한 도덕적 탐색을 반복한다. 『우리가 고아였을 때 When We Were Orphans』는 로버트 뱅크스(Robert Banks)라는 영국인 사립 탐정이 어릴 때 상하이에서 납치되어 실종된 부모님의 사건을 해결하러 나서는 이야기이다. 그는 부모님을 찾기만 하면 행복했던 과거로 시계를 돌리고 세계도 구원할 수 있다는 다소 망상적 믿음을 가지고 잃어버린 향수를 향한 여행을 떠난다.

상하이로 간 뱅크스는 그곳을 조차했던 세력의 역사를 접하게 된다. 이들은 직접적 식민 통치를 하며 서구인들이 부분적으로나마 느꼈던 책임의식도 없이 치외법권을 주장하며 착취를 감행했고 뱅크스는 자신이 그러한 악의 수혜자였다는 인식에 도달한다. 탐정인 그는 자기 삶의 미스터리를 해결하려다가, 악의 성격은 매우 복합적이어서 탐정소설의 명쾌한 공식은 실제 삶에는 적용할 수 없으며, 그러한 악에 둘러싸이거나 삼켜지지 않는 것이 불가능하다는 사실을 깨닫는다.

이시구로는 이 소설에서 영국 대중문화의 주요 전통인 탐정소설에 의식적으로 접목하고 있다. 탐정소설은 1차 세계대전 이후 융성했던 장르이다. 이 시대 사람들은 국가주의와 인종주의가 광적으로 발현된 상황에서 현대 기술이 만들어낸 전쟁의 트라우마를 경험했고, 지도자들이 통제할 수 없는 세상의 모습과 무한한 유혈과 고통을 보았다. 명탐정의 추리에 의하여 명백한 선과 악의 지도가 그려지고, 악이 제거되는 탐정소설은 이 시대 사람들이 선택한 도피구였다. 독자들은 악과 고통이 범죄자 개인에 의하여 만들어지는 것이 아님을 잘 알면서도 탐정소설이 제시하는 명쾌한 해결책에서 만족을 느꼈던 것이다.

제국적 과거와의 연루에 대한 이시구로의 반복적 언급은 은유적 의미를 넘어서는 정치적, 역사적 함의를 탐색하게 만든다. 작가 자신도 『그날의 잔재』에서 시골 저택이라는 신화적 영국의 상징물을 재정의하여 어두운 측면을 드러내고자 했음을 밝히는데, 이는 분명히 구체적이고 일회적인 역사적 사건에 대한 언급으로 보인다. 영국의 시골 저택은 환상화, 낭만화된 조형물로 영국의 민족 문화와 전통의 동의어로 기능한다. 시골 저택은 영국의 전원적 전통의 중심에 있기도 하다. 영국의 전원은 자족적이고 국가적인 전통의 풍경으로서, 미국의 야생 세계에 대한 이상이 인디언에 대한 토지 강탈전에 기억상실적 관계를 가져왔듯이 식민지의 공간과 역사의 차단을 가져왔다(Sim, 52). 시골 저택의 부를 형성한 식민지의 존재는 영국적 전통 뒤에 가려지고, 그 자취는 저택에 걸린 그림 속에서 노예들에게 막 채찍질을 하고 난 인도에서 부를 축적한 식민지 경영자의 모습으로만 남아 있을 뿐이다. 이시구로는 이 시골 저택 신화가 노동조합의 평등주의운동이나 이민자들이 들어오기 전, 혹은 문란한 1960년대가 도래하여 모든 것을 망치기 전의 아름다웠던 장소의 표상으로서 보수파들에 의하여 사용될 위험이 있음을 지적한다. 이민자로서 이시구로는 특히 이 아름다운 표상이 지니고 있는 배타성과 이면의 어두움을 민감하게 느꼈을 것이다. 1980년대의 보수 정권은 자립자족, 기업정신, 개인적 자선, 법과 질서, 가족의 훈육과 엄격한 성도덕 등 빅토리아

시대의 가치관들을 다시 부활시켜 제국주의적 성취에 대한 향수를 정치적으로 이용하고자 했다(Sim, 53). 『그날의 잔재』가 쓰인 1989년은 이러한 보수주의가 한창 위세를 떨치고 있던 시기였기에, 작품에는 제국주의 시대에 대한 향수를 등에 업은 동시대 보수주의에 대한 견제가 담겨 있을 것이라 짐작할 수 있다.

작품에서 제국주의 역사는 그림자로 존재할 뿐 아니라, 간간이 직접 언급되기도 한다. 뛰어난 도집사 스티븐즈의 아버지와 관련된 두 개의 일화가 그 예이다. 하나는 인도에서 있었던 일이다. 어느 날 손님들에게 차 대접을 하는 도중 호랑이가 나타났는데, 그는 손님들에게 방해가 되지 않도록 조용하고 신속하게 호랑이를 죽이고 그 사체를 처리하여 손님들은 호랑이의 출현을 알지도 못한 채 식사를 즐기고 돌아갔다는 일화이다. 이것은 집사의 위엄을 보여주는 동시에, 식민지에 살면서도 식민지의 현실로부터 보호되어 비현실적 인식을 가지고 역사적 오류를 범할 수 밖에 없는 지배 계층에 관한 이야기이기도 하다.

다른 일화는 더 직접적으로 대영제국의 모순과 제국의 유지를 위해 일반 시민들이 치렀던 희생을 보여준다. 스티븐즈에게는 형이 있었는데, 그는 보어(Boer) 전쟁에서 보어인들에 대한 가장 영국답지 못한—명예롭지 못한—공격을 감행하다 전사한다. 나중에 스티븐즈의 아버지는 자기가 모시던 주인집에서 바로 이 작전을 졸렬하게 수행하여 많은 젊은이들을 희생시킨 장군을 손님으로 맞아 그의 시중을 들어야 하는 상황에 처한다. 절제와 의무를 최고의 가치로 여기는 스티븐즈의 아버지는 주어진 임무를 차질 없이 수행한다. 장군은 자신의 군사적 성취를 자랑하는 뻔뻔스러움까지 보이지만 그는 끝까지 참아내며 훌륭한 서비스를 제공하여 장군으로부터 팁까지 듬뿍 받는다. 그는 이 팁을 즉시 자선사업에 기부해버리지만 장군은 자신이 한 일이 현실에서 일으킨 정직한 반향에 접할 기회를 갖지 못한다. 스티븐즈와 그의 아버지가 소중하게 여기는 집사로서의 직분에의 충실함과 예의, 규범은 그 자체로는 아름다울 수 있지만, 지배 계층을 정치적, 역사적 오류와 비현실성에서 깨어나지 못하게 하는 약점이 있다.

2. 계층 구조와 역사

이시구로는 이 소설에서 집사인 스티븐즈가 "보통의 작은 사람들의 권력 관계에 대한 좋은 은유"로 기능하고 있다고 밝혔으나, 대부분의 비평가들은 이 소설을 계층에 관한 소설로 다루지 않았다. 전적으로 계층 문제에 관한 소설이라 하기는 어렵지만, 작품은 집사라는 주인공의 계층적 입지를 소재화하며 계층 문제 일반에 대한 흥미로운 접근을 제공한다. 집사는 요리사, 우두머리 하녀, 시종, 귀부인의 시녀와 함께 상위 하인 계층에 속하며, 신분 있는 사람들이 가지던 직위였다. 집안의 살림이 잘 이루어지도록 하고, 하인들을 통솔하며, 집안의 은기와 포도주 창고를 관장하는 것이 집사의 주 업무였다. 그들의 계층은 상위 노동자, 중간 관리자, 하위 신사 등 어느 쪽으로도 분류가 가능했다. 언어와 예법이 계층을 나타낸다고 믿는 영국 사회에서 신사들과 같은 언어를 사용하는 집사 계층은 위층과 아래층 사이에서 고유한 위치에 있었다.

그렇다면 집사들이 봉사하는 대상인 신사 계층은 어떤 내력을 가지고 있을까? 신사(gentleman)의 전신은 중세 기사이다. 중세 기사의 행동 지침은 도덕적 처신, 여성에 대한 예의바른 행동, 그리고 전쟁에서 패배한

적에 대한 공정한 대우라 할 수 있다. 르네상스 시대에 이르러 무기의 발달로 인해 기사의 존재가 필요 없게 되자 기사 계급은 시대 문화의 중심인 궁정에서 사람들의 관심을 끌 수 있는 예법과 지식, 화려함을 갖춘 궁정인으로 변신했다. 이와 같이 인본주의적 소양과 능숙한 사교적 능력을 중요시했던 16세기에만 해도 신사라는 말은 가문의 문장을 가진 사람이라는 계급적 의미가 강했다. 그러던 것이 18세기에는 태도와 예법으로 방점이 옮겨갔으며, 사회적 격변을 겪은 19세기에는 이미 신사라는 말의 계층적 인식이 사회적으로 희박해졌다. 그리하여 신사라는 말은 상업에 종사하더라도 태도에 세련미와 지성이 보인다면 사용될 수 있는 것으로 그 범위가 확대되었다. 19세기 영국의 부르주아 계층은 귀족 계층에 대항하기보다 그들의 행동 양식인 신사성을 획득하기 위하여 노력했다. 신사의 태도를 가리키는 공손함이라는 말이 궁정인으로서의 공손함을 가리키는 "courtesy"에서 시민으로서의 공손함을 가리키는 "civility"로 변화했다는 사실은 신사 개념의 부르주아화를 가리키는 지표이다. 19세기 초에 이르러 일부 신사 계급의 도덕적 타락과 세속적 부의 과시 및 유흥 문화를 규제할 필요를 느낀 신앙 부흥 운동자들은 외모의 엄숙함과 행동의 엄격함을 강조하는 새로운 신사성 개념을 도입했다. 19세기 초반까지 가정에서 그리고 여행을 통하여 교육되던 영국의 젊은이들은 19세기 중반에 이르러서는 이튼(Eton), 럭비, 해로우(Harrow) 같은 공립학교에서 제국의 경영자로 교육된다. 공립학교에서는 예법과 세련미를 강조하던 지금까지의 신사 교육과는 달리 남성다움을 강조했으며 럭비와 축구 같은 운동이 불어와 같은 여성 취향의 과목을 대치했다. 남성다움은 용기, 힘, 활력 있는 성숙함 등의 함의를 지니며, "애국적이고, 관대하며, 품위 있고, 기사도와 자유로운 정신"을 가진 인물들을 길러내는 기준이 되었다.

이러한 신사 개념은 당대에 바람직하지 못하다고 생각되는 가치들, 즉 민주주의의 확장, 돈에 대한 숭배, 그리고 편리함을 원칙보다 앞세우는 관행 등에 의식적으로 반대하여 정립된 개념으로서, 중세의 기사도를 시대에 맞게 변형시켜 창안된 전통이다. 감정의 억압이나 충성심, 어떠한 상황이라도 위엄 있게 처리할 수 있는 능력 등 이 소설에서 강조되는 집사의 미덕은 19세기 말에 형성된 다소 남성적인 신사적 자질에서 빌려온 것임을 알 수 있다.

달링튼 경에게서 발견되는 신사적 자질은 좀 더 포괄적이며, 텐느(Hippolyte Taine)가 정의한 영국 신사의 개념으로 요약될 수 있다. 즉 "막대한 사유재산, 상당수의 하인들, 신사 고유의 외양과 태도, 편안함과 사치의 습관" 같은 외형상의 특징 이외에도, "교육 받은 지성, 여행, 정보, 예의바름과 사교적 능숙함"을 갖추고 있다. 그러나 진정한 신사는 "정말로 고상한 인간, 지도자의 자질이 있는 사람, 사심 없는 성실함을 지니며 사람들을 위하여 자신을 위험에 노출하고 희생할 수 있는 사람; 명예로울 뿐 아니라 양심적인 사람, 관대한 본능이 올바른 사유에 의하여 뒷받침 되는 사람, 본성에 의하여 올바르게 행동하지만, 선한 원칙에 의하여 더 올바르게 행동하는 사람"을 의미한다(Berberich, 15-29).

신사라는 말의 현대적 용법은 "명예롭고 친절하게 행동하는 남자", "사회적 지위를 가진 남자" 이외에도 "남자"라는 의미와 심지어는 "남자 화장실"이라는 의미까지 포함하게 되었으나, 20세기 문학에서 신사성의 문제는 여전히 향수의 대상으로 논의되며, 『그날의 잔재』도 이러한 경우에 해당한다.

보수성의 화신으로 보이는 스티븐즈도 신사 계급의 정의에 대해서는 나름대로 진보적인 생각을 가지고 있다. 당대의 뛰어난 집사들의 모임인 헤이즈 회(Hayes Society)는 가입 자격을 뛰어난 가문에 봉사하고 있는 집사로 제한하고 사업가나 신흥 부자는 제외했다. 스티븐즈는 이러한 생각을 시대에 뒤떨어진 사고라고 일축한다. 그의 생각에 작위나 오래된 가문보다 중요한 것은 주인의 도덕적 위상과 사회 공헌 여부이다. 그는 클럽이나 골프장에서 빈둥거리는 좋은 가문의 신사들보다 출신이 보잘것없어도 사회를 위하여 공헌하는 주인을 섬기는 것을 더 보람 있는 일로 생각한다. 그가 달링튼 홀을 선택한 것은 달링튼 경이 전통적 의미의 신사계층이면서도 새 시대의 도덕적 신사상을 충족시킨다고 믿었기 때문이었다.

서술의 전반부에서 달링튼 경은 이러한 기대에 크게 어긋나지 않는 인물이다. 그는 싸움에서 패한 자에게 공정해야 한다는 신사도의 정신에 따라 패전국 독일에게 베르사유 조약이 부과한 과도한 보상 조건으로 독일인들의 삶이 피폐해졌다며 안타까이 여긴다. 1923년 그는 독일을 구제하기 위하여 유럽의 승전국과 미국의 대표들을 모아 막후 협상을 기획한다. 그의 의도는 관대한 정의의 실천으로, 독일에 대한 외교적 유화책이 영국의 시골 저택을 중심으로 정치에 직접적으로 개입되지 않은 귀족과 신사 계층들에 의하여 발의되었다는 역사적 사실에 부합한다.

그런데, 달링튼 홀에서의 협상은 전문적인 외교적 해결책이라기보다 신사들 간 의리의 확인으로 마무리된다. 달링튼 경은 처음부터 독일에 대하여 유화적 태도를 취하는 데 격렬히 반대하는 프랑스 대표 뒤퐁(Dupont)을 설득하는 데 심혈을 기울이기 위해 다른 나라 대표들과 예비회합을 가진다. 그런데, 미국 대표인 루이스(Lewis)는 달링튼 경과 다른 나라 대표들의 모의 내용을 뒤퐁에게 귀띔해 그들의 의견 쪽으로 기울지 않도록 조정한다. 뒤퐁은 이런 루이스에게 감사를 표하는 대신 마지막

만찬의 건배사에서 그를 신사의 규칙을 어긴 배신자로 지목한다. 이것은 신흥 세력 미국의 실용주의와 신사적 명예의 코드로 묶여 있는 유럽 지배 계층과의 충돌을 드러내는 사건이다. 루이스는 오늘날 국제 정치의 복잡한 양상은 유럽 귀족들의 모임에서 아마추어적으로 해결될 수 없으며 전문적 식견에 의하여 이루어져야 한다는 견해를 표명하는데, 후일 정세의 추이를 보면 그의 견해가 옳았음을 알 수 있다.

1923년의 회합 이후 표면화된 친독일적 제스처는 후일 달링튼 경이 나치들에게 이용당하는 계기가 된다. 히틀러 집권 후에도 그의 집에는 독일 대사나 영국의 검은 셔츠대를 조직한 실존 인물 오스월드 모즐리(Oswald Mosley) 경과 같은 친독일 인사들이 드나든다. 모즐리는 늘어나는 세금 때문에 영지를 유지할 수 없어 몰락해가는 지주 출신으로, 평민들이 자신의 오래된 권리를 침식하는 것을 달갑지 않게 생각했다. 실제로 1920년대와 1930년대 영국에는 이런 이유로 정치적으로 우경화된 귀족과 지주 계층이 일부 존재했다. 달링튼 경도 친나치 인사들의 출입에 따른 보안상의 이유를 들어 집에 고용되어 있던 유태인 하녀를 내보내라고 지시하며, 직분에 충실한 스티븐즈는 주인의 뜻을 거스르지 않는다.

달링튼 경은 의도와 달리 판단력 미숙으로 진정한 지도자의 자질을 발휘하지 못했으며, 명예와 양심도 지키지 못했다. 관대한 본성을 올바른 사유와 선한 원칙으로 이끌지 못한 그는 이처럼 신사적 이상을 구현하지 못하고, 스티븐즈에게까지 불명예를 안겨준다. 이는 그의 개인적 자질 부족에도 책임이 있지만, 진실을 회피하게 하는 위계적 생활 방식에 의해 구조적으로 오도됐다고 볼 수도 있다. 스티븐즈와 그의 아버지가 고수하는 무조건적 충성과 흐트러짐 없는 외양의 유지는 결국 상류 계급을 현실로부터 유리시키고, 자신들의 모순과 결함을 보지 못하게 하는 보호

막의 역할을 한 것이다.

신사 계층과의 근접성 때문에 애매한 계층의식을 가지고 있는 집사 계층은 그들로부터 비판적 거리를 유지하지 못한다. 다른 하인들을 감독하며, 주인과 하인들 사이의 연결고리 역할을 하는 그들은 정장을 하고, 신사들과 같은 말투를 쓰며, 화려한 저택 안에서 신사들과 같이 생활하면서 전통, 명예, 충성심, 위엄, 의무, 감정의 억압과 같은 가치들을 중요시한다. 뿐만 아니라 그들은 공립학교에서 맺어진 남자들 간의 동성적 사회성(homosociality)에 의존하는 신사들처럼 주인을 추종하며 긴밀한 동성적 유대감을 형성한다.

스티븐즈가 여행을 떠난 셋째 날 들르게 된 데본(Devon)의 외진 마을 모스콤비(Moscombe)에 사는 테일러(Taylor)와 마을 사람들은 의상과 말투, 주인이 빌려준 포드 자동차 등을 보고 그를 영락없는 신사로 착각한다. 신사 계층과 잦은 접촉이 없어 외형적 유사성에 근거해 판단한 것이다. 마을에서 유일하게 신사 계층과 교류한 경험이 많은 의사 칼리슬(Carlisle)만 그의 정체를 간파한다. 처칠(Churchill)이나 핼리팩스 경(Lord Halifax)같은 당대의 명사들을 알며, 국제적인 일에 관여했다는 스티븐즈의 말은 마을 사람들의 오해를 더욱 공고히 하며, 스티븐즈는 이를 굳이 해명하지 않는다. 그는 짧은 여행길에 오르면서도 자신이 달링튼 홀과 관계가 있는 사람임을 밝혀야 할 경우를 대비하여 새로 여행복까지 마련하는데, 이러한 체면치레도 신사의 행동 양식에 가깝다.

이러한 애매한 계층성은 스티븐즈가 노동자로서 감수해야 하는 불편함을 위엄과 절제라는 신사적 미덕으로 포장하도록 만든다. 1923년 달링튼 홀에서 있었던 국제 회합을 순조롭게 진행시키느라 그는 아버지의 임종을 지키지도 못한다. 죽음을 맞이하고 있는 아버지 대신에 프랑스 대표인 뒤퐁을 돌보아야 하는 처지에 놓이자 그는 이것을 노동자의 희생을 일방적으로 강요하는 계층적 모순으로 받아들이기보다는 집사로서의 위엄을 지킨 것으로 받아들인다.

일정한 근무 시간도 휴가도 없는 노동 환경, 모욕과 비인격적 대우, 복지의 부재, 열악한 거주 환경 등 집사도 분명 착취당하고 있는 노동 계층임에도 불구하고, 스티븐즈는 이를 부당한 대우로 받아들이기보다 절제와 억압으로 이겨내어 위엄에 이르는 시험으로 이해한다. 근무지를 벗어난 적이 없는 그에게는 남서부로 휴가를 가는 것도 처음 있는 일이다. 그러나 그것조차 송구스러워 그는 일손을 보충하기 위해서 간다는 이유로 자신의 여행을 정당화시킨다.

달링튼 경의 친구들은 보통 사람들은 복잡한 정치, 경제, 국제적 상황에 무지하므로 국가의 중대사를 결정할 때 그들의 의견을 고려할 필요가 없다는 비민주적 의견을 증명하기 위하여 자정이 지난 시간에 스티븐즈를 불러 어려운 질문을 던지고 그가 대답을 하지 못하자 웃는다. 또 하나의 영국적 전통인 민주주의와 의회 제도의 어리석음을 증명하고자 스티븐즈를 이용한 것이다. 노동시간이나, 인격에 대한 배려도 없는 행위이나, 스티븐즈는 그 순간 자신이 무지한 보통 사람의 역할을 제대로 해내었다는 만족감을 느낀다. 모스콤비에서 만난 해리 스미스(Harry Smith)가 인간은 누구나 자유롭게 태어났으며, 의견을 자유롭게 말할 수 있고, 의회의 의원을 선출할 권리를 가지고 있으며 이것이 인간의 위엄을 뜻한다는 민주주의의 기본 원리를 설파하자 스티븐즈는 이 일화를 떠올린다. 스티븐즈에게 위엄이란 계층의 질서를 고수하는 것으로 해리 스미스가 말하는 위엄의 대척점에 있다. 그는 보통 사람의 지식에는 한계가 있기 때문에 개인이 국가의 중요한 일에 강력한 의견을 제시하는 것은 현명치 못하다는 상류 계층의 생각에 동의한다. 달링튼 경은 친구들의 무례함에 대하여 다음날 스티븐즈에게 사과하여 그에게 관대하고 예의바른 신사적 본성이 남아 있음을 보여준다.

1932년 유태인 하녀들을 해고했던 달링튼 경은 1933년에는 검은 셔츠대의 흉악한 본질을 파악하고 그들과의 관계를 끊었으며, 스티븐즈에게 해고된 하녀들을 도울 수 없겠느냐고 묻는다. 나치즘이 실상을 드러내자, 자신의 오류를 깨닫게 된 것이다. 그는 일시적 맹목성을 지성과 소양으로 극복할 수 있는 능력을 지녔지만, 그가 참여했던 중요한 역사적 행위들은 결국 달링튼 홀에 반역의 산실이라는 오명을 남긴다. 영국 상류계급의 파시즘 동조가 그들의 반민주적 정서에 근거하고 있음을 상기할 때, 전원주택이라는 전통 속에 자리 잡은 생활 양식에 근본적으로 도덕적, 정치적 문제성이 있음을 소설은 드러낸다.

스티븐즈의 아버지는 일흔이 넘은 나이에도 죽는 날까지 일하다가 자리에 눕는다. 인간의 노동 능력을 감안한 은퇴 연령이라든가 건강 악화에 따른 병가, 노인 복지 등 오늘날 당연한 것으로 인식되는 노동권이 부재한 환경이다. 그들이 기거하는 방이나 사무실처럼 사용하는 식품 저장고는 감옥을 연상시킨다. 켄튼 양은 이런 우울한 환경을 조금이라도 밝게 만들어 보려고 정원의 꽃을 꺾어 오지만 스티븐즈는 그 의미를 이해하지 못한다. 그는 인간으로서의 즐거움을 사치로 여긴다. 신사 계급의 가치관을 공유하면서도 신사들이 만끽하는 삶의 여유나 쾌락으로부터 스스로를 철저히 유리시키는 그는 사랑과 결혼이라는 인간의 기본적인 욕구도 노동의 효율성을 위하여 부인한다. 집사나 하인이 하녀와 정분이 나면, 저택에서는 두 사람의 노동력을 한꺼번에 잃고 불편함을 겪으므로 꺼린다. 스티븐즈는 이러한 행동 지침에 따라 켄튼 양에 대한 관심을 억누른다. 이와 같이 철저한 전문 직업인으로서 집사 계층에게 요구되는 높은 기준은 아이러니하게도 영국의 지도자들인 상류 계층에는 요구되지 않는다.

스티븐즈는 달링튼 홀에 와서 건강 문제로 최소한의 일밖에 할 수가 없게 된 아버지에게 켄튼 양이 존칭을 쓰지 않는 것을 용인하지 않는다. 켄튼 양은 스티븐즈의 아버지를 업무 능력에 따라 평가하고 그가 수행할 수 있는 직책에 배정할 것을 주장하며, 그에게 존칭을 붙이지 않는다. 집사를 단순한 노동자가 아닌 신사적 위엄을 지닌 존재로 생각하는 스티븐즈는 이러한 그녀의 사고방식을 받아들일 수가 없다. 그러나 신사적 위엄과 계급적 질서라는 허울 속에서 아버지는 아들의 돌봄도 받지 못하고 세상을 떠난다. 오히려 정당한 대우를 받는 노동자 신분이 그에게 인간적인 삶을 부여하지 않았을까 생각되는 부분이다.

이시구로는 스스로를 어떤 나라를 대표해서 저술 활동을 할 필요가 없는 독특한 위치에 있는 국제적인 작가라고 주장한다. 그는 영국이나 일본과 연관되어 있지만, 그 어느 쪽에도 완전히 소속되지 않기 때문에 두 나라의 역사를 모두 비판적 거리에서 바라볼 수 있다는 것이다. 스스로를 주변부의 작가로 인식하면서 포스트콜로니얼리즘이 강조하는 변경인이나 국외자로서의 인식을 강조하는 이시구로는 시골 저택을 자신과 같은 이민자들을 배척하는 전통의 표상으로 읽는다. 영국의 계급 질서의 외곽에서 생활하면서 이민자로서 그가 가지는 시선은 전통에 대한 향수의 표상으로서 시골 저택의 삶이 가진 모순들을 첨예하게 드러낸다.

그가 역사를 다루는 방식은 포스트모더니즘이 역사를 다루는 방식보다 훨씬 보수적이다. 최근작 『나를 보내지 마Never Let Me Go』에서는 클론 생산이 현실화된 대안적 세계를 상상하지만, 역사적 사실을 변조하지 않고 주변부에 허구의 세계를 구축하여 역사를 바라보는 통로를 마련한다. 그는 작은 캔버스 위에 응축된 세계의 모습을 그리는 제인 오스틴처럼 장인적 솜씨와 기지를 동원하여 섬세한 축소물의 세계를 창조하며, 부재와 후퇴를 통해 모든 것을 암시한다. 루이스는 이러한 이시구로의 작업 방법을 프로이트의 전치(轉置, displacement) 개념으로 설명한다. 꿈 작업은 피해를 야기할 수 있는 자료로부터 관심을 따돌리기 위해서, 공포나 금지된 욕망을 하잘것없는 상징이나 물건, 상황과 연결시키는 방식으로 위장한다(Lewis, 16). 이시구로의 텍스트는 이와 같이 텍스트가 언급하지 않는 것, 혹은 최소한으로 언급하고 있는 징후들로 이루어져 있으며 독자는 사이드가 오스틴의 『맨스필드 파크』를 지탱하는 경제적 하부구조를 안티과의 플랜테이션에서 찾아내듯이 부재와 징후의 배후를 읽어내는 마셔레이(Pierre Macherey)적 독법을 동원해야 한다. 중심에 밀착해 있으나 하위자인 집사의 시선으로 관찰하는 역사는 응축과 부재와 후퇴의 기법으로 이루어질 수밖에 없다. 역사의 수행자인 상류 계층에 대해서 최대한의 공감을 가진 화자의 눈을 통해 볼 때, 상류 계층의 오류는 최소한의 조명을 받는다. 그러나 텍스트의 틈새로 얼핏얼핏 보이는 진실의 모습은 감질나는 암시성으로 인상적인 효과를 창출한다. 이것은 무구한 어린아이인 메이지의 눈을 통하여 불륜 남녀를 관찰하는 헨리 제임스의 『메이지가 알았던 것What Maisie Knew』이 발휘하는 힘에 상응하는 효과를 만들어 내며, 계급적 전통이 빚어낸 역사의 오류를 반성한다. 스티븐스가 제공하는 하위자의 시각은 비판에 극도로 소극적이지만, 이러한 소극성은 오히려 상류 계층의 과오를 더욱 날카롭게 드러낸다. 비판의 대상이 되는 질서는 이미 영국에서 사라졌고, 개인적 위엄은 이제 스티븐스가 생각하는 의미보다 해리 스미스가 생각하는 개인적 권리의 행사라는 의미를 지니게 되었다. 그럼에도 불구하고 이시구로는 영국적 전원 주택의 전통을 아름다운 것으로 기억하려는 역사적 오류를 수정하려 시도한다. 소설에서 직접적으로 역사적 상황에 처한 인물들에게 역사는 불가해한 본질을 가지고 있다. 그러나 역사적 성찰은 종국적으로는 진실의 규명과 균형 잡힌 판단을 가능하게 한다. 앞서 언급한 그의 최근작 『우리가 고아였을 때』는 환상성과 불가해한 숭엄성의 요소가 훨씬 많이 가미된 소설로서 정의와 불의를 가리고 인과관계를 분명히 밝히는 탐정의 추론 능력 바깥에 있는 역사의 소용돌이 속에서 의미 없이 팽개쳐진 존재들을 그리고 있다. 반면 『그날의 잔재』는 포스트모던 역사소설로는 불가해성의 요소를 최소한으로 가진 소설이라 할 수 있다. 하위자의 시각으로 역사를 재검토한 이 소설은 대안적 역사 쓰기의 좋은 사례라고 생각한다.

7장

신화와 역사의 호환성과 19세기 여성시인의 창조력

앤토니어 수잔 바이어트, 『홀림』

바이어트의 『홀림Possession』[1]는 가부장적 사회에 의해 거세되어온 여성의 창조력과 상상력의 가능성에 대한 대안적 역사소설로 볼 수 있다. 소설에는 역사적 실존 인물이 등장하지 않는다. 그러나 주인공인 크리스터벨 라못(Christabel LaMotte)은 19세기의 여류시인인 미국의 디킨슨(Emily Dickinson), 영국의 브라우닝(Elizabeth Barrett Browing), 그리고 로제티(Christina Rossetti)를 결합한 듯한 인물이다. 라못이 실존인물이 아님에도 역사적 위상을 가지는 것은 이와 같이 그녀가 역사적 인물의 모자이크이기 때문이기도 하고, 빅토리아 시대의 도덕관에 숨이 막힐듯 제어당하는 여성의 삶의 여정 자체가 역사적 산물이기 때문이다. 라못의 연

1 이 소설의 제목은 '소유'로 번역되어 있다. 그러나 소설의 내용을 보면 영매를 통한 신내림의 의미로부터 탐구에 대한 열정이나 소유에 대한 집착 등 다양한 의미로 해석이 가능하다. 그래서 세 가지 의미를 모두 아우를 수 있는 '홀림'이라는 제목을 사용하기로 한다.

인으로 등장하는 란돌프 애쉬(Randolph Henry Ash) 역시 브라우닝과 테니슨(Alfred Tennyson), 카알라일(Thomas Carlyle), 워즈워스(William Wordsworth), 아놀드(Matthew Arnold), 모리스 등을 닮은 허구적 인물이다. 문서보관서 소설과 캠퍼스 소설을 결합한 듯한 이 소설은 과거사에 관한 학문적 증거의 수집을 거의 탐정소설 같은 긴장감을 가지고 추적하고 있다.

탐정소설적 흥미로 이 소설의 줄거리를 따라가면 다음과 같다. 19세기 시인인 애쉬를 연구하는 대학원생 롤랑(Roland)[2]은 런던의 도서관에서 애쉬의 책을 열람하던 중 원고 사이에 낀 연애편지 비슷한 것을 찾아내 몰래 들고 나오며, 이것이 기혼자인 애쉬의 알려지지 않은 연애에 대한 증거라고 믿는다. 롤랑은 당대의 여류시인인 크리스터벨 라못을 애쉬의 연인으로 추정하고 라못의 먼 친척이자 연구자인 모드 베일리(Maud Bailey) 교수를 찾아간다. 둘은 이들의 숨겨져 있던 연애 사건에 매료되어 공동으로 발굴 작업을 진행하며 더 많은 편지를 발견한다. 그 과정에서 두 사람도 연인 관계가 된다.

추적의 결과 이들은 부인과의 육체적 결합을 거부당했던 애쉬가 잠시 동안 라못과 연애를 했으며, 그 사이에 생긴 딸이 결혼한 라못의 여동생의 딸로 위장되어 키워진 사실을 알아내게 된다. 지금까지 자신을 라못의 조카의 후손으로 알았던 모드 베일리는 자신이 바로 두 시인의 사랑의 결실인 딸 마이아의 후손임을 알게 된다. 롤랑은 이 연구 결과를 발표하여 직장을 얻고, 롤랑과 모드 베일리는 19세기의 윤리관 안에서 허용될 수 없었던 애쉬와 라못의 연애를 그들의 정신적 후예—그들의 연구자

2 프랑스에서 가장 오래된 서사시 『롤랑의 노래Chanson do Roland』에 등장하는 영웅의 이름이다.

이기에—로서 완결시킨다. 19세기는 발굴되어 현재에 재현되고 현 시점에서의 발굴과 연애 사건은 과거를 현대식으로 다시 읽는 동기가 된다.

탐정극적 긴박감이 넘치는 탐사의 전개 못지않게 중요한 것은 애쉬는 게르만 신화를 소재로 시를 쓰는 시인이고 라못은 켈트의 서사전통을 바탕으로 시를 쓰는 시인이라는 사실이다. 두 사람의 결합은 유럽 문학의 원천이 되어온 두 전통의 결합을 상징한다. 그중에서도 라못이 즐겨 소재로 삼는 켈트 전통의 멜루신(Melusine) 신화는 하반신이 뱀으로 변하는 여성에 관한 얘기이다. 전통적으로는 악녀로 간주되던 이 여성—여성이 남성성을 상징하는 뱀의 몸을 가진다는 것은 금기의 깨뜨림, 즉 악을 상징한다—은 라못의 시에서 독립적이고도 강력한 상상력과 창조력의 상징으로 기능한다. 시대에 순응하는 듯 보이는 절제된 외양 속에 독립적이고 양성적이며 창조적이고 당당한 현대적 자아를 가지고 있던 라못의 모습을 살려내려는 두 연구자의 노력은 여성이 가졌던 창조력의 가능성을 상상해봄으로써 대안적 역사의 가능성을 복원시키는 전형적인 포스트모던 역사소설의 원리를 실현한다.

1. 여전히 유효한 문학적 장치로서의 신화

현대문학에서도 여전히 신화가 주요한 문학적 장치임을 바이어트는 오랫동안 주목하고 있었다. 작가 이전에 문학 교수였던 바이어트는 『생각의 전능성: 프레이저, 프로이트, 그리고 포스트모더니스트 소설The Omnipotence of Thought: Frazer, Freud, and Post-Modernist Fiction』에서 현대소설 중 프레이저의 『황금가지』가 회의적이고 아이러니한 방법이긴

하지만 작품의 원리로 사용되고 있는 현상에 유의한다. 바이어트의 작품 세계에서도 신화는 주요한 흥미의 초점이 된다. 1950년대에 십대의 소녀였던 바이어트는 영국 문화계의 폐쇄성 때문에 여성 예술가로서 자신의 위치를 정립하는 데 많은 불안감을 가지고 있었다. 그리하여 『게임The Game』이라는 작품에서는 예언적 능력을 가지고 있음에도 불구하고, 아폴로의 사랑을 거부했기 때문에 사람들의 믿음을 얻지 못하는 카산드라를 등장시켜 여성 예술가의 불안을 형상화하는 데 사용했다(Franken, 69). 또한 『태양의 그림자The Shadow of the Sun』에서는 아서왕의 전설 속 인물을 테니슨이 시적으로 형상화한 「샬롯의 여인The Lady of Shallot」에서 거울을 통해서만 세상을 바라보도록 저주받은 여인의 운명을 여성 예술가에게 부과되는 제한성의 상징으로 사용하고 있다(Franken, 51).

작가가 『홀림』에서 사용하는 멜루신 신화는 남성과의 관계로부터 독립적으로 존재하는 여성의 창조적 자아의 상징으로, 앞의 두 작품에서보다 여성이 예술가로서 자신을 정립할 수 있는 가능성을 보다 희망적으로 제시한다.

바이어트의 작업은 이리가라이(Luce Irigaray)나 식수(Hélène Cixous) 같은 페미니스트들이 시도했던 신화 다시 읽기 작업의 연장선상에서 이해될 수 있다. 이리가라이는 가부장적 질서가 세계를 지배하게 되기 전에 존재했던 모계 사회에서는 대지와 물질적 우주를 상징하는 여성성이 존중되었다고 주장한다. 그녀는 이러한 여성성을 정신의 이름으로 지배하고 착취하는 부권적 질서로부터 벗어나기 위하여 모성적 신화의 부활을 촉구한다(이리가라이, 27). 이 기획은 생태 문제와 여성 문제의 근원에 부권적 질서를 위치시키고, 두 가지 문제를 한꺼번에 해결할 수 있는 대안으로 여성성의 존중을 제시한다. 식수는 전통적으로 남성들이 여성성을 알 수 없는 미지의 대륙, 암흑의 대륙과 같이 취급하거나, 거세하는 악녀(메두사)의 이미지로 표현했음을 지적한다. 몸의 하반신이 뱀으로 변하는 멜루신은 머리카락이 뱀으로 되어 있는 메두사의 한 유형으로 볼 수 있다. 거세하는 악녀의 이미지는 남성이 투영한 공포에 불과하며 편견없이 바라본 메두사는 아름답다고 식수는 주장한다(Cixous, 1460).

바이어트는 『홀림』에서 신화를 하나의 소재로 사용하는 것을 넘어 신화의 현재성에 대한 통찰을 의도적으로 담으려 한 것 같다. 우선 권두에서 바이어트가 브라우닝의 시 「영매 슬러지 씨Mr. Sludge, the Medium」로부터 인용하고 있는 구절은 영매가 창조하는 환상과 시인들이 창조하는 환상이 다르지 않으며 모든 서사 행위는 창조자의 욕망으로 재단되었음을 시사한다.

> 이 모든 것은 가능하며, 그럴 수 있으며, 약간의 거짓의 도움을
> 잘 받는다면 실현될 것이다: 이렇게 슬러지는 거짓말을 한다!
> 그래봐야 그는 최악의 경우 존재하지 않았던 트로이에 있었던
> 존재하지 않았던 그리스인들이 이러저러한 불가능한 위업을 이루었다고
> 노래하는 당신들의 시인들이나 마찬가지이다.
>
> 그러나 왜 시인들까지 올라가야 하나? 평범한 산문을 보자--
> 상식을 다루는 이들에게 일을 시켜보자.
> 거짓의 도움 없이 그들이 할 수 있는 일이 무엇인가?
> 그들 각자는 자기 마음대로 법과 사실, 사물의 액면을
> 진술하며, 자신이 적합하다고 생각하는 것을 발견하고,

자신에게 맞지 않는 것에 대해서는 눈감는다. 자신의 주장을 증명하는 것은
기록하며, 나머지는 무시한다.

브라우닝의 텍스트는 신화적 사건과 사실적 사건의 기록 사이에 근본적 차이를 허용하지 않는다. 논문을 위하여 대영박물관 도서관의 장서를 뒤지던 롤랑이 발견하게 되는 애쉬의 편지는 애쉬가 소장하고 있던 비코(Giambattista Vico)의 저서 『새로운 과학Scienza Nuova』에 끼워져 있었다. 바이어트는 초점화자인 롤랑의 의식을 빌려, 신화와 전설 속에서 역사적 사실의 흔적을 찾는 비코의 작업이 새로운 과학의 주안점이라고 논평한다. 애쉬 자신도 신화 및 전설과 역사적 사실의 호환성에 대해 인식하고 있었으며, 이러한 깨달음을 시를 통해서 표현하고자 했다. 바이어트가 주장하는 바는 신화나 문학 모두 거짓말을 하고 있다는 것이 아니라, 신화나 문학 속 진실이나 역사 속 진실이 비슷한 가치를 가지고 있다는 것이다.

애쉬는 『프로서피나의 정원Garden of Proserpina』, 북구의 신화를 기독교화한 『라냐뢱Ragnaroek』, 그리고 극시집인 『신들, 인간들, 영웅들Gods, Men, and Heroes』 등 신화적 소재를 다룬 저술들을 줄곧 썼으며, 책상에 『신곡』 『파우스트』 같은 신화적 흥미를 보이는 저서들을 놓아두고 있다.

여주인공 라못도 뱀 여자 멜루신 신화를 서사시로 만드는 작업에 최대의 심혈을 기울이고 있다. 그녀의 아버지 이시도르 라못(Isidor LaMotte) 역시 『신화Mythologies』, 『브르타뉴와 대영제국의 토착신화Mythologies indigènes de la Bretagne et de la Grande Bretagne』, 『프랑스의 신화

Mythologies française』 등의 저서에서 많은 민담과 전설을 기록하고 신화의 원리를 밝혀내고자 애썼던 신화학자이다. 이러한 설정에는 문학의 원천으로서 신화의 중요성에 대한 작가의 생각이 담겨 있다고 하겠다.

『홀림』에 신화적 모티프를 제공하는 멜루신은 프랑스 북부의 켈트 문화가 지배하는 지역인 브르타뉴와 노르망디, 그리고 네덜란드 쪽에서 전해 내려오는 이야기의 주인공이다. 멜루신은 전설과 민담에서 담수의 여정령으로 인어처럼 하반신이 뱀 또는 물고기 모양을 하고 있으며, 때로는 날개가 있는 것으로, 또는 꼬리가 둘인 것으로, 혹은 두 꼬리와 날개가 모두 있는 것으로 그려진다. 흥미롭게도 멜루신은 물의 정령이라는 특징 때문에 스타벅스의 로고로 사용되고 있다. 멜루신 이야기는 14세기 프랑스 시인 다라(Jean d'Arras)의 로맨스 『멜루신 혹은 루시냥 가의 내력Mélusine ou la noble histoire de Lusignan』을 통해 가장 잘 알려져 있다. 이 이야기는 초자연적 존재와 인간 사이의 사랑을 그린 여러 신화와 동화 중의 하나로 볼 수 있다. 멜루신의 어머니인 요정 프레신(Presine)은 아이를 낳을 때 남편이 보아서는 안된다는 금기를 깨뜨려 결혼 생활의 파탄을 맞으며, 그 결과로 세 딸과 함께 한 섬에 유폐된다. 딸 중의 하나인 멜루신은 자신들을 버린 아버지 엘리나스(Elinas)를 감금함으로써 어머니의 한을 풀어주려고 한다. 그러나 어머니는 고마워하는 대신 벌을 내려 멜루신의 몸은 절반은 여자가 되고, 절반은 뱀이 된다. 뱀은 남근의 상징으로 종종 사용되므로, 어머니가 멜루신에게 부여한 모습은 고분고분하지 못한 그녀의 양성적 기질에 적합한 모습이라 할 수 있다. 뱀이 악의 상징이라면, 그녀가 범한 악은 불복종과 반항의 악이다.

그녀가 여자로 살고 자연스런 죽음을 맞이하기 위해서는 인간 남자를 반려로 맞아야 하며, 그렇지 못할 경우 영원한 고통 속에 갇히게 된다.

멜루신은 레이몽(Raymond)이라는 반려를 맞아 여자로서의 삶을 이어간다. 남편에게는 그녀의 초자연적 힘을 알려고 해서는 안 되며, 토요일에는 그녀를 방문해서는 안 된다는 금기가 부과된다. 토요일마다 멜루신의 하반신은 뱀으로 변하기 때문이다. 만약 그가 이 모습을 보게 되면, 그녀는 여자의 모습을 잃고 뱀으로 살아가야 할 저주를 안고 있다. 그들은 열 명의 아이를 낳는다. 이 아이들은 모두 신체적 결함을 한 가지씩 가지고 있으나, 사라센과의 싸움에서 영웅적 공을 세운다. 또한 멜루신이 가진 풍요의 능력으로 그들이 다스리는 나라와 국민은 부강해진다. 그러나 레이몽은 멜루신의 부정함에 대한 소문 때문에 멜루신의 비밀을 캐려 하고, 이로 인해 그들의 행복한 생활은 끝이 난다. 토요일 날 목욕을 하고 있는 그녀의 진면목을 몰래 훔쳐본 레이몽은 그녀를 쫓아내고 멜루신은 영원히 뱀의 모습으로 살게 된다. 아직 어린 두 아이에게 젖을 줄 때에만 방문을 허락받은 멜루신은 죽음과 재난을 예고하는 무서운 소리를 내며 성을 맴돈다. 결국 멜루신은 카산드라나 샬롯의 여인처럼 죽음을 맞이한다.

다라는 이 이야기를 동화에서 빌려왔는데, 원래 동화 속 멜루신은 훨씬 강력하고 야생적인 모습을 하고 있다. 다라는 여자를 기독교적 죄의식과 모성, 그리고 한 남자에 대한 사랑이라는 가부장제의 틀 속에 길들여진 모습으로 그렸다. 그러나 17세기 이후의 문학에서 멜루신은 점점 더 악마적으로 나타나며, 여성적 유혹에 대한 경고이자, 남성의 정신적 복지를 위협하는 여성으로 그려지고 있다. 멜루신의 이야기를 다룬 문학은 남성들이 그녀의 비밀에 대하여 가지는 집착, 사랑으로 합법화되는 여성의 의존성, 남성들이 그녀의 초자연적 힘에 대하여 가지는 공포와 그녀를 가정적으로 길들이려는 욕망, 그리고 그것이 실패할 때 필연적으로 그녀에게 부과되는 죽음 등의 요소를 공유한다(Franken, 93-94).

2. 잠재적인 페미니즘 읽기의 가능성

작품의 여주인공 라못은 신화 속의 멜루신처럼 어머니와 자식으로부터 모두 소외되어 있다. 그녀의 어머니는 신화학자인 아버지와는 대조적으로 세속적이고 일상적인 관심사밖에 없는 여성으로, 부녀와 인연을 끊고 산다. 그리하여 라못이 애쉬와의 사랑의 결실인 사생아 딸을 낳게 될 때 그녀가 의탁하는 사람은 어머니가 아니고 프랑스에 거주하는 사촌이다. 출산한 딸의 양육을 결혼한 여동생에게 맡긴 채 라못은 평생을 멜루신처럼 딸의 주위를 맴돌 뿐 자신이 어머니임을 밝히지 못한다. 라못의 딸 또한 육신의 딸일 뿐 어머니를 정신적으로 계승하지 못한다. 그녀는 시의 세계에 전혀 관심이 없는 생활인으로 성장하고 사촌과 결혼하여 열 명의 아이를 낳고 산다. 바이어트는 『홀림』을 쓰기 위하여 이리가라이가 『신성한 여성』에서 멜루신 신화에 대하여 언급한 부분을 참조하는데, 이리가라이가 주시한 부분은 가부장적 사회의 특징인 모녀간의 계보와 전승의 억압이다. 라못을 축으로 한 소외된 모녀관계는 이러한 억압을 재현한다. 그러나 라못에게 정말로 중요한 전승은 아버지로부터 물려받은 켈트 신화의 유산으로, 그녀의 이야기는 멜루신과 차이점을 보인다. 라못의 경우 가부장적 억압은 그녀의 아버지나 남편보다 여성을 가정의 틀 속에 가두고, 여성의 창조력을 믿지 않는 당대 사회의 지배적 분위기에서 오기 때문이다.

『홀림』에서 멜루신은 어머니와 딸로부터 소외된 비극적 여인상을 그리기 위해 등장하는 것이 아니다. 라못은 빅토리아 시대 여성으로는 드물게 지성과 재능, 독립적인 정신과 창조적 열정을 지닌 존재이다. 그러나 라못과 애쉬의 결합은 라못이 당대 여성으로서 불륜에 연루되었을 때 겪을 수밖에 없는 불행한 길을 걷게 한다. 그러나 두 연인의 서신 교환에서 볼 수 있듯 라못은 애쉬와 동등한 지성인, 시인의 자격으로 교제한다. 두 사람은 멜루신이라는 신화 속 인물에 대한 흥미를 공유하며, 라못은 그녀의 창조성에 초점을 맞추어 멜루신을 재해석하는 서사시를 실현하기 위한 기법을 애쉬와 의논한다. 라못은 시에서 자신이 애쉬와 보냈던 행복한 순간을 재현하며 연인들이 함께 시간을 보내는 숲속 냇물과 폭포의 모습 등에서 멜루신의 상징성을 사용하여 풍부한 이미지들을 만들어낸다.

소설에서 라못은 블랑슈 글로버(Blanche Glover)라는 여류화가와 같은 집에서 살고 있다. 남성의 간섭으로부터 자유로운 이 공간에서 그들은 자신만의 예술과 문학을 추구하고, 동성애적 관계를 이루며 살아간다. 전설에서 멜루신은 어머니가 저주한 모습으로 토요일마다 금남의 공간에서 살아가지만, 소설 속에서 그곳은 두 여성만의 공간으로 다시 태어난다. 그리하여 멜루신이 기형적 모습을 감추어야 하는 공간이라는 원래 신화의 모티프는 예술과 문화의 창조적 산실이라는 새로운 의미로 거듭난다. 롤랑의 친구 퍼거스(Fergus)[3]는 라블레(Rablais)가 전하는 멜루신 이야기에 의하면, 레이몽이 엿본 멜루신의 하체는 커다란 소시지 같았고, 그녀는 목욕탕에서 힘찬 꼬리로 물을 내려치며 장난질을 치고 있었다. 남근을 연상시키는 멜루신의 신체는 여성에게 내재하는 양성성의 힘찬 창

3 아일랜드의 켈트 신화에 등장하는 영웅의 이름이다.

조적 가능성을 상징하며, 라못의 양성애적 성향도 결국 이러한 가능성의 발로로 해석할 수 있다. 신화 속 멜루신은 창조와 풍요, 다산성을 상징하는 존재로 묘사된다. 그런데 가부장적 감시와 통제 속에서 자신의 결실로부터 격리되는 멜루신과 달리 자신의 사상을 시로 자유롭게 구현할 뿐 아니라 자신의 상상력을 이해하는 후손까지 남기는 라못을 창조함으로써, 바이어트는 신화의 잠재적 텍스트를 페미니즘적 독법으로 끌어낸다.

롤랑의 연인이 되어, 라못과 애쉬의 정사를 캐내는 베일리 교수는 애쉬와 라못의 사랑의 결실인 마이아 토마신 베일리의 후손이다. 마이아는 일생에 단 한 번 있었던 만남에서 아버지 애쉬가 어머니에게 전하라고 한 말도 잊을 정도로 무심한 성격이지만, 모드 베일리는 라못이 그린 멜루신의 전복적 성격을 간파하는 논문을 써냄으로써 조상의 정신을 복원한다. 그렇게 비극적 운명의 19세기 여성시인 라못의 이야기는 창조적인 페미니스트 문학가의 탄생이라는 희망적 신화로 변형된다.

『홀림』은 상당한 대작으로 저자 바이어트는 영문학자로서 작품 안에 무궁무진한 지적 발굴거리를 묻어놓았다. 작품은 기존의 역사를 개조하여 기록하는 신종 역사소설로, 로지(David Lodge) 등으로 대표되는 캠퍼스 소설의 일종으로, 혹은 문서보관서 소설(움베르토 에코의 『장미의 이름』, 이인화의 『영원한 제국』 등이 이에 속한다)이나 소설 속 인물의 허구적 작품을 소설가가 직접 창작하여 존재론적 평면 사이의 관계를 문제화하는 포스트모더니즘 소설 등으로 다양하게 해석될 수 있다. 신화와 역사의 차이를 계속 탐문하며 신화가 가진 역사 창조의 가능성, 피억압 집단에 대한 대안적 역사 쓰기를 시도하는 이 소설은 숭엄적 요소를 역사의 불가해성으로 이해하는 대신 역사를 창조할 수 있는 역량의 창고로 재개념화한다.

8장 트라우마로서의 역사

팻 바커, 『갱생』 삼부작[1]

루카치는 부르주아 작가들이 자본주의의 공허한 현실에 대응하는 방법으로 "영혼의 삶(life of a soul)"을 제시한다고 주장한다. 루카치가 영혼의 삶이라 부르는 것은 내면세계, 혹은 심리세계를 뜻한다. 루카치는 모더니즘 시대에 팽배한 심리주의가 일차적으로는 자본주의의 비인간적 효과에 대한 낭만적 반대에서 출발했음을 인정하면서도 이것이 사태의 진정한 상태에 대한 반영에 있어 본말이 전도되었을 뿐 아니라, 아주 왜곡되었다고 논평하여 유물론자다운 거부감을 드러낸다. 물론 루카치가 소설 속 인물의 풍요한 내면의 중요성을 간과한 것은 아니다. 그는 작중 인물의 내면적 풍요성은 그의 내면적 관계와 외면적 관계의 충만함으로부터 표면적 삶과 좀 더 심층적으로 작용하는 객관적이고 정신적인 힘들

1 본 장의 내용은 『영어영문학』(2010 가을 제6권 4호)에 게재된 필자의 논문 「팻 바커의 『갱생』 삼부작—정신병리학과 사회비판」을 발전시킨 것이다.

의 변증법으로부터 발생함을 인정한다.

그럼에도 불구하고 루카치는 심층심리에 대한 인식 확장에 결정적으로 기여한 프로이트에 대한 평가에 있어 유보적이다. 그는 진화론이 괴테(Johann Wolfgang von Goethe)와 발자크에게 위대한 진보적 영향을 줬던 반면에, 니체, 프로이트, 슈펭글러(Oswald Spengler) 등의 저술은 당대 작가들에게 파괴적인 영향을 미쳤다고 단언했다.

유물론자로서 루카치는 사회생활과 물질 생산 양식의 산물인 의식 세계가 사회적 현실과 반응하는 모습을 그리지 않는다면 현실에 대한 사실적 재현은 불가능하다고 보았다. 그러나 의식 혹은 무의식의 세계는 사회적 현실과 긴밀하게 얽혀 있기 때문에 둘을 분리해내는 것은 쉽지가 않으며, 때로 한쪽만을 그려도 자연히 사회적 현실의 모습이 드러나는 경우가 있다. 현대 탈식민주의 논의의 개척자 중 한 사람이자 정신분석의였던 파농은 심층심리의 문제가 현실의 문제, 혹은 사회적, 물질적, 문화적 지배 관계와 직결되어 있어서, 둘의 분리가 불가능함을 지적했다. 프로이트가 정신질환의 근원을 주로 가족관계에서 발견하는 데 반하여, 서인도제도에 있는 안틸레즈(Antilles) 흑인들의 경우, 작은 사회인 가정에서 습득된 법칙과 원칙이 식민지 상태의 큰 사회에 적용되지 않는 모순이 심리적 비정상성의 원인이 된다. 식민지 교육을 통하여 식민 지배자, 백인 탐험가, 모험가, 선교사와 자신을 동일시하는 것을 배워온 흑인들은 주류 백인 사회와의 접촉을 시작하면서 바로 자신들이 그들의 이야기에서 그들을 괴롭히는 악한이자 야만인이었음을 인식하며 자아관에 손상을 입는다. 즉 안틸레즈인에게 나타나는 모든 노이로제, 비정상성 및 모든 극단적 분노는 자신의 흑인성을 받아들일 수 없도록 하는 그의 문화적 상황의 산물이다. 이러한 식민지 교육이 경제적, 사회적, 정치적 지배의 산물임은 말할 것도 없다. 그러므로 인간의 심리와 현실 속 권력 지배 관계는 불가분의 관계에 있다는 통찰이 파농 정신분석학의 핵심이다.

파농이나 루카치 모두 정치적, 경제적, 사회적, 문화적인 외부의 힘이 개인에게 미치는 영향의 중요성을 역설하는 한편 프로이트의 정신분석학이 가정이나 개인사를 지나치게 강조하는 측면에 대하여 반대 입장을 표명한다. 그러나 가정이 사회의 최소 단위임을 생각할 때, 프로이트의 분석에 처음부터 사회적 요인이 배제되어 있는 것은 아니다. 단지 프로이트의 정신분석 모델은 개인사와 가족 간의 관계에 강조점을 두느라 외부 사회의 영향력을 축소하고 있으며, 정치적, 경제적, 사회적, 문화적 힘들을 현실 원리(reality principle)라는 추상적 개념으로 대치하고 있어 개인과 사회의 관계의 역동성을 충분히 설명하지 못하는 측면이 있다.

팻 바커의 『갱생Regenration』, 『문 속의 눈The Eye in the Door』, 『유령의 길The Ghost Road』(『갱생』 삼부작)은 정신병리의 세계를 통하여 개인에 대한 사회의 횡포를 진단하며, 이에 대한 개인의 저항 가능성을 탐색하여 심층심리의 세계도 다루는 방법에 따라서 사회 비판이나 사실적 재현의 도구가 될 수 있음을 보여준다. 이 삼부작은 1차 세계대전을 배경으로 하기 때문에 일종의 역사물로 볼 수 있다. 또한 전쟁으로 인한 후유증을 앓고 있는 젊은이들의 이야기이기 때문에 역사 기록에서 배제된 소수 집단의 역사를 다시 쓴 소설이자, 트라우마로서의 역사에 대한 인식을 담고 있는 소설이기도 하다. 이제 심층심리의 영역으로 침투한 역사는 환각, 악몽, 정신신체증, 해리 현상 등 또 다른 숭엄의 영역을 형성한다.

팻 바커는 20세기와 21세기의 주요한 영국 작가로 평가되고 있다. 그녀의 초기 소설은 쇠퇴한 산업 지역인 영국의 동북지방 노동 계층의 삶을 주로 다루는 지역소설 혹은 사회적 사실주의 성향의 소설로 간주되었다.

그러나 초기 소설도 실은 사회적 사실주의로 단정 짓기에는 인간 정신의 심층적 영역을 폭넓게 다루고 있다. 전쟁 혹은 도시의 황폐화에서 비롯된 트라우마를 표현하기 위하여 팻 바커는 다양한 기억들을 사용하면서, 사회적 사실주의의 형식적 특징들을 변형시킨다. 브래니건은 이와 같이 변형된 독특한 사실주의를 비판적 사실주의(critical realism)라 칭했다.

저자 자신에 의하면 『갱생』 삼부작은 전쟁에 대한 아주 여성적인 시각을 대표하는 소설로, 로널드 폴(Ronald Paul) 같은 평론가는 이 소설이 전쟁소설의 예술적 경계를 확장시켰다고 평했다. 그런가 하면 웨스트먼(Karin E. Westman)은 이 소설이 심리적 사실주의 기법을 사용하여 인물들이 살고 있는 세계의 시각적인 세부보다는 사고의 전개와 감정적 반응을 강조하는 데 반해, 소설을 기반으로 한 영화에서는 시대성과 외부적 사건에 치중함으로써 소설이 표현하고 있는 다양한 갈등을 세대 간의 갈등으로 환원시키는 한계를 보인다고 지적한다. 당대의 비평가들은 한 목소리로 루카치가 결점으로 지적한 심리주의가 오히려 사회 문제를 좀 더 풍요롭게 조명할 수 있는 수단이라는 판단을 내리고 있는 것을 볼 수 있다.

『갱생』 삼부작은 1차 세계대전 중 장교로 복무하고 있던 전쟁 영웅이자 시인이었던 실존 인물 지그프리드 사순(Siegfried Sassoon)이 자신의 상관에게 반전 선언서를 보내면서 시작된다. 그는 1916년 훈장까지 수여받은 용맹한 장교였다. 제1권인 『갱생』에서 사순의 친구이자 시인인 로버트 그레이브즈(Robert Graves)는 사순이 군사 법원에 회부되지 않게 하기 위해 그가 정신질환을 앓고 있다고 주장하여 에딘버러 소재의 크레이그록하트(Craiglockheart) 정신병원에 입원시킨다. 『갱생』은 사순의 애매한 입장과 입원한 군인들의 증상 및 치유 과정을 그려 1차 세계대전 중 사고의 40퍼센트를 차지했다는 폭탄 충격(shell shock)이라는 정신 질환 문제를 심층적으로 고찰한다.

『갱생』의 주인공이라 할 수 있는 사순 이외에도 친구 로버트 그레이브즈, 사순이 병원에서 사귀게 되는 오웬(Wilfred Owen), 그리고 의사 리버즈 등은 모두 실존했던 인물들이다. 그레이브즈와 오웬은 사순과 함께 『1차 세계대전의 영국 시인들World War One British Poets』이라는 시집에 수록되어 있는 시인들이다. 리버즈는 정신과 의사이자 인류학자로 소설에서처럼 전쟁 중 크레이그록하트 정신병원에 근무하며 군인들을 치료했다. 그는 당대의 의사들보다 앞선 인간적인 방법으로 환자들을 치료했으며, 전쟁에 대한 인간의 당연한 "증상"을 치유해야 하는 본인의 입장에 갈등을 느끼기도 했다. 그는 저서 『갈등과 꿈Conflict and Dreams』, 그리고 전쟁과 정신건강의 관계를 다룬 「전쟁 경험의 억압Repression of War Experience」이라는 논문을 출간하여 프로이트의 이론을 기본적으로 받아들이면서도, 자신의 경험을 토대로 몇 가지 수정안을 제시했다.

리버즈의 이론과 프로이트의 이론은 다음과 같은 차이를 보인다. 우선 꿈은 소망의 충족이라는 프로이트의 획일화된 이론에 대하여, 리버즈는 꿈의 내용을 모두 소망 충족이라 볼 수는 없으며, 오히려 갈등의 해소 과정이라고 주장했다. 또한 그는 잠재적 꿈 내용을 현시적 꿈 내용으로 바꾸는 꿈 작업의 검열을 인정하지 않았다. 꿈이 변형되어 나타나는 이유는 검열 때문이라기보다는 잠자는 상태가 인간의 의식과 지각 기능을 원시적인 상태로 만들기 때문이라는 것이다. 잠에 빠져들수록 인간은 고급의 지각 기능을 잃어버리고 원시적인 지각 기능만 남게 된다. 그리하여 잠이 가볍게 든 경우에는 상당히 성인의 의식 상태에 가까운 내용의 꿈을 꾸며, 잠이 깊이 빠질수록 점점 퇴행적인 내용의 꿈을 꾸는 것이다. 또한 가볍게 잠들었을 때 꾼 꿈을 사람들은 더 잘 기억한다고 그는 주장한다. 꿈에 기괴하고도 환상적인 요소들이 나타나는 것 역시 잠에 깊이 빠져 의식의 퇴행 작용이 일어나기 때문이다.

리버즈는 또한 꿈의 내용이 유년의 경험을 반영한다는 프로이트의 주장에 반박한다. 꿈의 재료를 이루는 내용들은 주로 최근에 꿈꾸는 사람의 관심을 끌었던 일들이며 정신병의 원인에서도 유년시절의 콤플렉스는 모든 인간이 거치는 경험으로 직접적인 원인이 될 수 없다는 것이 그의 입장이다. 또한 그는 정신병이 일어나는 원인도 성적 에너지의 억압에 의한 것이라기보다는 사회가 개인에게 부과하는 무리한 요구 때문이라고 본다. 그의 수정 이론은 정신병리와 사회적 환경의 긴밀한 관계를 보여준다.

또한 그는 인류학자로서 멜라네시아에서 현지 조사를 하던 시기를 종종 회상하며 사회의 모순에 대한 비판을 문명사적 혹은 유럽 중심주의를 벗어난 관점에서 재조명한다. 로널드 폴은 이러한 회상을 1차 세계대전이 멜라네시아와 같은 식민지의 재분배 문제로 야기되었음을 상기시키는 장치라고 본다(Paul, 152). 바커 자신은 이에 대하여 조금 다른 설명을 제공한다. 즉 『갱생』 삼부작은 무고한 젊은이들의 죽음과 정신적 파괴로 끝맺음으로써 완전한 반전소설의 모습을 보인다. 그런데, 멜라네시아에 대한 리버즈의 회상에서 영국인들이 원주민들의 문화에서 성인식, 전쟁, 배 만들기, 장례 등 모든 제의에 불가결한 요소인 머리 사냥을 금지시킨 사건으로부터 발생한 문제점을 조명함으로써, 인간의 생물학적 본성상 전쟁이 전혀 없는 사회가 존재할 수 있는가를 묻는다. 반전소설 속에서 전쟁이 인간의 불가피한 본성이 아닌가를 묻는 바커의 서술전략은 실로 복합적이다.

역사적 인물들을 소설에 그대로 옮겨놓으면서 작가는 역사적 소재를 소설에 대거 차용하는 포스트모더니즘의 관행을 따른다. 그러나 역사적 사실들을 자유롭게 변경하여 상상적 역사를 창조하는 대신, 공식 역사가 기록하고 있는 사실들은 그대로 차용하면서 역사와 허구의 영역을 자연스럽게 연결시킨다. 팻 바커 스스로 역사를 다룰 때 항상 역사적 사실에 충실함을 인정한다. 그러나 그녀의 서사는 시점과 다양한 장소들을 연대기로부터 자유로운 방식으로 배열하며, 기억, 이야기, 연상 등으로 "존재의 순간"들을 구축하는 비사실주의적 특성을 보인다. 또한 『갱생』 삼부작은 리버즈의 저술들, 사순의 『비망록Memoirs』과 『전쟁 시War Poems』, 오웬의 시, 슬로보딘(Slobodin)의 리버즈에 대한 기록, 『황무지The Wasteland』의 인용, 에릭 리즈(Eric J. Leeds)의 저술, 일레인 쇼월터의 히스테리아에 대한 저술들을 망라한 간텍스트성(intertextuality)을 보이고 있어서, 루카치 식의 역사적 사실주의의 성향을 보인다기보다는 린다 헛천 식의 "역사 기술학적 메타픽션"의 성격을 강하게 드러낸다(Brown, 188).

제2권인 『문 속의 눈』에서는 제1권에서 리버즈의 치료에 강한 거부반응을 보였던 노동 계급 출신의 장교 프라이어(Prior)가 주요 화자이자 중심인물로 등장한다. 제2권에서 사건의 중심은 프라이어의 퇴원과 함께 프라이의 옛 이웃으로 병역 기피자들을 도와주다가 수감되어 있는 비티(Beattie)로 옮겨온다. 작품은 전쟁의 잘못된 운영에 대한 사순의 개인적이고 평화주의적인 항의로부터 맥이나 비티 같은 노동 계급 사회주의자들의 호전적인 반전운동으로 옮겨감으로써 계급에 기초하고 있는 가부장적 사회의 산물로서의 전쟁에 대한 포괄적 반대의 양상을 그리는 방향으로 움직인다(Paul, 154-155).

프라이어는 병원에 입원한 다른 군인들처럼 외상성 전쟁 노이로제 중에서도 악몽과 히스테리아 증상, 특히 기억상실, 심화 반사감각 상실, 마비 및 실어증의 증상을 보인다. 그는 기억을 잃은 동안 『지킬 박사와 하이드 씨의 기이한 사례The Strange Case of Dr. Jekyll and Mr. Hyde』에서처럼 정상적인 판단으로는 할 수 없는 일을 수행한다. 옛 이웃이자 친구이고, 비티의 협력자인 맥도웰(McDowell)을 밀고하여 영국 사회의 계층 구조에 반발하는 평소의 반항적 자아로부터 분열된 또 다른 자아—즉 반전주의자들에 대한 집단 피해망상에 동참하며 국가 시책에 협력하는—의 모습을 보여준 것이 그 예이다. 즉 『문 속의 눈』은 반전의 이슈를 노동 계급을 포괄하는 보다 광범위한 화폭에 옮겨 다루고 있지만, 플롯을 끌고 가는 추동력은 여전히 프라이어의 병적인 정신세계이다. 프라이어는 노동 계급의 가치관을 신봉하는 아버지와 중산 계급을 지향하는 어머니 사이에서 태어나면서부터 분열적 자아의 가능성을 가졌다고 볼 수 있다.

계급성에서뿐 아니라 성적취향에 있어서도 프라이어는 양성성을 보인다. 그의 이러한 분열적이고 이중적인 자아는 『문 속의 눈』에서 상류 사회와 하류 사회, 이성애와 동성애의 세계를 두루 포괄하는 장치로 사용되어 사회적 조망을 확장하는 데 기여한다. 로널드 폴은 성과 계급과 집단적 폭력의 문제가 "노동 계급의 약자이자 동성애자, 그리고 폭탄 충격을 받은 군인[인 프라이어]의 반항적 의식과 행동을 통하여 굴절"되어 표현됨으로써 전쟁의 초상은 강력한 이념적 진술이 된다고 평가한다(Paul, 155). 즉 그의 인격은 사회적 문제와 병적 심리가 결합하여 증폭된 비판효과를 낳는 장이 된다.

전쟁이라는 특수 상황은 개인뿐 아니라 사람들을 집단 피해망상 환자로 만든다. 소설에서 1차 세계대전 중 영국인들은 독일 종자라는 이유로 애완견 닥스훈트를 잡아서 철도변의 철조망에 매달아 놓고 배를 갈라 창자를 끄집어내는 만행을 저지른다. 평화주의자 비티가 운영하는 가게에는 손님이 끊기고, 벽돌로 자꾸 유리창을 깨는 바람에 수리를 포기할 지경에 이른다. 정신병리의 세계는 루카치가 주장하듯 생산의 공허한 현실에 대응하는 방법으로 부르주아 작가들이 영혼의 삶을 제시하는 방편이 아니라 사회적 문제의 핵심을 드러내는 창이다(Lukács, 47).

제3권 『유령의 길』은 자신의 이중적 자아의 모습을 대면한 프라이어가 다시 막바지에 이른 전장으로 자원해 무모한 작전에 희생되어 전사하는 모습을 그린다. 리버즈는 런던 부근의 중앙병원으로 옮긴 후 여전히 다양한 히스테리아의 증상을 보이는 환자들을 치료한다. 한편 프라이어와 같은 소대에 있다가 전장에서 심한 두부 손상을 입었던 신참 장교 핼릿(Hallet)은 뇌가 쏟아져 나오는 상태에서, "그럴 가치가 없어It's not worth it"라는 말을 외치면서 비참하게 죽어감으로써 전쟁의 무의미함을 고발한다. 한편 이 장은 리버즈의 멜라네시아 경력에 많은 공간을 할애하며 문명의 자기중심적 사고에 대한 대안적 시각, 원시적 주술과 정신분석학적 치유의 유사성에 대한 통찰을 제공함으로써 서구의 합리주의를 재고하는 등 사회에 대한 비판을 넘어서 문명 자체에 대한 회의적 성찰을 보인다. 심층심리의 세계가 작품의 내면적 깊이를 더해 준다면, 리버즈의 인류학 연구는 작품의 외연을 넓혀주는 셈이다. 한편, 형태적 효율성에서 본다면, 이 부분은 너무 사변적으로 확장시킨 나머지 소설의 긴박성을 침해하는 측면이 있다. 그러나 소설이 무엇인가에 대한 재정의가 이루어지고 있는 이 시대에 무엇이 소설에 적합한 형식인가를 판단하는 것은 쉽지 않다.

일견 유기적 연관성이 드러나지 않는 이 삼부작은 정신병리의 여러 면모들을 교묘하게 교차시킴으로써 정신병리에 대한 사회 · 국가적 책임, 영국 내에 존재하던 반전운동과 그에 대한 정부 및 국민들의 반응, 집단적인 피해망상, 여론 등의 문제를 폭넓게 조명한다. 또한 신 · 구세대의 갈등, 전쟁이라는 특수 상황 속에 만연하는 동성애 포비아, 달라지는 여성들의 모습, 그리고 계급 간의 갈등과 관계 변화도 놓치지 않고 보여준다.

아래에서는 1차 세계대전을 역사적 배경으로 하는 이 작품이 정신병리의 원인으로 보는 사회적 억압을 권력의 억압, 구세대의 억압, 성 정체성에 관한 고정관념의 억압, 계급적 억압으로 세분하여 논의하고, 이러한 억압들로 발생한 정신질환의 치유와 정상성에 대한 견해를 논하고자 한다. 즉 이러한 억압과 증상에 대하여 작품에서 제시하는 치유의 과정을 검토해봄으로써 왜곡된 사회 안에서 근본적 치유가 가능한지, 불가능하다면 인간에게 주어진 최선의 선택은 무엇인지에 대한 성찰을 규명해보고자 한다. 1차 대전 당시보다는 억압이 경감된 현대인의 시각으로 바라볼 때 당시의 억압은 언어도단의 충격으로 다가오지만, 현대인이 당연시하는 관례들은 또한 어떤 폭압의 도구일지를 성찰하게 만든다.

1. 국가권력의 억압과 정신병리 증상의 발생

크레이그록하트 정신병원에는 겁쟁이, 기피자, 태만한 사람, 타락자, 양심적 병역 거부자 등으로 불리는 많은 이들이 의무보조원, 환자, 가짜 환자 등의 형태로 수용되어 있다. 먼저 양심적 병역 거부자인 의무보조원들은 병원 직원과 부상 군인들의 경멸과 조롱과 학대의 대상이 된다. 그런가 하면, 국가에 대한 의무를 수행하다 사회가 타락자(degenerates)라고 불리는 존재가 된 정신질환 환자들은 기괴한 증상들로 각양각색의 고통을 받으며 환각이나 악몽에 시달린다. 반전 선언을 한 전쟁 영웅 사순은 여론을 우려한 당국에 의하여 가짜 환자로 수용되어 있다. 환자들의 증상은 당시 폭탄 충격으로 분류되었고 그 원인으로는 유전적 요인, 인종적 요인, 혹은 비애국적이고 이기적인 동기에서 유발된 꾀병 등이 거론되었다. 그러나 이 증상들은 전쟁으로 인한 외상성 노이로제로서 환자의 내부적 원인보다는 견딜 수 없는 외부의 압력으로부터 발생한 증상들이다. 노이로제는 불안, 편집적 생각, 강박적 행동, 객관적으로 보아 질병이 없는데 나타나는 신체적 증상 등이 인격을 지배하여 감정적 혼돈 상태에 빠지는 것을 의미하며, 마지막 경우는 좀 더 세분하여 히스테리아로 분류한다. 히스테리아의 흔한 증상으로는 마비, 시각장애, 청각장애, 사지의 경련, 실어증, 다리 절기 등이 있다.

바커는 이 소설에서 군인들의 정신병리적 증상들을 전쟁을 수행하게 하기 위하여 사회가 가하는 억압의 산물로 본다. 전장에서 군인들은 인간으로서 견디기 힘든 극한 상황에 처하지만 군대의 규율이라든가 그들을 지배하는 사회적 의식으로 인해 감정을 자연스럽게 발산하지 못한다. 출구를 찾지 못한 심리적 에너지는 결국 증상으로 표현된다. 증상이란 군인들이 언어로 표현하지 못하는 고통과 반항의 대체물이다.

한때 아동병원이었으나 현재는 폭탄 충격 환자들을 수용하고 있는 햄스테드(Hampstead) 중앙병원의 벽에는 『이상한 나라의 앨리스Alice in Wonderland』의 삽화들이 그려져 있다. 경이로운 세계에서 작아졌다가 커졌다가 목을 길게 늘이는 등 몸을 변형시켜 적응하는 앨리스처럼, 히스테리아 환자들은 견딜 수 없는 전쟁의 상황을 몸을 변형하는 신체 증상으로 해결한다(Stevenson, 178). 이러한 증상 때문에 병원에 오지만, 변형은 그들에게는 견딜 수 없는 상황에 대한 해결책이기도 하므로 이를 치유하는 것은 또 다른 문제를 부르는 과정이라고도 볼 수 있다.

군의관이었던 랠프 앤더슨(Ralph Anderson)은 자신이 치료하던 한 병사가 출혈 과다로 사망한 후 피만 보면 발작을 일으키는 포비아에 시달린다. 의사인 그가 피를 견딜 수 없다는 것은 그가 전쟁에 부적합한 군인일 뿐 아니라 생업에도 종사할 수 없게 됨을 의미하고, 이는 가장으로서 가정적 행복을 위협하는 원인이 된다. 번즈(Burns)는 폭탄에 날아가면서 부패하여 부풀어 있는 적의 시체 복부에 머리를 박은 이후 어디에서든 시체 썩은 냄새를 맡으며, 음식을 섭취하지 못하고 구토를 계속하는 증상을 보인다. 또한 장교들은 말더듬이 증상을 보이고 사병들은 실어증에 걸리는 경우가 많은데, 리버즈의 설명에 의하면 이것은 명령에 반대하지만 표현할 수 없는 억압적 상황 때문에 생기는 증상이다. 사병들이 말더듬이 증상이 아닌 실어증에 걸리는 이유는 그나마 장교에겐 어느 정도 발언의 자유가 있지만 사병에게는 전무하기 때문이다.

다른 환자들보다 지속적인 서사적 관심의 대상이 되는 것이 프라이어와 사순이다. 프라이어의 첫 증상은 심층 반사 신경이 잘못되어 발작적으로 몸을 움직이는 것이었다. 그 후 그는 여러 차례에 걸쳐 마비, 실어증, 기억상실 등의 증상을 보이다가 크레이그록하트 병원으로 후송된다. 이외에도 그는 위험에 노출되었을 때 성적 흥분을 느낀다든가, 극한 상황에서 아무런 감정을 느끼지 못하는 증상을 보이는데, 이는 그가 어려서부터 체득한 방어기제, 즉 자연적인 감정적 반응으로부터 스스로를 분리시킴으로써 자신을 보호하는 습관의 환치된 발현으로 볼 수 있다.

사순의 경우 전쟁 첫날 자원 입대할 정도로 처음에는 전쟁의 정당성을 믿었던 인물이다. 그에게는 시와 음악에 민감하게 반응하는 섬세한 측면과 승마, 사냥, 크리켓 등에 탐닉하는 남성적 측면이 양극을 이루고 있었다. 그는 용맹함과 신체적 능력, 그리고 부하와 동료들에 대한 애정으로 누구보다도 뛰어난 군인으로 인정받았다. 양극적 능력과 동성애적 기질은 그를 분열적 인물로 만들 가능성과 사회적 인간으로 완성할 가능성을 동시에 부여했다. 군대만이 진정으로 자신이 속했던 곳이라고 추억할 정도로 군대 생활에 대한 그의 애정은 각별했다. 그러나 동료들에 대한 애정이 깊었던 만큼, 그는 그들의 무의미한 희생을 더 이상 지켜볼 수가 없어 반전 선언을 하고, 반전시를 써낸다. 수많은 갈등을 선언문과 시로 표현함으로써 정신적 균형을 유지해온 것이다. 그러던 사순은 동료들이 고통받는 동안 자신은 병원에서 휴양하고 있는 현실을 견딜 수 없어 결국 반전 선언을 취소하고, 전선으로 복귀했다가 머리에 총상을 입고 다시 병원 신세를 지게 된다. 내면의 반발을 억누르고 군복무에 복귀했던 그는 이번에는 정말로 조울증 환자가 되어서 돌아온다.

정신병 환자들에게 가해지는 직접적인 억압의 주체는 국가권력이다. 전쟁이라는 국가적 업무를 수행할 때에는 관대함이라든가 인간의 고통에 대한 연민, 살육에 대한 거부, 이성적 판단이라든가 하는 덕목들이 바람직하지 못한 성향이 되며 심지어는 반국가적 범죄 행위로 간주된다. 때로 국가권력은 스프라게(Spragge)와 같은 정보원 하수인을 통하여 단순한 반전주의자인 비티 같은 인물을 로이드 수상 암살 미수범으로 몰아가는 등 적극적으로 범죄자를 생산하기까지 한다. 국가권력은 다양한 종류의 억압과 긴밀하게 연결되며, 작가는 정신병동을 이러한 사회적 억압의 총체성을 바라보는 핵심적인 장소로 사용하고 있다.

이처럼 사회의 객관적 총체성이란 심층심리의 세계와 분리되어 있지 않다. 인간의 심층심리를 굴절시키고 있는 요인들을 찾아내는 것은 곧 사회의 굴절되고 모순된 윤리를 진단하는 지름길이다. 루카치가 주장하듯이 비정상적 심리의 탐구는 모더니스트들의 병적인 취향으로 간단히 치부해버릴 수 없는 측면이 있다.

2. 구세대의 억압

사회의 지도적 위치에 있는 이들은 대개 나이 든 구세대인 경우가 많으며, 전쟁의 수행이라는 임무를 젊은이들에게 강요한다. 따라서 국가적 권력은 종종 구세대의 신세대 억압이라는 형태로 작용한다.

사회의 권위가 혹은 구세대가 젊은이들을 억압하는 모습은 리버즈가 병가를 얻어 형제의 집을 방문했을 때 보게 되는 교회의 성화에 상징적으로 표현되어 있다. 교회의 스테인드글라스에는 십자가형을 당하는 그리스도의 모습과 아브라함에게 희생당할 찰나에 있는 이삭의 모습이 그려져 있다. 리버즈는 이것을 가부장적 사회가 젊은이들에게 요구하는 거래의 모습으로 해석한다. 즉 "젊고 강한 네가 늙고 약한 나에게 복종한다면, 너의 목숨을 희생할 만큼 나에게 복종한다면, 시간이 흘러 너는 평화롭게 상속을 받고 너의 아들들에게서 똑같은 복종을 얻어낼 수 있으리라"는 조건부 거래의 모습이라는 것이다. 리버즈는 젊은이들의 정신질환 발병의 원인이 정신적 취약성이 아니라 권력의 소유자인 구세대가 젊은이들에게 강요하는 부당한 요구 때문임을 인식하고 있다. 그러나 전시의 군의관으로서 그는 이러한 인식을 억압해야만 하며, 반전을 선언한 사순의 치료를 맡으면서 그의 내적 갈등은 심화된다.

『갱생』에서는 프로이트가 상정하듯 성적 에너지와 오이디푸스적인 부친 살해의 욕망이 아니라 오히려 가부장적 억압과 자식에게서 희생을 얻어내려는 가부장적 욕구가 정신질환의 원인으로 표현된다. 물론 부친 살해적 욕망도 작품에서 수차례 거론되지만, 그것은 어디까지나 신세대를 억압하는 구세대에 대한 반작용으로서의 의미를 지닌다. 예를 들어 권력을 가지고 횡포를 부리는 노인들의 목록에 첫 번째로 자신의 아버지를 올린 뒤 연못으로 안고 가서 만인이 보는 가운데 빠뜨려 죽이는 리처드 대드(Richard Dadd)의 일화가 언급된다. 이 일화를 리버즈에게 이야기하면서 사순은 그를 "영광스런 기억의 리처드 대드"라고 부르는데, 이 과격한 부친 살해 옹호는 젊은이들의 전사 소식이 실린 신문을 보면서 태연히 소시지를 먹고 있는 보수 클럽(Conservative Club)의 노인들을 보면서 분노하는 사순의 감정을 통하여 바라볼 때만 이해가 가능하다.

정신질환으로 시달리는 군인들의 치료를 맡은 리버즈 자신도 한때는 목사이자 언어 치유사였던 아버지의 억압적 양육으로 말더듬이가 되었고, 상징적 부친 살해를 감행했기에 구세대의 치유자면서, 신세대 환자들과의 공감이 가능한 인물이 된 것이다.

작가 팻 바커는 어린 시절 할아버지가 1차 대전에서 얻은 총검의 흉터가 아주 잘 보임에도 전쟁에 대하여 한 마디 언급도 하지 않는 것과 자신의 양부의 마비성 말더듬이 증상을 보아왔다. 그래서 그녀의 상상력 속에서 전쟁, 상처, 의사소통의 장애, 침묵 등은 남성성과 불가분의 관계를 가지게 되었다고 한다(Stevenson, 174).

3. 성적 정체성과 억압

전쟁 상황에서 가장 두드러진 성적 억압은 전형화된 남성성의 강요이다. 공포, 비애, 좌절, 불안 등 인간이라면 전쟁 상황에서 당연히 겪는 감정을 억압하라고 강요하는 왜곡된 가치관은 종종 정신질환의 원인이 된다. 전쟁 중에 신경 장애를 일으킨 병사들의 증상을 의학계는 식중독, 선천적 부적합성, 도덕적 허약, 정신병력, 혹은 자제력이나 충성심의 부족

등으로 설명하려 했다. 그러나 이러한 증상들은 사실은 남성이 일으키는 히스테리아의 일종으로, 전쟁 자체로 인해 유발되는 감정적 교란이라는 의학적 동의는 한참 후에나 이루어졌다. 폭탄 충격이라는 전쟁 노이로제는 견딜 수 없는 상황으로부터의 도피 욕망, 즉 자기보존 본능이 이상과 충돌을 일으키면서 그에 대한 타협책으로 발현된 것이다. 이런 사실이 알려진 후에도 군 당국은 이 증상이 신체기관의 이상이 아니라며 이런 증상을 보이는 군인들의 장애를 인정하기를 거부하고 그들에게 연금이나 명예제대의 특혜를 줘서는 안 된다는 견해를 가지기도 했다. 어떤 이들은 이것이 꾀병과 비겁함의 소치라고 생각하여 총살시켜야 한다는 극단적인 주장을 펼치기도 했다.

『갱생』에 등장하는 리버즈를 비롯한 당시의 정신과 의사들은 여자들의 전유물로 여겨지던 히스테리아 개념을 대부분이 상류 계층 출신인 장교들에게 적용시키기를 망설였다. 사병들은 히스테리아를 일으키더라도 장교들은 좀 더 자기 통제가 강한 사람들에게 나타나는 신경증의 증상—악몽, 불면증, 가슴의 두근거림, 어지럼증, 우울증 혹은 정신의 혼미—을 보인다고 생각했다. 인종적으로도 고상하고 자제심이 강한 영국인들은 신경증 증상이 많은 반면, 군거하길 좋아하고, 감정적이며, 생각이 부족한 지중해형 인간들은 자신을 완전히 방기하는 히스테리아 증상에 노출되기가 더 쉽다고 여겼다. 이와 같이 이상적 남성상에 대한 전형적인 기대가 전쟁 노이로제를 일으키는 데 일익을 담당했으며, 전쟁 노이로제의 의학적 규명과 환자들의 치료에 있어서도 이상적 남성상이라는 전형이 영향을 미쳤다.

그러나 전쟁은 남성들로 하여금 여성적인 경험을 할 수 있는 기회를 제공하기도 했다. 전쟁이 호전적이고 공격적인, 전통적으로 남성적이라 생각되는 행위라는 선입견과는 달리, 실제 전시 참호 속에서의 생활은 아주 제한된 공간에서의 가정생활과 유사한 성격을 가지고 있다. 장교들은 병사들의 식사와 의복, 양말, 신발의 상태를 걱정해야 하며, 행동반경은 극도로 제한되어 있었다. 움직일 수 없는 상태에서 수동적으로 죽음을 기다려야 하는 참호에서의 생활은 여성들의 전유물로 여겨지던 히스테리아 증상을 군인들에게 일으킨다. 공군병원으로 직장을 옮긴 후에 리버즈는 정신질환을 앓는 공군 조종사들을 관찰하며 이러한 견해를 확인한다. 즉 전투기 조종사보다는 탐사비행선에서 근무하는 군인들이 빈번히 정신적 문제를 일으키는데, 이는 그들이 위험에 노출된 채로 어떠한 능동적인 행동도 취할 수 없는 근무 환경에 처해 있기 때문이다. 이는 또한 평화 시에 여성들이 남성보다 불안 노이로제나 히스테리아를 더 자주 일으키는 원인에 대한 설명이 될 수 있다. 여성들의 삶은 남성의 삶보다 훨씬 제약되어 있으며, 압박에 능동적으로 대처할 수 있는 기회가 훨씬 적기 때문이다.

전쟁 상황은 또한 사회가 비정상적 성적 취향이라 생각하는 동성애적 충동을 자극할 가능성이 높다. 남성들끼리 친근하게 집단 생활을 하는 상황 자체도 그렇고, 전쟁 중에 발생하는 노출의 위험이 주는 전율, 젊은 병사들에 대한 장교들의 열정, 멋진 장교들에 대한 젊은 병사들의 숭배 등은 모두 동성애적 충동을 부추기는 요소들이다. 남학생들만이 다니는 공립학교에서 교육받은 대부분의 영국 장교들은 여성 때문에 말썽이 일어날 일이 없는 남성들만의 공동체인 군대 생활을 안도하며 반겼다고 한다.[2] 그러나 동성 간의 유대가 애국적으로 이용되는 국면에서는 역설적

2 또한 쇼월터는 1차 대전 중에 사랑하는 남성 동료의 죽음이 참호에서 쓰인 주요한 시들의 동기가 되었으며, 전쟁시는 이 시대의 연애시라고 볼 수 있다고까지 주장한다(Schowalter, 171).

으로 영웅심과 동료애를 동성애와 확실하게 구별해주는 기준이 필요했다. 따라서 국가적 차원에서 반동성애적 정서가 강조되고, 동성애자들은 철저히 색출되어 치료 기관에 맡겨지거나 징벌의 대상이 되었다.

『갱생』에 등장하는 대부분의 남성들은 동성애적 성향을 보인다. 사순은 반전주의자인 카펜터(Edward Carpenter)가 쓴 『중간의 성The Intermediate Sex』이라는 책을 보고 구원을 받았다고 느꼈다고 고백할 정도로 성 정체성에 혼란을 느끼는 인물이다. 소설에서 그레이브즈와 사순이 수영장에서 서로의 몸을 맴돌며 노는 장면은 그들의 동성애적 성향을 명확히 드러내는 장면이다. 사순이 후배 오웬에 대하여 가지는 보호자적 태도도 동성애의 일종으로 볼 수 있으며, 오웬이 사순에게 보이는 존경의 느낌이나 퇴원 후 그에게 보낸 애정 넘치는 편지도 이런 성향을 입증한다. 소설에서 그들의 구체적인 동성애적 행위에 대한 묘사는 없다. 그러나 사순은 성적 취향을 상세하게 묘사하면 자신은 군대 복무 부적격자로 분류될 것이라고 말하여 동성애적 성향을 자인한다. 그 외에도 리버즈, 헤드(Head), 프라이어, 매닝(Manning) 등도 동성애적 성향을 보이며 남성성이라는 성적 정체성의 압박이 작용하는 모습들을 여러 각도에서 드러낸다. 그 과정에서 팻 바커는 이러한 성적 규정성을 초월함으로써 얻을 수 있는 긍정적 측면을 보여주는 것을 잊지 않는다.

사순과 다른 등장인물들의 치료를 담당하는 리버즈 역시 동성애적 혹은 양성적 경향을 가진 인물로 그려진다. 그는 우선 결혼한 적이 없으며, 여자 친구를 사귄 적도 없다. 그는 어린 시절 아버지의 환자였던 다지슨(Dodgson)이라는 젊은 목사의 동성애적 관심의 대상이 되었으나 다지슨은 절제심을 발휘하여 결정적 행위를 하지는 않았다. 다지슨은 표면적으로는 여자아이들을 선호하는 듯한 표현을 하여 같은 말더듬이로서 그에게 동류의식을 느끼고 있던 리버즈를 실망시킨다. 리버즈의 연구실 동료였던 헤드는 통각 실험을 위하여 "얼음, 솔, 거의 끓는 상태가 된 물, 그리고 핀" 등을 각자의 성기에 대보자고 제안한다. 이 에피소드는 순수한 학문적 흥미 외에도 리버즈에 대한 헤드의 성적인 관심을 표현하는 듯하나 리버즈는 특별한 반감을 나타내지 않으며 이러한 실험과 연구에 몰두할 수 있었던 시절에 대하여 향수를 느낀다. 헤드와 리버즈는 서로에 대한 동성애적 관심을 육체를 이용한 생체 실험으로 발전시켜, 학문적 발전의 도구로 삼는다. 또한 리버즈는 건강을 해쳐가면서까지 젊은 군인 환자들을 돌보며 그들에게 연민과 공감을 느낀다. 젊은 환자들에 대한 그의 모성애적 헌신은 동성애적 성향을 사회적으로 유용한 형태로 승화시킨 경우라고 볼 수 있다.

리버즈의 치료에 대하여 온 힘을 다하여 저항하던 프라이어가 드디어 리버즈에게 승복하게 되었을 때, 그는 리버즈의 가슴을 들이받는 동작으로 자신의 감정을 표현한다. 이 동작은 어린 염소들이 어미 염소의 가슴을 파고드는 동작을 연상시키며, 프라이어는 리버즈에게 모성을 느낀다. 이와 같이 전쟁이 남성들에게 강요했던 남성성의 요구로 인하여 나타난 히스테리아 증상들은 정형화된 남성성의 포기로 치유될 수 있다면 이러한 포기를 매개하는 전이(transference)의 역할 역시 프로이트 심리학에서처럼 부성이 아닌 모성이 해낸다. 그러나 리버즈는 치유자로서의 역할에 있어서 양성적으로 기능한다. 그는 사순에게는 어려서 어머니를 떠나버린 아버지를 대치하는 역할을 하여 정신적 안정의 원천이 된다. 성적 규정성으로부터 자유로운 리버즈의 성향은 사회가 강요하는 경직된 성역할을 풀어내는 데 바람직한 기제로 작용한다.

그러나 사회에는 동성애 공포와 배척의 분위기가 팽배해 있다. 동성애 공포를 결집시킨 것은 의회의원인 펨버튼 빌링(Pemberton Billing)이었다. 그는 영국의 저명인사들의 이름을 수록한 블랙리스트가 독일에 존재하는데, 이들은 이미 동성애적으로 접근하는 독일 스파이의 유혹에 넘어가 그들에게 포섭되었거나 그러한 위험에 노출되어 있으며, 동성애자라는 사실이 폭로될까봐 반국가적 행위를 할 우려가 있다고 주장했다. 동성애와 반국가적 행위를 연루시키는 이 주장은 사순처럼 당대 퇴폐적 동성애의 표상이라 할 수 있는 오스카 와일드의 친구 로버트 로스(Robert Ross)의 친구이자 동성애적 성향을 지닌 반전주의자에게 치명타를 가하는 요건이었다. 로스는 사회의 동성애 박해 분위기를 감지하고 반전주의에 앞장서지 않았다. 리버즈는 사순도 같은 위험에 노출되어 있다고 경고하나, 사순은 성적 취향 때문에 나머지 분야에서 사회의 요구에 순응해야 한다는 주장을 거부한다.

그러나 전쟁으로 인하여 동성애에 대한 병적인 공포 상태에 돌입한 사회는 동성애 혐의가 있는 피터나 매닝 같은 인물들을 체포하여 정신 치료를 받게 한다. "정상성"을 강박적으로 추구하는 사회의 모습에 대한 소설의 묘사는 성적 고백담론을 방대하게 확장시키면서 개입의 여지를 만들어내는 권력의 역할에 대한 푸코의 주장을 상기시킨다. 동성애적 행위를 언급하는 것이 금기시될 동안 오히려 그 행위는 묵인되었다. 그러나 정신의학이 온갖 종류의 비정상성을 규명해냄에 따라 이러한 행위에 대한 사회력 통제력은 강화되어 성적 취향과 같이 개인적 심층심리, 혹은 생리적 기능의 분야가 권력 행사의 장이 된다. 이렇듯 사적 영역의 권력화는 사적인 영역과 공적인 영역의 이분법에 근거한 루카치적 사실주의론에 도전의 여지가 있음을 보여주는 또 하나의 반증이다.

전쟁은 여성들에게도 성적 정체성을 다시 생각할 기회를 제공했다.

이것은 역설적이지만 남성적 정체성의 재규정과 함께 전쟁이 가져온 긍정적 변화의 하나이다. 프라이어의 애인 사라(Sarah)는 전쟁 전에는 하녀로 일하며 주당 10파운드를 벌었지만 전쟁이 일어난 후 탄약 공장에서 주당 50파운드를 벌어 독립적으로 생활할 수 있게 되었다. 사라의 친구 리지(Lizzie)는 1차 세계대전이 발발하던 1914년 8월 평화가 발발했다고 선언한다. 남편의 폭력에 이가 전부 부서져버린 그녀에게 남편의 징집은 해방을, 전쟁이 끝난다는 것은 가정 폭력의 재개를 의미했다.

사라의 어머니 아다(Ada)는 당시의 전형적인 여성관에 의해 딸들을 교육했다. 즉 혼전의 여자는 자신을 부양할 남자와 결혼할 때까지 정숙함을 유지하고 최선의 부양자를 획득하기 위해 노력해야 한다는 관점이다. 정식으로 결혼을 하여 남편이 전쟁에 가서 죽더라도 연금을 탈 수 있으면 여자로서 어느 정도 성공한 삶이라는 것이 그녀의 지론이다. 사라는 이러한 어머니의 여성관을 받아들일 수가 없다.

> 여자아이들의 기개를 빼어버리는 양육 방식이라고 사라는 생각했다; 결혼을 여성 존재의 유일한 목적으로 설정하면서도 남녀 간에 사랑이 가능함을 부인하는 것은 (…) 아다는 실제로 이것을 부인했다. 그녀의 세계에서 남자들은 여우가 토끼를 사랑하듯이 사랑했고, 여자들은 촌충이 내장을 사랑하듯이 남자를 사랑했다(Barker, 1993: 195).

사라는 남자에게 여자는 사냥감일 뿐이고, 여자에게 남자는 기생할 숙주에 불과하다는 어머니의 사고방식을 거부한다. 사라는 처음부터 남자를 낚아서 생존의 수단으로 삼는 당시의 여성적 가치관에 호응하지 않는다. 하녀직을 박차고 나와서 공장 직공이 되어 재정적으로 독립하는 것이나, 자신이 사랑을 느끼는 프라이어에게 몸을 허락하는 것은 모두 그녀가 자유를 추구하는 새로운 여성상이라는 증거이다. 물론 불완전한 피임법 등 여성의 성적 해방을 어렵게 하는 장애물들은 사라 개인이 해결해야 할 몫으로 남는다.

여성해방은 소설에서 그렇게도 문제적이고 참혹한 것으로 묘사되는 전쟁을 계기로 가능해진다. 헤드의 부인인 루스(Ruth)는 전쟁 중 가치들의 붕괴가 가져오는 해방감을 리버즈에게 다음과 같이 고백하기도 한다.

> 이 모든 피해. 죽은 사람들. 그러나 매번 공습경보가 울릴 때마다 나는 어마어마한 흥분을 느껴요. 정말이지 밖에 나가서 그 속을 뛰어다니고 싶어져요. 물론 정말 그러지는 않지요. 그러나 모든 것의 껍데기가 (…) 균열을 일으키기 시작한다는 느낌을 받지요. 그런 걸 느끼지 않나요? (Barker, 1993: 164)

이것은 프라이어가 전장에서 위험에 노출되었을 때 느끼는 성적 흥분과는 또 다른 희열로서, 전쟁의 비참함 위에 해방의 가능성이라는 액자틀을 겹쳐 놓음으로써 바커는 단순하지 않은 통찰의 깊이를 보여준다.

4. 계급적 억압

장교는 주로 대학 교육을 받은 상류 계급으로 구성되어 있고, 사병은 주로 서민들로 이루어져 있는 영국 군대에서 노동계급 출신으로 장교가 된 프라이어는 예외적인 존재이다. 계급적 갈등이 인격 분열의 중심에 자리 잡고 있는 프라이어에게는 계급적 편견들—리버즈의 온건한 계급적 편견을 포함하여—이 민감하게 포착된다. 우선 특정한 학교를 나왔는가, 상류 계층의 스포츠인 사냥을 하는가, 그리고 군복의 색깔이 짙은 카키색인가 등의 기준에 의하여 군대에서도 환영의 정도가 결정된다. 또한 장교 훈련 중에는 안장이나 발걸이 없이 손을 머리 뒤에 얹은 채 말타기 훈련을 하는 과정이 있는데, 마치 현대전쟁의 절정이 영광스런 기마대의 공격에 있는 듯한 시대착오적 발상이라고 프라이어는 냉소한다. 이것 역시 상류 계층의 전유물인 말타기 실력으로 장교들의 실력을 판가름하는 관행일 뿐이다.

프라이어는 전쟁을 명예롭게 치러내면, 상류 계층에 편입될 수 있다는 희망을 가지고 군인으로서의 경력을 쌓는 데 매진한다. 그는 아버지의 반대를 무릅쓰고 전쟁이 발발한 첫 주에 자원입대한다. 부두의 선박회사에서 사무원 노릇을 하던 그는 별 미래가 없는 이 직장이 자신의 욕망을 충족시키지 못하리라는 것을 안다. 아버지는 이것을 중류 계층 출신인 아내가 불어넣은 야심 탓으로 돌린다. 천식 증상이 심했던 프라이어가 프랑스 전선에 배치된 것 자체가 놀라운 일인데, 결국 프라이어는 계급 상승을 위하여 목숨을 건 것이다.

건장한 아버지와 달리 프라이어는 어머니를 닮아 자그마하고 호리호리한 체구의 소유자이다. 학교에서는 공부를 잘하는 모범생이었고, 항상 말쑥한 차림에, 좋은 학교에 진학하여 학교의 명예를 빛낼 학생으로 선생들의 존중을 받았다. 창녀의 아들로 항상 단정치 못한 차림에 점심 도시락도 못 싸오고, 선생들에게 매타작만 당하던 패트릭 맥도웰(Patrick Mcdowell)과는 정반대의 인물이었다. 그러나 프라이어는 자신의 특권을 즐기기보다 맥도웰에게 점심을 나누어주고, 친구를 괴롭히는 선생에게 보복을 해준다.

주정뱅이에다가 폭력적인 아버지 밑에서 컸고 아버지의 어머니에 대한 폭력에 항거하면서도, 프라이어는 거친 거리의 삶으로부터 자신을 보호하려는 어머니에게 오히려 반발심을 보인다. 그리하여 프라이어는 어머니의 영향으로 계급 상승을 지향하면서도, 아버지가 가르쳐준 거친 생존 방식과 노동 계급의 도전적 태도와 분열된 계층적 정체성을 지닌 인물로 성장한다.

프라이어의 히스테리아는 계급이 다른 아버지와 어머니의 갈등에서 유래한다. 그는 부모가 "거의 개인적 특징이 없는 자연의 힘"처럼 그의 몸 안 "모든 세포 속에서 서로를 할퀴고 있었으며, 죽을 때까지 그러리라"고 느낀다. 프라이어의 아버지는 과음을 하며, 욕설과 난잡한 행동을 일삼고, 집에서는 어머니를 축구공처럼 걷어차곤 했다. 이것을 막으려고 아버지에게 덤볐다가 벽에 던져진 이후로 그는 이런 일이 있을 때마다 층계참에 앉아 자신의 감정을 고통스런 현실과 분리시키는 버릇을 갖게 된다. 이때 시작된 프라이어의 분열 증상은 그가 크레이그록하트 병원에서 퇴원하고 천식 때문에 후방근무로 전쟁국에 배치된 후에 더 심각한 자아분열로 발전한다. 이 자아분열은 결국 자신의 출신 계급을 배반하는 결과를 낳는다. 그는 병역 기피자들을 도와주다가 수감된 이웃 아주머니 비티(Beattie)에게 동정심을 느껴, 어떻게 해서든지 그녀를 출옥시키려 한다. 관련 서류를 검토하는 과정에서 그는 비티 사건이 전쟁국에서 정보원 노릇을 하는 스프라게라는 인물이 실적을 올려 보수를 받기 위하여 조작한 사건이라는 심증을 가지게 된다. 스프라게는 병역 기피자로 위장하고 비티에게 도움을 청하러 왔는데, 비티는 그와의 대화 중에 수상을 죽여야 한다고 말한다. 이것은 구체적 살인 계획을 의미한다기보다 사람들이 흔히 하는 분개에 찬 수사적 표현일 뿐이었지만, 스프라게는 이 말을 근거로 사건을 꾸며낸다.

프라이어는 사건의 진상을 파헤치고자 비티의 딸인 헤티(Hettie)를 찾아갔다가 병역 기피자들을 도와주는 역할을 한 혐의로 도피 중인 옛 친구 패트릭 맥도웰의 소재를 알게 된다. 의식이 분열을 일으키는 동안 그는 자신이 일하고 있는 전쟁국에 그 정보를 밀고한다. 비티와 헤티, 맥도웰은 모두 그를 의혹의 눈으로 바라보게 된다.

뒤늦게 이런 사실을 알게 된 프라이어는 권력의 감시를 상징하는 "문 속의 눈(The Eye in the Door)"이 결국은 자신(The I in the Door)이었음을 깨닫게 된다. 악몽 속에서 그는 비티와 윌리엄의 입장이 되어 문 속의 눈을 단검으로 찌르는데, 꿈속에서의 그는 편리하게도 어린 시절 친구들의 편에 서 있었다(Barker, 1995: 75). 분열된 그의 의식은 결국 계층을 축으로 인격을 완전히 양분시켜 하나의 자아가 또 하나의 자아를 감시하고 밀고하는 증상으로 발전한다. "문 속의 눈"은 이 작품에서 다양한 형태로 변주되는 모티프이다. 윌리엄이 양심적 참전 거부자들의 수용소에 감금되었을 때 벌거벗은 몸으로 추위를 견뎌야 하는 것보다 더 괴로운 것은 문에 있는 구멍을 통하여 그를 감시하는 눈이었다. 비티의 감방 문에 난 감시용 구멍 주변에도 감시하는 눈길을 느낀 누군가가 눈을 커다랗게 그려놓았다. 어떤 수감자가 변기통 속에 머리를 박고 익사한 전례 때문에 죄수들은 변기통조차도 감시의 눈길이 미치는 범위에 놓아야 했으니, 그들이 느낀 눈길의 따가움을 짐작할 수 있다.

전장에서 프라이어의 실어증을 발병시킨 결정적인 원인은 참호 내 폭발 사고 현장을 정리하던 프라이어가 땅바닥에서 죽은 부하 타이슨(Tyson)의 푸르디 푸른 눈을 집어들고서였다. 당시에는 단순한 충격이었을 이 사건은 그의 과거와 미래를 이어주는 상징적 의미를 가진다. 그는 이 눈을 보고서 입마개(gob stopper)라고 생각하는데, 이는 어릴 때 비티의 가게에서 사먹던 눈깔사탕에 붙여진 이름이기도 하다. 후에 이 눈의 이미지는 수감자를 감시하는 눈길, 전쟁 중 동성애자들에게 미치는 감시의 눈길, 전장에 나간 남편의 월급으로 생활하고 있는 마이라(Myra)의 행실을 감시하는 경찰의 눈길, 혹은 전쟁국 정보원들의 눈길로 연결된다. 이러한 감시의 눈이 바로 프라이어에게 실어증을 일으키게 했으므로, 어릴 때 커다란 사탕이란 의미로 붙여진 "입마개"라는 이름은 또 다른 상징성을 가진다.

자아와 이를 감시하는 자아로의 분열은 계층에 대한 이중적 인식에서 비롯된다. 노동 계층과 의리를 지키려 노력하면서도 또 하나의 자아는 전장에서 군인들이 희생하는 동안 병역을 기피하고 있는 인물들에 대한 무의식적 반감을 가지고 있어 어릴 적 친구들을 배반하고 국가권력의 하수인 노릇을 하는 것이다. 그는 감방에서 추위에 떨고 있는 윌리엄을 생각하지만, 동시에 자신의 부하 두 명이 전장에서 동상으로 죽은 것을 상기한다. 윌리엄의 고통은 그들의 고통에 비하면 가벼운 것이며, 그런데도 윌리엄에 대한 동정심을 가지도록 은근히 강요하는 주변 사람들에게 분개한다. 그는 또한 자신과 같이 전투를 하던 노동 계층 출신들은 대부분 병역 기피자들과 그 방조자들을 두 번도 생각해보지 않고 가로등에 목매달 것이라고 호언한다(Barker, 1995: 110). 그의 계층적 충성심은 국가 이데올로기에 대한 충성심과 분열을 일으킨다.

그러나 프라이어는 이데올로기적 분열로부터 자신을 분리시키는 하나의 방책으로 섹스의 순수한 감각성에 탐닉한다. 그는 전쟁 중에 공격을 감행하기 위하여 무인지대(no man's land)를 행렬지어 걸어가도록 명령을 받았을 때, 위험에 노출된 그 상황을 섹시하게 느꼈다("It felt …

Sexy")고 주치의인 리버즈에게 고백한다. 또한 전쟁에 관한 악몽은 성적인 이미지들과 결합되어 처음에는 고백을 꺼리기도 한다. 악몽 속에서 그를 괴롭히는 "문 속의 눈"을 단검으로 찌른 후에도—이것은 비몽사몽간에 일어난 일로 잠에서 깨었을 때 그는 실제로 단검을 손에 들고 있었다—그는 자신이 몽정을 했음을 알게 된다.

그의 성에 대한 경험은 처음부터 왜곡되어 있었으며, 감정과 유리되어 있었다. 소년 시절 장래가 유망한 그를 맥켄지(Mackenzie) 신부는 상급학교에 진학할 수 있도록 무상으로 과외 지도를 해주는 동시에 장기간 동안 그를 동성애의 파트너로 이용했다. 프라이어가 양성애적 경향을 가지게 된 것은 이때부터로, 후에 그는 성행위의 대가로 신부와 다른 이들에게 돈을 받기도 한다. 어린 시절의 왜곡된 성 경험이 성적 충동과 나머지 인격을 분리시킬 수 있다는 리버즈의 추론이 적용되는 경우이다.

프라이어의 동성애는 리버즈와는 다른 방식으로 발현된다. 그는 매닝 같은 상류 계급의 동성애 파트너를 가학적으로 대함으로써 계층적 반발심을 해소한다. 그런가 하면 프랑스 전선으로 복귀해서 마을의 소년에게 담배를 주는 조건으로 성관계를 갖는데, 어렸을 때 자신이 겪은 것을 똑같이 소년에게 요구하고 있는 것이다. 그의 동성애는 섬세함과 모성성을 끌어안는 대신 호전성만을 배가시킨 채, 감각적 탐닉으로 흘러간다. 사라와의 관계는 그에게 인격과 애정의 결합이 가능함을 보여주었으나 그는 천식 증상 때문에 군복무를 면제받을 수 있는 상황에서도 전선으로의 복귀를 선택하여 새라와의 관계에 종지부를 찍는다. 그의 인격은 이미 의미 있는 선택을 할 수 없게 분열된 상태였다. 마지막 전투에서 그는 용맹하고 충실한 군인의 모습으로 끝까지 싸우지만 무모하고 무지한 작전명령에 희생된다. 같은 전투에서 앞길이 촉망되던 시인 오웬도 전쟁의 잔혹함을 고발한 「조국을 위하여 죽는 것은 달콤하고도 적합하도다Dulce et Decorum est Pro Patria Mori」라는 시만을 남기고 전사한다. 프라이어의 희생은 전쟁 중의 친밀한 접촉의 경험 때문에 전후에는 계급의 경계가 많이 완화될 것이라는 리버즈의 예측으로 다소나마 의미를 찾는다.

5. 치유와 정상성

정신질환은 무엇이고 그것의 치유는 무엇을 의미하는가는 작가가 『갱생』 삼부작을 통하여 심도 있게 천착한 문제이다. 앞서 말했듯 정신질환은 개인의 정신적 취약성이나 유전적 취약성보다는 사회의 권력과 권위가 개인을 견딜 수 없이 억압할 때 발생한다. 억압의 형태는 권력의 억압, 성적 억압, 세대적 억압, 계급적 억압 등 다양하다. 반전주의자들과 동성애자들에게 치료를 권고하는 것으로 보아 정신질환이라는 범주의 설정 자체에 권력의 재량권이 작용함을 볼 수 있다. 이런 상황에서 정신질환의 완전한 치유는 불가능하다. 정신질환을 만들어낸 사회적 환경 요인 자체를 제거하기 전에는 치유가 불가능하기 때문이다. 전쟁이 끝나면 소위 폭탄 충격이라 불리는 전쟁 노이로제 환자는 감소할 것이 분명하다. 그러나 이미 정신의 균형을 잃은 환자들이 완전히 정상성을 되찾는 것은 불가능하다. 리버즈는 퇴원하여 가족의 별장이 있는 바닷가 마을 애들버러(Adleburgh)에서 휴양하고 있는 번즈를 방문해 그가 회복의 희미한 징조들을 보이고 있으나 그의 나이에 걸맞는 학생으로 살아가기는 어렵다고 느낀다. 전쟁의 상흔 때문에 번즈는 평범한 젊은이가 될 기회를 놓친 것이다.

그나마 리버즈의 대화 치료법으로 치료되고 있는 크레이그록하트의 환자들은 전시에 가능한 최선의 대우를 받고 있는 셈이다. 런던에 있는 퀸즈 스퀘어(Queen's Square) 병원의 일랜드(Yealland) 박사는 고문에 가까운 치료법으로 환자들을 치료했다. 그는 환자를 결박하고 증상이 없어질 때까지 반복해서 전기충격을 주는데, 환자들은 정신병의 원인이 되었던 고통보다 더 강한 고통을 피하기 위해 일단 증상을 포기한다. 일랜드 박사의 치료법은 기본적으로 환자들이 군인답게 강인하지 못하며, 꾀병을 부리고 있다는 판단에 근거한 것이다. 이렇게 하면 당장 증상은 제거되지만, 근본적 문제는 해결되지 않은 채 병이 곧 재발한다. 다시 말해 국가의 필요에 따라 단시간 안에 증상을 없애고 환자들을 전선으로 복귀시키기 위한 치료법이라 할 수 있다.

이 치료 후에 증상이 재발되거나 우울증으로 자살한 환자에 관한 통계는 존재하지 않는다. 그러나 리버즈는 이미 그들에게서 우울증의 증상을 감지할 수 있었다. 일랜드는 언어장애가 있는 환자들을 향해서 이렇게 말한다. "당신은 말을 해야 한다. 그러나 나는 당신이 하는 말을 듣지는 않겠다"(Barker, 1993: 231). 환자의 증상은 그 자체로 억압에 대한 무언의 항의이다. 증상을 억지로 제거하는 것 자체도 폭력이려니와, 언어능력을 회복한 환자가 언어를 통하여 표현하는 인간적 욕구를 듣지 않겠다는 억압적 치료는 또 다른 정신질환의 원인을 제공할 뿐이다.

일랜드보다 훨씬 자애로운 치유법을 사용하는 리버즈도 국가가 부여한 의무에서 자유롭지는 못하다. 사순이 정신질환자가 아니라는 확신에도 불구하고 리버즈는 그를 하루빨리 전장으로 돌아가게 만드는 것이 자신의 의무라며 일주일에 세 번씩 그를 상담한다. 사순은 정말로 얼마 가지 않아서 전장으로 돌아갈 결심을 한다. 리버즈는 사순의 이러한 결심에 대해 일말의 책임감을 느낀다. 그는 솜므(Somme)나 아라스(Arras)의 격전지도 사순에게 하지 못한 일—즉 자신의 반전 선언이 사건의 추이에 아무런 변화를 일으킬 수 없다는 인식을 가지게 만든 것—을 해냈다는 자책감을 느낀다.

일부 비평가는 리버즈의 치료가 비교적 인간적이긴 하지만, 이러한 치료 역시 종국에는 젊은이들을 죽음으로 몰고 가는 전쟁에 대한 지원책에 불과하다고 주장한다(Paul, 155). 그러나 자신의 역할을 고민하며 자신이 선 자리에서 조금이라도 정의를 향하려는 리버즈의 노력은 이러한 단정적 판단을 어렵게 만든다.

중앙병원의 왕립공군 심리치료사로 직장을 옮긴 후, 런던의 퀸즈 스퀘어 병원에서 일랜드의 치료를 목격한 후 리버즈가 꾸게 되는 꿈은 그의 고민을 보여준다. 그는 퍼붓는 폭탄 속에서 몇 시간 동안이나 땅에 묻혀 있다가 몸이 뒤틀려버린 환자를 보는데, 꿈속에서 이 환자는 사순의 반전 선언문을 읊조린다. 그리고 자신은 정체를 알 수 없는 환자의 입속에 말 재갈을 강제로 쑤셔넣는다. 처음에 그는 이 환자가 일랜드의 폭력적 치료를 받았던 캘런(Callan)이라고 생각하지만 결국은 꿈 작업이 변형시킨 사순의 모습이었음을 알게 된다. 즉 자신의 치료도 결국은 일랜드가 전극을 사용하는 것과 같이 무지막지한 방법으로 사순에게 재갈을 물린(침묵하게 만든) 격이라는 리버즈의 자의식이 꿈으로 표현된 것이다. 이와 같이 자책하는 리버즈에게 동료인 헤드는 리버즈가 관여하지 않았어도 사순은 자발적으로 전장으로 돌아갔을 사람이라고 위로한다.

이러한 리버즈의 치료는 물론 한계가 있으나 전쟁이라는 상황 속에서 정신질환으로 고통받는 젊은이들에게는 최선의 선택이다. 이러한 치유 외에도 작품에서는 시 창작이 가지는 치유적 효과가 제시된다. 리버즈는 보통 정신질환을 앓는 사람들이 고통스런 순간에 대한 기억을 지워버림으로써 그것을 회피하려 하는 데 반해, 사순의 시는 가장 고통스런 기억을 더욱 생생하게 살려내고 있음에 유의한다. 대화를 통한 정신질환의 치유가 환자가 회피하고 있는 기억을 되살려냄으로써 시작되는 것을 상기할 때, 시를 쓰는 과정은 스스로를 치유하는 과정이다. 사실 사순에게도 악몽과 환영을 보는 등 경미한 신경증 증상이 있었으나, 스스로의 증상을 분석하고 극복해냈다고 볼 수 있다.

시인들은 전쟁이라는 특수 상황에서 평상시에는 억압되는 언표의 기회를 마음대로 가질 수 있기 때문에 남들보다 많은 치유의 기회를 가진다. 사순이 반전 선언을 통하여 자신의 생각을 분명하게 밝힌 사건은 그를 정신병원에 들어가게 한 계기가 되었지만 시 쓰기와 함께 그의 정신을 건강하게 지켜줬다고 볼 수 있다.

고통으로 억압된 기억은 그 기억을 상기시키는 상황의 재현을 계기로 돌아올 수 있기에, 기억을 대면할 수 있는 능력은 곧 회복의 시작을 의미한다. 그런데 리버즈는 정신질환의 원인이 프로이트가 정의하듯 어떤 한 순간의 트라우마틱한 경험이 아니고, 지속적인 억압의 상태라고 생각한다. 그러므로 여기에서 기억은 어느 한 순간에 대한 것이라기보다는 전쟁에 관한 고통스런 기억들의 집적이다. 번즈는 히스테리아 증상이 완전히 치유되지 않은 상태에서 명예제대를 하고 가족의 별장에서 휴양하는데, 리버즈가 찾아가보니 그는 아직도 악몽을 꾸며, 식사를 제대로 하지 못하고 있었다. 어느 폭풍우가 거친 밤, 바다에 나간 배들을 구하기 위하여 구명정이 떠남을 알리는 폭죽 소리에 잠을 깬 리버즈는 집을 비운 번즈를 찾아 나선다. 번즈는 해안방어용 원형 포탑 주변에 있는 해자 속에 경직된 채 앉아 있었다. 그는 거친 밤에 참호를 연상시키는 장소에서 전쟁의 기억을 다시 상기하고 있었던 것이다.

번즈는 구명정을 타고 나갔다가 한꺼번에 희생되는 형제들에 대해 이야기하다 처음으로 프랑스 전선에서의 에피소드를 자발적으로 언급한다. 고통스런 기억에 대해 자발적으로 떠올리는 행위는 환자의 정신상태가 어느 정도 균형을 찾았음을 의미한다. 그 후 번즈는 리버즈에게 더 많은 전쟁의 기억들을 털어놓는다. 번즈의 부대는 지도에 없는 수로를 건너 공격하라는 지시를 받았고, 병사들은 80% 이상 독일군에게 희생되었다. 다음날 공격 명령을 내린 장군이 와서 현장을 보더니 정말 우리가 여기를 건너서 공격하도록 지시했냐고 반문한다. 전장에선 이런 식의 시행착오가 수없이 저질러지며, 젊은이들의 목숨은 무의미하게 낭비된다. 번즈의 구토를 직접적으로 유발시킨 것은 독일군 시체의 복부에 머리를 처박게 된 경험이었지만, 이 사건은 일반적인 정황들의 집적에 불을 댕긴 것에 불과하다. 전쟁의 상흔으로 인해 번즈는 순진무구한 젊은이로 되돌아갈 수는 없으나, 리버즈로 인해 그나마 현 상태에서 가능한 회복을 시작하는 계기를 갖게 된다.

이와 같이 성의와 사랑, 시 창작, 기억의 회복과 함께 꿈의 분석은 환자들의 치유에 결정적인 역할을 한다. 혈액 공포증이 있는 의사 앤더슨은 자신이 코르셋으로 결박되고 장인이 뱀이 감긴 막대기로 자신을 위협하는 꿈을 꾼다. 프로이트 식으로 해석하면 여성의 속옷을 입은 앤더슨은 여성화된 자신을, 뱀은 남성의 성기를 상징하므로 동성애적 욕망에 대한 꿈으로 해석할 수 있을 것이다. 그러나 리버즈는 이것을 다르게 해석해낸다. 뱀이 감긴 막대기는 영국 의무대 뱃지에 그려진 카두케우스(Caduceus), 즉 치유의 신이었던 헤르메스의 지팡이를 상징한다. 따라서 이 이미지는 남성의 성기가 아니라 의업을 상징한다. 앤더슨은 혈액 공포증 때문에 의업으로 돌아갈 수 없지만, 그의 처가 식구들은 이 사실을 받아들이지 못하고 그를 압박한다. 꿈에서 장인이 그에게 지팡이를 들이대는 것은 받아들이기 어려운 의업을 계속하라는 압력을 의미한다. 코르셋의 결박은 그에게 그를 꼼짝 못하게 만드는 사회적 압력의 상징일 것이다.

이 꿈은 실존 인물 리버즈의 저술에 나오는 꿈의 사례를 약간 변형한 것으로, 리버즈의 프로이트 재해석과도 관계가 있다. 그는 프로이트의 꿈 해석 기법의 기본 원칙들은 받아들이면서도, 적어도 그가 분석한 전쟁 노이로제 환자들이나 그 자신의 꿈에서는 성적인 욕망이 가장 중요한 추동력이 아니라고 주장한다. 프로이트 자신도 1차 세계대전이 끝난 후 1919년에 쓴 「정신분석학과 전쟁 노이로제 입문Introduction to Psycho-analysis and the War Neurosis」에서 전쟁 노이로제는 전이 노이로제(transference neurosis)[3]와는 다른 외상성 노이로제의 일종으로, 증상의 형성과 동기가 성적 이론으로는 설명하기 힘든 것임을 인정한다. 이것은 평화 시에 생기는 외상성 노이로제의 경우도 마찬가지이다.

결국 리버즈는 자신의 방법대로 앤더슨의 꿈을 분석한 결과 그가 지금 상태에서 의업으로 돌아가는 것은 불가능하다는 판단을 내리고, 전쟁이 끝날 때까지 의료에 관계된 사무직을 맡도록 하여 앤더슨을 돕는다. 즉 그는 꿈을 통하여 앤더슨이 가장 두려워하는 것을 알아내고, 이를 제거하는 조치를 취함으로써 그에게 유리한 회복 환경을 만든다.

이외에도 리버즈는 프라이어의 강력한 제안으로 최면술을 사용해 다소의 효과를 보지만, 이는 장기적으로는 좋은 치료 방법이 아니었다. 프라이어의 실어증을 가져온 결정적 순간에 대한 기억을 살릴 방법이 없어

3 히스테리아, 강박 히스테리아, 편집증을 포함(Freud, *Introductory Lectures*, 445).

리버즈는 프라이어의 제안을 우선 받아들인다. 리버즈가 최면술을 사용하기를 꺼리는 데는 이유가 있다.

> 근본적으로 끔찍한 경험을 의식에서 유리해온 사람들은 다른 종류의 불쾌함도 이런 식으로 다루려는 경향이 있다. 그리고 최면술은 이런 경향을 심화시킬 가능성이 있다. 다시 말해서 특정한 증상—기억상실—은 제거할 수 있을지 모르지만, 그 근저에 있는 상태를 더 악화시킬 수 있다(Barker, 1993: 68).

결국 최면술을 통해 실어증의 직접적인 계기가 참호 안에서 발견한 타워즈의 푸르디 푸른 눈 때문이었음이 밝혀지고, 프라이어의 실어증은 일단 치유된다. 그러나 그 후 프라이어는 인격 분열을 일으키고, 분열된 인격이 한 일을 전혀 기억 못 하는 등 기억상실증을 보이게 되어 리버즈의 우려는 적중한다.

리버즈는 이와 같이 여러 방법으로 환자들을 돕지만, 프라이어는 치료를 받는 동안 계속 리버즈에게 반발한다. 왜 모든 질문을 리버즈가 하고 자신은 대답만을 해야 하는가, 왜 리버즈는 자신에 관해서 아무것도 내비치지 않고 벽지처럼 행동하는가? 등의 문제를 제기하는가 하면, 프로이트를 읽고 치료의 과정에 대하여 질문하기도 한다. 그는 리버즈의 인류학 서적을 뒤져보고, 그의 성생활에 대하여 질문하기도 한다. 프라이어는 분석을 당하면서도, 리버즈의 말더듬이 증세에 대하여 진단을 내림으로써 치유자와 환자의 경계가 절대적이지 않음을 증명한다. 프라이어의 집요한 질문 때문에 리버즈는 시각적 이미지를 잘 기억하지 못하는 자신의 독특한 증상이 어릴 적 남성적 용기를 불어넣기 위해 집 층계참에 걸려 있던 그림에서 할아버지의 다리가 절단당하는 장면을 보았기 때문임을 알아낸다. 의사도 사회의 억압으로 인해 일어나는 정신질환의 증상으로부터 자유로울 수 없다. 프라이어가 계속해서 시도하던 환자와 의사의 위치 바꾸기는 실제로 일어난다. 허무한 희생으로 끝난 프라이어의 삶에 일말의 의미가 있다면 리버즈를 향한 반항과 도전으로 그를 일깨우는 동시에 인간적인 유대를 맺은 것이라 하겠다.

리버즈는 사실 오래전 분석자와 피분석자 간의 위치가 바뀌는 경험을 한다. 남태평양에 인류학 현지 조사를 하러 갔을 때, 그는 남십자성(Souther Cross)이라는 배에서 현지인들의 생활 방식이 유럽인들에게 이해할 수 없는 만큼 유럽인들의 생활도 그들에게 우스꽝스럽게 보인다는 사실을 알게 된다. 그는 이 순간을 위대한 백인 신이 왕좌를 잃은 경험에 비유한다. 그러나 그때는 그것을 인식의 형태로 받아들였을 뿐이라면, 전쟁 내내 환자들과의 경험과 권위와의 싸움을 통하여 리버즈는 남을 변화시키는 과정에서 자신도 변화했음을 깨닫는다. 즉 환자들을 치유하는 과정에서 자신의 행동 패턴도 치유되었다고 볼 수 있다.

리버즈는 나이 들었지만 더 이상 체제 순응주의자가 아니라 반항을 실천하고 있는 자신을 발견한다. 그는 병원의 운영에서 최대한 권위적이고 억압적인 요소를 배제하기 위해 투쟁한다. 그는 또한 사순의 행동이 완벽하게 정직한 행동이었으며, 그런 행동은 바람에 흩날리는 씨앗과 같아서 어디서, 어떤 상황에서 열매를 맺게 될지 모른다고 예측한다. 치유자도 일종의 환자이며, 환자들도 치유자에게 가르쳐주는 것이 있다는 사실이 치유의 체계를 붕괴시키지는 않는다. 오히려 치유자로 하여금 환자의 입장이 되어볼 수 있게 하여, 좀 더 나은 치유 체계를 구축해나갈 수 있는 환경을 마련한다.

이와 같이 끔찍한 병원의 풍경에서도 리버즈의 존재와 깨달음, 그리고 그가 결심하는 구세대로서의 반항 등 삼부작의 제1권 『갱생』은 고무적인 분위기로 끝맺는다. 그러나 사순의 부상과 조울증, 프라이어의 분열된 자아를 보여주는 『문 속의 눈』, 프라이어의 무고한 희생과 신참 장교 핼릿의 처절한 죽음을 다룬 『유령의 길』은 또다시 검은 구름을 드리운다.

사순은 선언문에서 "내가 방어와 해방의 전쟁으로 참여했던 전쟁은 이제 침략과 정복의 전쟁이 되었다"고 주장한다. 무책임한 집권자와 무능한 상관들이 무고한 생명을 희생시키며 불필요한 전쟁을 계속하는 데 반발한 것이다. 『유령의 길』에서 이러한 사순의 주장은 전쟁의 희생물이 되어 사라지는 프라이어의 일기와 그의 최후의 순간의 인식 세계를 목도하며 재확인된다. 이 소설은 루카치가 원했던 만큼 넓은 화폭으로 당대의 전형적 경험을 사실적으로 재현하지 못했을 수는 있다. 그러나 전쟁의 후유증을 앓고 있는 젊은 정신질환자들의 극심한 고통의 묘사를 통해 통렬한 사회 비판을 제기함으로써, 이 삼부작은 조망의 넓이에서 성취하지 못한 부분을 문제 제기의 절실함과 강한 설득력으로 보완하고 있다. 그러므로 심리주의적 소설은 당대의 사회를 사실적으로 재현하는 데 문제가 있다는 루카치의 주장은 팻 바커의 소설에 의하여 상당 부분 반박된다고 볼 수 있다. 또한 정신질환자라는 소수집단의 입장에서 되돌아보는 역사는 의식과 제도의 재정비를 강력하게 역설한다. 역사의 영역은 사실과 사실주의적 틀을 벗어나 심층심리, 전설, 신화, 예언, 환상, 그리고 비극적 운명의 숭엄까지도 끌어안는 광범위한 사유의 장으로 제시된다.

결론

앞에서 다룬 소설들은 정치사, 국가사 중심의 역사 서술에 대한 개인사, 자연사, 지역사, 세계사, 문명사 등 스케일상의 대안적 서술을 제시할 뿐 아니라, 남성, 이성애자, 상류 계층, 백인, 정상인, 유럽인, 구세대 중심적 시각을 벗어나 대안적 서술을 시도한다. 서술들은 때로 방향성을 잃고 지리멸렬하며, 유희를 위한 유희에 탐닉하는 모습을 보이기도 한다. 그러나 대부분의 경우에 서술들은 의미 있는 저항성으로 지금까지의 역사가 밝히지 못한 부분들을 밝혀내며, 독자로 하여금 그 안에서 편견 없이 관용을 가지고 타자와 낯선 가치와 문화를 받아들일 것을 종용한다. 역사는 이제 이성적인 과정이 아닌 숭엄적 요소가 지배하는 불가해하고 혼돈한 과정 혹은 트라우마로 경험된다. 작중 인물들이 속한 상황이 의미 있는 행위를 무효화할 만큼 혼돈스러워 서술 행위가 제공하는 성찰만이 가능할 때도 있지만, 이 소설들은 저항의 의지를 포기하지 않고 좀 더 나은 세상을 위하여 끈질기게 탐색과 모색을 거듭한다.

스위프트의 『습지』에서 예언, 운명, 마술적 사실주의, 전설, 동화, 상징, 무의식, 기질 이론 등 비과학적, 비이성적 요소로 간주되던 요소들은 서사의 구성에서 큰 역할을 한다. 발전적 역사관이 아닌 순환적 역사관, 운명론적 역사관의 도입이 눈에 띈다. 역사의 스케일이 개인사로부터 지역사, 국가사, 유럽과 세계의 역사에 이르기까지 다양하게 다뤄지며, 관심의 지평이 역사의 차원을 넘어서 인간과 환경의 관계를 고찰하는 자연사의 영역까지 확장된다. 작품의 인물들은 역사의 거친 흐름 속에 정신이상, 광기, 근친상간 등의 증세를 보이며 역사의 종말을 눈앞에 두고 불안감 속에 절망적 저항을 시도한다. 역사가 이성적 과정이라는 믿음은 더 이상 없지만, 순환적 역사의 흐름을 거스르지 않고 인내와 탐구심을 가지고 진지하게 해결책을 모색하는 데 있어 역사에 대한 성찰은 중요한 도구가 된다.

애크로이드는 퇴폐적 동성애자인 동시에 매력적 탐미주의자인 오스카 와일드의 생애를 재조명하면서 소수자의 평등주의적이며 섬세한 감성을 구원적 대안으로 제시한다. 앵글로색슨의 식민 지배에 저항하는 켈트인이기도 한 와일드의 목소리는 작가가 창작한 그의 일기에 복화술적으로 되살아난다. 가상의 일기로 와일드의 내면을 조명한 애크로이드는 전기 작가들이 그동안 암묵적으로 사용해왔던 가설적 내면 조명을 전경화하는 동시에 전기 서사의 관례를 탐문한다. 신비적이고 예지적인 켈트 감성을 되살려낸 『오스카 와일드의 마지막 증언』 역시 이성으로는 설명되지 않는 역사의 숭엄적 과정을 서술하면서 세속적 성자이자 희생양의 모습으로 와일드를 그려냄으로써 종교적 페이소스를 자아내는 데 성공한다.

반스의 『플로베르의 앵무새』는 역사적 증거가 가지는 신빙성의 문제, 그리고 원본과 재현의 관계를 탐색한다. 동시에 동물우화집, 세 가지 다른 관점에서 작성된 연대기, 기차의 역사와 플로베르의 생애의 접점, 플로베르의 연인 콜레의 관점에서 본 플로베르, 플로베르가 가려 했으나 가지 않은 길, 플로베르가 쓰려 했으나 쓰지 않은 책 등 지금까지의 전기적 서술이 시도하지 않은 방법으로 플로베르의 생애의 조명되지 않은 구석들을 조명해낸다. 그의 기법은 측면에서의 관찰이 정면에서의 관찰만큼이나 많은 통찰을 제공할 수 있음을 설득력 있게 보여줌으로써 대안적 역사 쓰기의 다양한 시도에 응원을 보내고 있다. 화자인 브레이스웨이트의 전기 저술 작업은 엠마 보바리처럼 불륜에 연루되어 자살한 아내를 이해하려는 시도이기도 하다. 그의 서술을 통해 떠오르는 것은 아내에 대한 단죄라기보다 삶에서 해답을 찾지 못하고 방황하며 모색하는 인간에 대한 연민과 이해이다. 소설은 시각의 확장이 포스트모던 역사 쓰기 작업의 중요한 측면임을 보여준다.

루슈디의 소설들(인도와 파키스탄의 독립 후의 험난한 정치적 여정을 포함하여) 역시 영국의 인도 지배로부터 비롯된 탈식민시대의 과제들, 서구와 대결하고 있는 이슬람 세계의 독단성을 진단하면서 더 넓은 시각과 관용, 연민과 지적 성찰을 요구한다. 저자가 바라보는 역사 역시 이성적 과정과는 거리가 먼, 혼돈의 역사지만, 적어도 서술과 기록의 행위가 미래를 위하여 역사를 갈무리하는 의미 있는 작업임을 전제로 하고 있어 역사의 횡포와 불가해성에도 불구하고 절망이나 허무주의는 보이지 않는다.

이시구로의 『그날의 잔재』는 상류 계층에 대한 봉사 속에 의미 없이 흘러가버린 한 집사의 생애를 그리며, 영국 역사에서 일부 상류 계층이 보였던 나치 동조 현상을 재조명한다. 계층의 문제와 역사적 오류의 관계는 이시구로의 섬세한 서술 기법을 통해 효과적으로 제시된다.

여성에게 잠재된 창조성을 하반신이 뱀인 멜루신 신화를 통해 그려낸 바이어트의 『홀림』은 책에서 다룬 소설들 중에 가장 희망적으로 진보와 해방의 미래를 그리고 있는 작품이다. 정의가 불의에게 승리하고, 억압되었던 여성의 후손은 그 잠재성을 발휘하고, 학술 탐구와 탐정적 추론으로 미해결 과제를 함께 규명해낸 연인들이 결합해 전문 분야에서 성공하는 이 소설은 세계사의 방향을 알 수 없는 시점에서도 특히 서구에서 여성의 해방만은 괄목할 만한 성과를 이루었다는 결산에 근거한다. 근대 서구 문화를 게르만 신화와 켈트 신화의 결합이라는 신화적, 시적 상상력을 통해 재조명한 이 소설 역시 정치사, 국가사 중심의 역사를 확장해 시의 역사, 감성의 역사, 여성의 역사를 되살려낸다.

개인에 대한 국가의 억압, 성적 정체성의 억압, 계급적 억압, 신세대에 대한 구세대의 억압 등으로 인한 정신질환을 1차 세계대전을 배경으로 그려내고 있는 『갱생』은 다양한 억압으로부터의 탈출 가능성을 모색한다. 많은 젊은이들을 고통과 억압 속에 죽어가도록 방치하는 전쟁 상황에서도 보다 나은 환경을 만들어보려는 정신과 의사 리버즈의 노력은 계속되고 역사적 서술의 과정만이 파괴된 삶에 대한 대안으로 제시된다. 이 작업 역시 역사의 영역을 무의식의 역사, 정신질환의 역사에까지 확장하여, 정신질환과 사회와의 상관성으로까지 논의를 이어간다.

역사에 대한 포스트모더니즘적 도전은 사실과 허구의 경계를 끊임없이 탐문하면서도 사실적 증거와 논리적 타당성에 대한 지칠 줄 모르는 애착을 보인다. 주체의 파편화를 논하면서도 바이오픽션은 다양한 퍼즐 맞추기의 방식으로 주체를 재구축해낸다. 이러한 과정에서 국가와 제국,

남성성의 우위는 해체되고, 그 자리에 미시사의 영역, 비서구인의 목소리, 여성적 창조력의 가능성, 끝없는 글쓰기 방법의 모색과 동성애적 도전, 무의식의 절규와 신화의 세계가 떠오른다. 포스트모더니즘은 역사 기술의 해체를 통하여 무수히 다양하고 풍요로운 역사에 대한 대안적 시각을 생산해낸다. 또한 역사에 대한 포스트모더니즘 소설의 홍미는 역사의 외연을 여러 방향으로 확장하여 독자는 심도 있게 역사를 이해하는 동시에 역사의 복합성과 불가해성, 숭엄에 대한 인식을 보인다. 그러나 역사의 불가해성 속에서도 관용, 이해, 연민, 그리고 끝없는 탐색과 성찰의 서사 작업을 통해 의미를 찾아가는 여정이 어느 정도까지는 가능함을 시사한다.

참고문헌

* 표시는 본문 인용에서 전자책 위치(electronic text location)의 쪽수를 기입함.

책머리에

Cowart, David, *History and the Contemporary Novel*, Carbondale and Edwardsville: Southern Illinois UP, 1989.

de Groot, Jerome, *The Historical Novel*, *The New Critical Idiom*, London and New York: Routledge, 2010.

Elias, Amy J., *Sublime Desire: History and Post-1960s Fiction*, Baltimore and London: Johns Hopkins University Press, 2001.

Gauthier, Tim S., *Narrative Desire and Historical Reparations*, New York and London: Routledge, 2006.

Hutcheon, Linda, *A Poetics of Postmodernism: History, Theory, Fiction*, London: Routledge, 1988.

_____, *Politics of Postmodernism*, New York and London: Routledge, 1989. *

Jameson, Frederic, "Postmodernism, or the Cultural Logic of Late Capitalism", *New Left Review*, I/146, July-August 1984.

Lukács, Georg, *The Historical Novel*, Hannah and Stanley Mitchell trans., London: Merlin, 1962.

Lyotard, Jean-François, *The Postmodern Condition: A Report on Knowledge*, trans., Geoff Bennington and Brian Massumi, Foreworded by Frederic Jameson, Minneapolis: University of Minnesota Press, 1984.

White, Hayden, "The Value of Narrativity in the Representation of Reality", *The Content of the Form: Narrative Discourse and Historical Representation*, Baltimore: Johns Hopkins UP, 1987.

Sanders, Andrew, *The Short Oxford History of English Literature*, Oxford: Clarendon Press, 1994.

Shaefffer, Brian W. and Cynthia F. Wong eds., *Conversations with Kazuo Ishiguro*, Jackson: University Press of Mississippi.

1장

Barthes, Roland, *The Rustle of Language*, Richard Howard trans., New York: Hill and Wang, 1986.

Connor, Steven, *The English Novel in History: 1950-1995*, London and New York: Routledge, 1996.

Cheng, Vincent and Attridge, Derek, *Joyce, Race, and Empire*, Cambridge: Cambridge University Press, 1995.

Cowart, David, *History and the Contemporary Novel*, Carbondale and Edwardsville: Southern Illinois UP, 1989.

de Groot, Jerome, *The Historical Novel, The New Critical Idiom*, London and New York: Routledge, 2010.

Elias, Amy J., *Sublime Desire: History and Post-1960s Fiction*, Baltimore and

London: Johns Hopkins University Press, 2001.

Felman, Shoshana and Laub, Dori, *Testimony: Crises of Witnessing in Literature, Psychoanalysis and History*, New York and Abingdon: Routledg Taylor & Francis Group, 1992.

Gauthier, Tim S., *Narrative Desire and Historical Reparations*, New York and London: Routledge, 2006.

Hamilton, Paul, *Historicism*, London and New York: Routledge, 1996.

Hutcheon, Linda, *A Poetics of Postmodernism: History, Theory, Fiction*, London: Routledge, 1988.

Jameson, Frederic, "Postmodernism, or the Cultural Logic of Late Capitalism", *New Left Review*, I/146, July-August 1984.

Shaefffer, Brian W. and Wong, Cynthia F. eds., *Conversations with Kazuo Ishiguro,* Jackson: University Press of Mississippi.

Lukács, Georg, *The Historical Novel*, Hannah and Stanley Mitchell trans. London: Merlin, 1962.

____, "The Ideology of Modernism"(1957), *Marxist Literary Theory*, Terry Eagleton ed., Oxford: Blackwell, 1996.

Lyotard, Jean-François, *The Postmodern Condition: A Report on Knowledge*, Trans. Geoff Bennington and Brian Massumi, Foreworded by Frederic Jameson, Minneapolis: University of Minnesota Press, 1984.

Marx, Karl and Engels, Frederick, *The German Ideology*, Ed. C. J. Arthur, New York: International Publishers: 1970.

McHale, Brian, *Postmodernist Fiction*, New York and London: Methuen, 1987.

Munslow, Alun, *Deconstructing History*, London: HarperCollins, 1997.

Paul, Herman, *Hayden White*, Cambridge/Malden: Polity Press, 2011.*

Phillips, Kathy, *Virginia Woolf Against Empire*, Knoxville: The University of

Tennesse, 1994.

Robinson, Alan, *Narrating the Past: Historiography, Memory and the Contemporary Novel*, Houndmills: Palgrave Macmillan, 2011.

Russell, Corinna, 'The Novel', Nicholas Roe ed., *Romanticism*, Oxford: Oxford University Press.

Sanders, Andrew, *The Short Oxford History of English Literature*, Oxford: Clarendon Press, 1994.

_____, *The Victorian Historical Novel 1840-1880*, Basingstoke: The Basingstoke Press, 1993.

Veeser, H Aram, ed., *The New Historicism*, New York and London: Routledge, 1989.

Wesseling, Elisabeth. *Writing History as a Prophet: Postmodernist Innovations of the Historical Novel*, Amsterdam and Philadelphia: John Benjamins Publishing Company, 1991.

White, Hayden, *The Content of the Form: Narrative Discourse and Historical Representation*, Baltimore: Johns Hopkins University Press, 1987.

_____, *Figural Realism: Studies in the Mimesis Effect*, Baltimore and London: The Johns Hopkins University Press, 1999.

2장

1차 자료

Swift, Graham, *The Waterland*, New York: Vintage Books, 1983.

2차 자료

Bradford, Richard, *The Novel Now: Contemporary British Fiction*, Malden and

Oxford: Blackwell Publishing, 2007.
Hutcheon, Linda, *Politics of Postmodernism*, New York and London: Routledge, 1989.*
Craps, Stef, *Trauma and Ethics in the Novels of Graham Swift: No Short-Cuts to Salvation*, Sussex Academic Press, 2005.
Lea, Daniel, *Graham Swift, Contemporary British Novelists*, Manchester: Manchester University Press, 2006.
Przybyla, Daria, *The Status of Metaphor in (De)constructing Historical Master-narratives in the Novels of Julian Barnes and Graham Swift and Kazuo Ishiguro*, GRIN Verlag, 2007.
Malcolm, David, *Understanding Graham Swift*, University of South Carolina Press, 2003.
Nicol, Bran, *The Cambridge Introduction to Postmodern Fiction*, Cambridge: Cambridge, 2009.
Robinson, Alan, *Narrating the Past: Historiography, Memory and the Contemporary Novel*, Palgrave Macmillan, 2011.
Widdowson, Peter, *Graham Swift (Writers and their Work)*, Northcote House Publishers, 2010.

3장

1차 자료

와일드, 오스카, 『일탈의 미학』, 원유경 · 최경도 옮김, 한길사, 2008.
Ackroyd, Peter, *The Last Testament of Oscar Wilde*, London: Abacus, 1991.
Smith II, Philip E. and Helfand, Michael S. Eds., *Oscar Wilde's Oxord Notebooks*, New York and Oxford: Oxford UP, 1989.

2차 자료

Foucault, Michel, *The History of Sexuality*, Trans. by Robert Hurley, New York: Vintage Books, 1990.

Gibson, Jeremy and Wolfreys, Julian, *Peter Ackroyd: The Ludic and Labyrinthine Text*, New York: St. Martin's Press, 2000.

Keener, John F., *Biography and the Postmodern Historical Novel*, *Studies in the Historical Novel*, Vol 3. Lewiston and Queenston and Lampeter: The Edwin Mellen Press, 2001.

Lukács, Georg, *The Historical Novel*, Lincoln and London: The University of Nebraska Press, 1983.

Middeke, Marin and Huber, Werner, *Biofiction: The Rewriting of Romantic Lives in Contemporary Fiction and Drama*, Camden House, 1999.

Roditi, Edouard, *Oscar Wilde*, New York: New Directions, 1986.

Sanders, Julie, *Adaptation and Appropriation, New Critical Idiom*, London and New York: Routledge, 2007.

Sesto, Bruce, *Language, History, and Metanarrative in the Fiction of Julian Barnes, Studies in Twentieth-Century British Literature*, New York etc.: Peter Lang, 2001.

4장

1차 자료

Barnes, Julian, *Flaubert's Parrot*, New York: Vintage Books, 1984.

2차 자료

Aron, Daniel ed., *Studies in Biography*, Harvard English Studies, Cambridge and London: Harvard University Press, 1979.

Bailey, John, *The Order of Battle at Trafalgar and Other Essays*, New York: Weidenfeld & Nicolson, 1987.

Higdon, David Leon, "'Unconfessed Confessions': the Narrators of Graham Swift and Julian Barnes", *The British and Irish Novel Since 1960*, James Acheson ed., New York: St. Martin's Press, 1991.

Hutcheon, Linda, *A Poetics of Postmodernism: History, Theory, Fiction*, New York and London: Routledge, 1989.

Kaplan, Justin, "The 'Real Life", *Studies in Biography*, Cambridge, Massachusettes, London, England: Harvard UP, 1978.

Keener, John F. , *Biography and the Postmodern Historical Novel, Studies in the Historical Novel*. Vol 3. Lewiston and Queenston and Lampeter: The Edwin Mellen Press, 2001.

Lee, Alison, *Realism and Power: Postmodern British Fiction*, London: Routledge, 1990.

Lukács, Georg, *The Historical Novel*, Lincoln and London: The University of Nebraska Press, 1983.

Mendelson, Edward, "Authorized Biography and Its Discontents", Daniel Aaron ed., *Studies in Biography*, Cambridge and London: Harvard University Press, 1978.

Moseley, Merritt, *Understanding Julian Barnes*, Columbia: University of South Carolina Press, 1997.

Sesto, Bruce, *Language, History, and Metanarrative in the Fiction of Julian Barnes, Studies in Twentieth-Century British Literature*, New York etc.: Peter Lang, 2001.

5장

1차 자료

Rushdie, Salman, *Midnight's Children*, London: Vintage, 1995.

_____, *The Satanic Verses*, Dover, Delaware: Consortium Inc, 1992.

2차 자료

전수용, 「탈식민주의 존재양태로서의 잡종성(Hybridity)—루슈디(Rushdie)의 『악마의 시』(The Satanic Verses)를 중심으로」, 『현대영미소설』 제4집 1호, 현대영미소설학회, 1997.

Bhabha, Homi, *The Location of Culture*, London and New York: Routledge, 1994.

_____(ed.), *Nation and Narration*, London/New York: Routledge, 1990.

Fanon, Franz. *Black Skin, White Masks*, London: Pluto, 1986.

MacDonogh, Steve ed., *The Rushdie Letters: Freedom to Speak, Freedom to Write*, Kerry, Ireland: Brandon, 1993.

Watt, W. Montgomery, *Muhammad: Prophet and Statesman*, London and Oxford and NewYork: Oxford University Press, 1961.

6장

1차 자료

Ishiguro, Kazuo, *The Remains of the Day*, New York: Vintage International, 1988.

2차 자료

Berberich, Christine, *The Image of the English Gentleman in Twentieth-Century Literature: Englishness and Nostalgia*, Aldershot: Ashgate, 2007.

Coates, Joseph, "Deceptive Calm", *Chicago Tribune*, Books, 1 October, 1989, 5.

Driscoll, Lawrence, *Evading Class in Contemporary British Literature*, New York: Palgrave Macmillan, 2009.

Lewis, Barry, *Kazuo Ishiguro*, Manchester and New York: Manchester University Press, 2000.

Lukács, Georg, *The Historical Novel*, trans., Hannah and Stanley Mitchell, London: Merlin, 1962.

Marsden, G., 'Introduction' in G. Marsden ed. *Victorian Values: personalities and perspectives in neneteenth-century society*, Harlow: Longman, 1990.

Nixon, R., 'Environmentalism and postcolonialism', A. Loomba, S. Kaul, M. Bunzel, A. Burton and J. Esty eds., *Postcolonial Studies and Beyond*, Durham and NC: Duke University Press, 2005.

Shaefffer, Brian W. and Cynthia F. Wong eds., *Conversations with Kazuo Ishiguro, Literary Conversations Series*, General Editor, Peggy Whitman Prenshaw, Jackson: University Press of Mississippi.

Sim, Wai-chew, *Kazuo Ishiguro*, London and New York: Routledge, 2010.

Wong, Cynthia, *Kazuo Ishiguro, Writers and Their Works*, Genenral Editor, Isobel Armstrong, Devon: Northcote House and British Council, 2005.

7장

1차 자료

Byatt, A. S., "Iris Murdoch: A Severed Head and The Unicorn", *Passions of the Mind*, New York: Vintage International, 1993.

____, "'The Omnipotence of Thought': Frazer, Freud and Post-Modernist Fiction", *Passions of the Mind*, New York: Vintage International, 1993.

____, *Possession: A Romance*, New York: Vintage International, 1991.

2차 자료

이리가라이, 뤼스, 『나, 너, 우리』, 박정오 옮김, 동문선, 1996.

Cixous, Hélène, "The Laugh of Medusa", David H. Richter ed., *The Critical Tradition: Classic Texts and Contemporary Trends*, Boston and New York and Bedford: St. Martin's Press, 1989.

Franken, Christien, *A. S. Byatt: Art Authorship, Creativity*, Palgrave, 2001.

8장

1차 자료

Barker, Pat, *Regeneration*, London and New York and Toronto etc.: Plume Books, 1993.

____, *The Eye in the Door*, London and New York and Toronto etc.: Plume Books, 1995.

____, *The Ghost Road*, London and New York and Toronto: Penguin Books, 1996.

2차 자료

Brannigan, John, *Pat Barker, Contemporary British Novelists*, Series Editor Daniel Lea, Manchester: Manchester University Press, 2005.

Brown, Dennis, "The Regeneration Trilogy: Total War, Masculinities, Anthropologies, and the Talking Cure", *Critical Perspectives on Pat Barker*, Sharon Monteith etc. eds., Columbia: U. of South Carolina Press, 2005.

Foucault, Michel, *History of Sexuality*, vol.1, Lodnon: Penguin, 1970.

Freud, Sigmund, *Introductory Lectures on Psychoanalysis*, Trans. and Edit. by James Strachey, New York: Liveright Publishing Corp., 1966.

____, "Introduction to Psycho-Analysis and the War Neuroses" (1919), The Standard Editionof the Complete Psychological Works of Freud. London: Hogarth Press, 1994.

Lukàcs, Georg, *Essays on Realism*, edit. and introduced by Rodney Livingstone, trans. by David Fernbach, Cambridge: The MIT Press, 1981.

Paul, Ronald, "In Pastoral Fields: The Regeneration Trilogy and Classic First World War Fiction", *Critical Perspectives on Pat Barker*, Sharon Monteith etc. eds, Columbia: U. of South Carolina Press, 2005.

Rivers, W. H. R., *Conflict and Dreams 1923*, London: Kegan Paul, 1923.

____, "Repression of War Experience", Lancet, February 2, 1918.

Schowalter, Elaine, *The Female Malady: Women, Madness, and English Culture, 1830-1980*, London: Virago Press, 1996.

Slobbodin, Richard. W. H. R., *Rivers: Pioneer Anthropologist, Psychiatrist of The Ghost Road*, Stroud: Sutton Publishing, 1997.

Spufford, Francis, "Exploding the Myths: An Interview with Booker Prize-Winner Pat Barker", *Guardian Supplement*, November 9, 1995, 3.

Stevenson, Sheryl, "With the Listener in Mind: Talking about the Regeneration

Trilogy with Pat Barker", *Critical Perspectives on Pat Barker*, Sharon Monteith etc. eds., Columbia: U. of South Carolina Press, 2005.

Ward, Candace ed., *World War One British Poets: Brooke, Owen, Sassoon, Rosenberg and Others*, Mineola, New York: Dover Publications, 1997.

Westman, Karin E, "Generation Not Regeneration: Screening out Class, Gender, and Cultural Change in the Film of Regeneration", *Critical Perspectives on Pat Barker*, Sharon Monteith etc. eds., Columbia: University of South Carolina Press, 2005.

찾아보기

포스트모던 영국소설의 역사성 읽기

숭엄과 트라우마로서의 역사

펴낸날 초판 1쇄 2015년 8월 31일
지은이 전수용
펴낸이 김훈순
펴낸곳 이화여자대학교출판부
주소 서울특별시 서대문구 이화여대길 52(우 03760)
등록 1954년 7월 6일 제9-61호
전화 02) 3277-2965(편집), 02) 362-6076(마케팅)
팩스 02) 312-4312
전자우편 press@ewha.ac.kr
홈페이지 www.ewhapress.com
책임편집 양지하
디자인 정혜진
찍은곳 한영문화사

ISBN 979-11-85909-69-1 93840

값 18,000원

이 도서의 국립중앙도서관 출판예정도서목록(CIP)은 서지정보유통지원시스템 홈페이지(http://seoji.nl.go.kr)와 국가자료공동목록시스템(http://www.nl.go.kr/kolisnet)에서 이용하실 수 있습니다. (CIP제어번호 : CIP2015022431)